Kocku von Stuckrad

Lilith

Im Licht des schwarzen Mondes zur Kraft der Göttin

Kocku von Stuckrad

Lilith

**Im Licht des schwarzen Mondes
zur Kraft der Göttin**

AURUM VERLAG

Umschlaggestaltung: Thomas Schröder
Zeichnungen: Kocku von Stuckrad

Die Deutsche Bibliothek – CIP-Einheitsaufnahme

Stuckrad, Kocku von:
Lilith – im Licht des schwarzen Mondes zur Kraft der Göttin /
Kocku von Stuckrad. – 2. Aufl. – Braunschweig : Aurum-Verl., 2000
ISBN 3-591-08411-5

1. Auflage 1997
2. Auflage 2000
ISBN 3-591-08411-5
© Aurum Verlag GmbH, Braunschweig
Gesamtherstellung: Westermann Druck Zwickau GmbH

Inhalt

Die große Himmelsherrin will ich grüßen,
die Gottgeweihte, die vom Himmel kommt, will ich grüßen.

Wenn sie in ihrer Hoheit, ihrer Größe, ihrer Heldenkraft, ihrer Stärke
am Abend leuchtend aufgeht,
wenn sie den Himmel mit reinem Licht erfüllt,
wenn sie wie Mond und Sonne an den Himmel tritt,
kennen sie alle Länder von unten bis oben.

Von der Größe der Gottgeweihten des Himmels
will ich der Himmelsherrin im Liede künden.

Sumerischer Hymnus auf Inanna

To live's to fly low and high.
So shake the dust off of your wings
and the sleep out of your eyes.

(Leben heißt fliegen, niedrig und hoch.
Schüttel also den Staub von deinen Flügeln
und den Schlaf aus deinen Augen.)

Townes van Zandt
1944–1997
in memoriam

Vorwort

Lilith ist ein Thema, das sich in den letzten Jahren ständig wachsender Beliebtheit erfreut. Feministinnen haben sie für sich entdeckt, stellt Lilith doch geradezu eine Chiffre dar für die Frau, die sich nicht vom männlichen Überlegenheitsanspruch beeindrucken läßt und lieber Schmerzen und Leid in Kauf nimmt, als sich in ihr vom Mann verordnetes Schicksal zu fügen. Die Psychologie ist ebenfalls an Lilith interessiert, denn in dieser Figur scheint sich das verdrängte Weibliche zu manifestieren, das sich für die Frau als Schattenthema, als nicht eingestandene Aggressivität, und für den Mann als die Angst vor dem übermächtigen Weiblichen oder auch als die Faszination der *femme fatale* ins Bewußtsein drängt. So verwundert es nicht, daß auch die psychologische Astrologie auf das Thema Lilith zu sprechen kommt; man errechnete einen bestimmten Punkt aus der Umlaufbahn des Mondes, den man mit dem Namen *Schwarzmond* oder eben *Lilith* belegte (es handelt sich hier also nicht um einen Planeten oder dergleichen, sondern um einen *astronomischen Wert*). Da die psychologische Astrologie in starkem Maße von der Archetypenlehre C. G. Jungs beeinflußt ist, wurde Lilith vor allem mit dem verdrängten Weiblichen bei Mann und Frau verbunden, also mit den Begriffen *Anima* und *Animus*. Um dies zu veranschaulichen, stützt man sich notwendigerweise auf das religionsgeschichtliche und mythologische Material, das aus dem babylonischen und vor allem auch dem jüdischen Denken auf uns gekommen ist. Daß dies allerdings gar kein so leichtes Unterfangen ist, wird nur äußerst selten gesehen, zumal die meisten Astrologinnen und Astrologen eher psychologisch als religionsgeschichtlich geschult sind. So werden ohne Bedenken vollkommen unterschiedliche Texte miteinander verglichen, aufeinander bezogen oder für eine moderne Deutung verwendet, die zuweilen nicht nur in ihrem Zusammenhang so stark voneinander abweichen, daß man sie gar nicht vergleichen kann, sondern auch zeitlich einige tausend Jahre (!) auseinanderliegen. Astrologie und Psychologie nehmen es hier gewöhnlich nicht so genau wie Religions- oder Geschichtswissenschaft. Psychologisch betrachtet kann man sich schließlich auch immer darauf beru-

7

fen, das Gemeinsame sei den Autorinnen und Autoren eben nicht bewußt gewesen, es entstamme vielmehr dem „kollektiven Unbewußten", und so dürfen wir guten Gewissens die Jahrhunderte überspringen. Dieser Trick – wissenschaftlich höchst bedenklich – ist immer wieder in mehr oder weniger deutlicher Weise bei der Betrachtung mythologischen Materials erkennbar.

Ich möchte in diesem Buch das Pferd von einer anderen Seite aufzäumen und das religionsgeschichtliche Material in den Kontext stellen, aus dem es stammt. Erst danach können wir beurteilen, ob die modernen Ableitungen aus der antiken Mythologie tatsächlich unsere Meinungen über Lilith zu stützen vermögen, oder ob wir nicht zu weitaus besseren Ergebnissen kommen, wenn wir unsere Vorentscheidungen über „Archetypen", „das Weibliche" usw. einmal von Grund auf hinterfragen. Um dies zu bewerkstelligen, müssen wir uns erst einmal darüber klar werden, wie jene Vorentscheidungen aussehen und wie sie zustande kommen. Ein Blick auf die Psychologie C. G. Jungs ist hierfür ebenso erforderlich wie eine kritische Reflexion über das große und für Lilith zentrale Thema des *Matriarchats*. Im Anschluß daran werden wir uns der Gestalt der altorientalischen Göttin zuwenden, und zwar in einem größeren Zusammenhang, denn – und das ist die einhellige Meinung der meisten modernen Religionswissenschaftlerinnen und Religionswissenschaftler – nur in einem Gesamtentwurf können alle unterschiedlichen Aspekte der Großen Göttin erfaßt werden. Einzelne Göttinnen (oder auch Dämoninnen) sind letztlich nur *Manifestationen* eines bestimmten Antlitzes der dahinterstehenden Allgestalterin oder wie immer man sie nennen möchte. Im zweiten Teil lernen wir die konkreten Mythen kennen, die sich im Laufe der Zeit um Lilith gebildet haben, angefangen in sumerisch-altbabylonischer Zeit gegen Ende des dritten vorchristlichen Jahrtausends bis hin zu den kabbalistischen Aussagen mittelalterlicher und neuzeitlicher Juden. Mit diesem Vorwissen wollen wir uns dann der Lilith im Horoskop nähern, und es wird sich zeigen, daß hier eine grundlegende Neuorientierung vonnöten ist, um den vielen Aspekten, die sich in der Lilith-Stellung wiederfinden, gerecht werden zu können. Manche Leserinnen und Leser werden in diesem Zusammenhang ausführliche Deutungen von Beispielhoroskopen vermissen. Hierzu möchte ich anmerken, daß mir das Heranziehen von Horoskopen aus meiner

8

astrologischen Beratungsarbeit als eine Verletzung der Privatsphäre der Betreffenden erschiene. Die Deutung von Horoskopen berühmter Persönlichkeiten wiederum empfinde ich in den meisten Fällen als ausgesprochen langweilig und unergiebig, und zwar aus einem einfachen Grund: Wenn ein Mensch zu Berühmtheit gelangt ist, kann praktisch jeder Horoskopfaktor als gewichtiger Teil seines Werdegangs verstanden werden, und wir brauchen nur ein wenig zu suchen, um jede Theorie bestätigt zu sehen. Dazu kommt, daß wir über das Privatleben der Berühmtheiten viel zu wenig informiert sind, um eine seriöse Horoskopdeutung durchführen, beziehungsweise unsere Deutung auch überprüfen zu können. Unsere Analyse bleibt mithin zwangsläufig oberflächlich. Ich habe in diesem Buch einen Mittelweg gewählt, indem ich Beispielhoroskope anführe, ohne sie weiter zu kommentieren. Die Beschreibungen der astrologischen Zusammenhänge sind – so hoffe ich – detailliert genug, damit Sie sich selber einen Zugang zu den einzelnen Horoskopen verschaffen können.

Um es nicht bei einer rein theoretischen Analyse zu belassen, und um den Leserinnen und Lesern konkrete Anregungen an die Hand zu geben, auf welchem Wege die Energie Liliths in ihrem Leben zur Entfaltung kommen kann, werden im Kapitel „Wege zu Lilith" verschiedene Modelle beschrieben, die der Sprache der Göttin entlehnt sind. Diese Modelle dienen der erklärten Absicht, unsere patriarchalen Denkmuster zu untergraben und den Weg zu einem vernetzten und nicht-dualistischen Lebensentwurf zu erkunden.

Dieses Buch versteht sich als ein Plädoyer für die Befreiung weiblicher Stärke und Spiritualität. In diesem Anspruch trifft es sich mit vielen anderen feministischen Ansätzen, wie sie auch im Zusammenhang mit der Figur der Lilith immer wieder zum Ausdruck kommen. Allerdings ist den meisten dieser Darstellungen eine Tendenz zu eigen, Lilith für das Thema des *Geschlechterkampfes* zu instrumentalisieren. Ein Ziel dieses Buches ist es jedoch, die Rede vom Geschlechterkampf selber *als unerlöste patriarchale Denkstruktur zu sabotieren*. Die Aufspaltung in Gegensätze, die Einführung der Macht eines Menschen über andere und die Entrechtung großer Teile unserer Gesellschaften ist das zentrale Thema, gegen das Lilith sich wehrt. Und da Frauen im Rahmen dieser Strukturen systematisch an der Entfaltung ihrer Möglichkeiten gehindert werden, ist eine grundsätzliche Veränderung ihrer

Situation natürlich die Voraussetzung dafür, eine gerechtere Gesellschaft zu schaffen. Allerdings – und das möchte ich in aller Deutlichkeit festhalten – ist die Gleichberechtigung der Geschlechter eine Selbstverständlichkeit, die wir nicht weiter rechtfertigen müssen. Daß Frauen sich für die Ausübung ihrer selbstverständlichen Rechte noch immer schämen oder verteidigen müssen, sagt viel über den Zustand unserer Gesellschaft aus. Frauen in dieser Auseinandersetzung Mut zu machen, ist das besondere Vermögen Liliths. Doch der Anspruch Liliths geht weit über solche Selbstverständlichkeiten hinaus. Denn solange wir am Modell der Macht festhalten, sei es nun die Herrschaft über eine Gesellschaftsgruppe oder über die Natur, sind wir noch immer im patriarchal-dualistischen Denkgebäude gefangen. Wir können auf diese Weise nicht erkennen, daß auch Männer unter der Verachtung ihrer weiblichen Spiritualität stark zu leiden haben. Die Mythologie der Göttin erinnert uns daran, daß die Grenze zwischen den Geschlechtern überaus fließend ist, daß Frauen nicht ihre Weiblichkeit einbüßen, wenn sie sich kämpferisch betätigen, und daß Männer an den Mysterien der Weiblichkeit Anteil haben können, ohne gleich in Kastrationsängste zu verfallen. Lilith ist für die Männer nicht *per se* beängstigend, wie immer behauptet wird, sondern sie macht ihnen Mut, die patriarchalen Rollenmuster zu durchbrechen und sich nicht als „unmännlich" zu empfinden, wenn sie die herrschenden Spielregeln einfach nicht mehr beachten. Die Wirklichkeit der Göttin, der Anspruch Liliths, weist uns darauf hin, daß alle Menschen gemeinsam dem Leben dienen sollten, und dieser Dienst speist sich aus einer tiefen *Liebe für die Schöpfung*. Dies ist die vielleicht höchste Entfaltungs- und Erlösungsstufe der individuellen Lilith-Stellung im Horoskop. Es liegt auf der Hand, daß die Rede vom „Kampf der Geschlechter" hier allenfalls ein Durchgangsstadium anzeigen kann, das über kurz oder lang nur noch von geschichtlichem Interesse sein wird. Der in diesem Buch vorgestellte Deutungsansatz setzt dementsprechend bereits an einer noch zu verwirklichenden Form gesellschaftlichen Zusammenlebens an, das ich *Matriarchat* nenne. Daß dies nichts mit „Frauenherrschaft" zu tun hat, versteht sich von selbst, kann aber nicht oft genug unterstrichen werden. *Matriarchat* ist eine Utopie für die Gesellschaft der Zukunft, die den Geschlechterkampf beendet und Frieden mit der Schöpfung geschlossen hat, mit anderen

Worten: die die Phase des *Spätpatriarchats*, die wir momentan durchlaufen, hinter sich gelassen hat. Statt *Matriarchat* könnte ich im Sinne dieser Definition ebensogut *Postpatriarchat* sagen. Warum ich es bei *Matriarchat* belasse, liegt vor allem an der besonderen Rolle der Göttin für die gesellschaftliche und individuelle Utopie, die den Rahmen dieses Buches bildet.

Die Frage, ob die Geschlechter durch einen unüberbrückbaren Graben voneinander getrennt sind, wird in den USA und Europa seit einigen Jahren kontrovers in Form der Differenz zwischen *Sex* und *Gender* diskutiert. Beides bedeutet im Englischen „Geschlecht", doch während „Sex" auf die biologischen Unterschiede verweist, deutet „Gender" darauf hin, daß erst die gesellschaftlich-sozialen Bedingungen eine so deutliche Unterscheidung zwischen Frauen und Männern möglich machen, wie wir sie häufig als gegeben annehmen – und das gilt sowohl für eingefleischte Anhänger des Patriarchats als auch für viele Feministinnen. In Deutschland hinkt die Diskussion den amerikanischen Verhältnissen noch immer etwas hinterher, und so versteht sich dieses Buch auch als eine Anregung, unser Verständnis von Lilith nicht auf eine vermeintliche Differenz der Geschlechter und dem daraus resultierenden Kampf aufzubauen, sondern danach zu fragen, wie wir alle – Frauen und Männer – am Mysterium der Göttin Anteil haben können.

Das Thema der Geschlechterdifferenz läßt sich auch von einem esoterischen Standpunkt aus beschreiben. Wenn wir nämlich den *Reinkarnationsgedanken* ins Spiel bringen – und eine konsequent betriebene Astrologie kann darauf in keiner Weise verzichten –, so fällt die Behauptung, Frauen und Männer seien durch einen unüberbrückbaren Graben voneinander getrennt, vollends in sich zusammen, denn Frauen können in früheren Inkarnationen als Mann gelebt haben, und umgekehrt. Noch ein weiteres folgt daraus: Kein Mensch – weder Frau noch Mann – kann für sich in Anspruch nehmen, über einen gleichsam privilegierten Zugang zur Göttin oder zur Weiblichkeit zu verfügen. Ebenso wie Frauen die Mysterien der Männlichkeit nicht verschlossen sind, können auch Männer ihren Weg zur Göttin finden. Selbstverständlich ist das Geschlecht nicht beliebig, denn die Art und Weise unserer Annäherung ist neben den individuellen Faktoren auch von unserem Geschlecht bestimmt. Die grundsätzliche Unmöglichkeit einer Teilhabe an diesen spirituellen Dimensionen ist indes eine Illusion. Wir können es auch so ausdrücken: *Wir sind Seelen in weiblichen und männlichen Körpern.* Daß wir als Frau oder als Mann inkarnierten, hat eine spezifische *Bedeutung,* auf die uns die Lilith-Stellung einen Hinweis geben kann. Doch wir sollten nicht glauben, die Erfahrungen früherer Inkarnationen seien verloren, im Gegenteil: Lilith zeigt uns den Weg, wie wir das verschüttete weibliche Potential in uns zu neuem Leben erwecken können. Zwar verlangt sie Opferbereitschaft und Mut, aber wenn wir die Herausforderung annehmen, werden wir durch die Liebe der Göttin reich beschenkt und neu geboren.

Einführung

Wer sich mit Lilith auseinandersetzt, wird sehr schnell feststellen, daß die Beschreibung dieser mythologischen Gestalt, sei es nun in religionsgeschichtlichen Untersuchungen oder aber in astrologischer Literatur, immer wieder um zwei Bereiche zu kreisen scheint. Einerseits wird in zumeist völlig unkritischer Weise das psychologische Modell *C. G. Jungs* herangezogen, das für den „Kampf der Geschlechter" – ein zentrales Thema jeder Lilithpublikation – ein sehr geeignetes Erklärungsmuster anbietet. Da für die psychologische Astrologie vor allem der Archetypenlehre Jungs eine überragende Bedeutung zukommt, verwundert es nicht, daß auch in bezug auf den Schwarzmond immer wieder von „Anima" beziehungsweise „Animus" die Rede ist, wobei in der Regel auf den „Schattenaspekt" dieser Größen abgehoben wird. Wie ich in diesem Buch zu zeigen versuche, besteht die Herausforderung Liliths gerade darin, patriarchale, dualisierende Metaphern einer strengen Überprüfung zu unterziehen. Man wird sich also zu fragen haben, ob eine Einteilung in „Anima" und „Animus" überhaupt der Sache angemessen ist. Erschwerend kommt hinzu, daß die Jungsche Psychologie das Weibliche in ausgeprägter Weise als defizitär, gefährlich, bedrohlich und zweitrangig abwertet. Es ist erstaunlich, wie stark der Einfluß dieser Lehre trotzdem immer noch ist; sogar in feministischen Kreisen wird nach wie vor mit ihren Begriffen hantiert, ohne die Konsequenzen zu bedenken, welche dies für die Rolle des Weiblichen in der Psychologie hat. Die moderne Astrologie hat ihre Existenz mehr oder weniger der Jungschen „Revolution" zu verdanken. C. G. Jung ist gleichsam der Übervater und Mentor der zeitgenössischen Astrologie, und mit einem Kratzen an diesem Bild scheint man sich selber den Boden unter den Füßen wegzuziehen. Doch genau dies ist die Aufforderung Liliths, und es wird sich – so hoffe ich – herausstellen, daß wir anschließend durchaus nicht mit leeren Händen dastehen, sondern, im Gegenteil, reich beschenkt aus der Überwindung der dualistischen Begrifflichkeit hervorgehen werden. Hierfür ist es allerdings notwendig, das Frauenbild der Jungschen Psychologie einer kurzen Analyse zu unterziehen.

Den zweiten zentralen Bereich, um den sich jede Beschäftigung mit Lilith dreht, finden wir im Begriff *Matriarchat*. Dieser schwierige und zuweilen auch sehr unhandliche Begriff wird mit allen möglichen Vorstellungen befrachtet, je nachdem, was im Interesse des jeweiligen Blickwinkels liegt. Da die Figur der Lilith aus einem (noch näher zu beschreibenden) matriarchalen Kontext stammt und zudem die entscheidende Frage anspricht, warum wir *heute* das Bedürfnis verspüren, in früheren Zeiten so etwas wie „Matriarchat" zu lokalisieren, ist es sehr wichtig, vor einer detaillierten Auseinandersetzung mit der Lilith-Mythologie eine Klärung unserer Begrifflichkeit zu versuchen.

C. G. Jung, die Frauen und die Astrologie

Über die Psychologie Carl Gustav Jungs ist viel geschrieben worden. Es soll hier auch gar nicht darum gehen, den vielen Abhandlungen eine weitere hinzuzufügen. Wir wollen vielmehr einige Grundannahmen der Jungschen Psychologie Revue passieren lassen und uns gleichzeitig fragen, inwieweit diese Annahmen noch zu einem modernen Verständnis von Weiblichkeit, Emanzipation und dergleichen passen. Immerhin ist es erstaunlich, daß die Lehre Jungs fünfunddreißig Jahre nach seinem Tod außerhalb der akademischen oder professionellen Psychologie praktisch keine grundlegende Revision oder Erweiterung erfahren hat. Dies gilt insbesondere für die Funktion des „Schattens", der „Anima" und des „Animus". Dies verwundert um so mehr, als sich die gesellschaftliche Diskussion durch die feministischen Anregungen inzwischen weit von dem entfernt hat, was in den zwanziger und dreißiger Jahren über die Frau gedacht wurde. In eben dieser Zeit hat Jung die Grundlagen seiner Lehre entwickelt, welche er bis zu seinem Tode 1961 nur in Details veränderte. Woran mag das liegen? Ein wichtiger Grund ist sicherlich darin zu sehen, daß psychologische Erkenntnisse erst durch die Bemühungen Jungs auch für andere kulturwissenschaftliche Disziplinen – wie Religionswissenschaft, Traumdeutung, Märchen- und Mythenforschung, Astrologie u. a. m. – fruchtbar gemacht werden konnten. Jungs Modell ist nämlich so umfassend und grundlegend, daß es ohne weiteres auf diese Bereiche übertragen werden kann; und Jung selbst tat viel dafür, auf diese Zusammenhänge hinzuweisen, wie beispielsweise seine umfangreichen Studien über die Alchemie zeigen. So wichtig es ist, diesen Brückenschlag zwischen Psychologie und Mythologie anzuerkennen, so notwendig ist es zugleich, die Lehre den heutigen Bedingungen anzupassen. Dies hat Jung übrigens selbst gehofft, als er schrieb:

> Ich kann nur hoffen und wünschen, daß niemand „Jungianer" wird. Ich vertrete ja keine Doktrin, sondern beschreibe Tatsachen und schlage gewisse Auffassungen vor, die ich für diskussionswürdig halte [...] Ich verkünde keine fertige und abgeschlossene Lehre, und ich perhorresziere „blinde Anhänger". Ich lasse jedem die Freiheit, auf seine besondere Art mit den Tatsachen fertigzuwerden, denn ich nehme mir diese Freiheit ja auch heraus.[1]*

Leider ist besonders in der Astrologie das eingetreten, was Jung so „perhorreszierte", nämlich eine unkritische Übernahme aller seiner Standpunkte. Wenn wir uns als Astrologinnnen und Astrologen auf Jung berufen, können wir immer davon ausgehen, daß unsere Meinung allgemeines Kopfnicken ernten wird. Dies ist besonders fatal, wenn wir uns die Rolle des Weiblichen betrachten, wie sie sich aus der Konzeption Jungs ergibt.

Die Beschreibung der Weiblichkeit entfaltet sich in diesem Modell in mehreren Schritten, die wir in aller Kürze einzeln durchgehen wollen. Für eine ausführliche Diskussion dieser Gedanken verweise ich auf verschiedene hervorragende Untersuchungen, wie die von Ursula Baumgardt und Gerda Weiler.[2] Der Ausgangspunkt der Jungschen Konzeption besteht in der Annahme, *männlich* und *weiblich* seien Gegensätze, die – letztlich unvereinbar – eine Polarität in der Seele eines jeden Menschen darstellen. Beim Mann überwiegt dabei normalerweise die männliche Komponente, während logischerweise die Frau in erster Linie durch die weibliche gekennzeichnet ist. Diese Annahme bedeutet, daß neben den biologischen Unterschied zwischen Mann und Frau ein zweiter tritt, nämlich eine Art angeborenes und notwendig gegebenes Merkmal der Seele. Die Polarität bringt es außerdem mit

---

*   Die hochgestellten Ziffern beziehen sich auf die Anmerkungen, die jeweils am Ende eines Kapitels zusammengefaßt sind.

sich, daß es eine *vollständige* Seele im Menschen nicht geben kann. Vielmehr löst das Vorherrschen des männlichen Poles beim Mann eine Sehnsucht nach seiner Ergänzung durch das weibliche Gegenüber aus, während die Frau sich nach der „Ganzwerdung" durch den Mann sehnt. (Auf die Begriffe „Anima" und „Animus" als innerpsychisches Gegenüber kommen wir später zurück.) Bis hierhin fügt sich ein solcher Ansatz nahtlos in die Aufteilung der Welt in Polaritäten ein – man denke an die Begriffe Yin und Yang –, auch wenn vom spirituellen oder ganzheitlichen Ansatz her der Gedanke der *notwendigen* Unvollkommenheit des Menschen, das Konzept des Menschen als Mängelwesen, nicht so recht gefallen mag.

Wirklich problematisch wird das Polaritätsdenken allerdings, wenn wir uns den nächsten Schritt des Jungschen Konzeptes betrachten, nämlich den Versuch, die Begriffe „männlich" und „weiblich" mit Inhalten zu füllen. Hierbei fällt auf, daß Jung *immer* von der Beschreibung des Mannes ausgeht. Es wird also zunächst festgestellt, was als männliche Eigenschaft gelten kann, wobei wir auf die weithin bekannten Einschätzungen patriarchaler Kultur stoßen, nämlich „logisches Denken", „Durchsetzung", „Aktivität" usw. Da aber zuvor festgelegt worden ist, daß die Psyche polar zu denken ist, folgt mit innerer Notwendigkeit, daß das Weibliche alles das ist, was nicht männlich ist. Dies wirkt ausgesprochen simpel, und das ist es auch vom methodischen Standpunkt betrachtet. Für die Einschätzung der Frau bedeutet dies allerdings, daß sie einzig und allein durch das Männliche bestimmt wird. Sie hat gemäß dem polaren Ansatz das zu sein, was sich beim Mann nach Maßgabe Jungs und seiner Anhängerschaft offensichtlich nicht finden läßt. U. Baumgardt bringt die Sache auf den Punkt:

> Im Klartext heißt dies nichts Geringeres, als daß die Frau in der Psychologie C. G. Jungs durch den Mann determiniert wird. Sie hat sich psychisch primär vom Mann zu unterscheiden, und zwar so, daß sie ihn komplementär ergänzt und dadurch zu ihm in Beziehung zu stehen kommt. Dies fordert der bipolare Denkansatz, mit dem Jung – indem er zuerst vom Mann ausgeht – die Vorrangstellung des Mannes gegenüber der Frau zu beweisen versucht. An diesem Punkt denkt er ausgesprochen patriarchal.[3]

16

Ich glaube noch nicht einmal, daß Jung tatsächlich die Vorrangstellung des Mannes zu *beweisen* versuchte; er machte sich vermutlich, wie die meisten Männer zu Beginn unseres Jahrhunderts, gar keine Gedanken darüber, ob diese Vorrangstellung womöglich überhaupt bewiesen werden *muß*. Viel zu tief war er in das gängige Diskursmodell[4] der Gesellschaft eingebunden, um hier einen Widerspruch zu entdecken. Heute muß es allerdings nachdenklich stimmen, wenn noch immer auf ein solches Erklärungsmuster zurückgegriffen wird, um den weiblichen Pol in der Seele des Menschen näher zu bestimmen. Wie sah das bei Jung aus? Nun, zunächst haben wir festgestellt, daß beim (gesunden) Mann gewisse männliche Eigenschaften als vorherrschend bezeichnet werden können. Gemäß der Annahme, der Mensch sei ein unvollständiges Wesen, das seiner Ergänzung durch ein Gegenüber bedarf, kommen wir nun zu der Folgerung, es gebe einen Anteil im Mann, der sich nach dem Weiblichen sehne. Diesen letztlich weiblichen Anteil bezeichnet Jung bekanntlich mit dem Begriff *Anima* (von lat. *anima* „die Seele"). Man kann die Anima beschreiben als das unbewußte Bild der weiblichen Ergänzung, manchmal angsterregend, manchmal ins Idealistische verklärt, welches nun entweder auf ein (weibliches) Gegenüber projiziert wird oder aber im Unbewußten verbleibt und gelegentlich in Form von Träumen und dergleichen seinen Weg ins Vorbewußtsein findet. Es ist nicht so, daß der Begriff der Anima vom Bild des Weiblichen, wie es bei Jung begegnet, zu unterscheiden ist (dies wird oft behauptet, um die feministische Kritik zu entkräften). Denn auch wenn es sich um Seeleninhalte handelt, so werden diese doch größtenteils mit Mann und Frau gleichgesetzt, wie ein Blick auf die inhaltlichen Beschreibungen der Anima zeigt. U. Baumgardt hat sich die Mühe gemacht, aus dem Gesamtwerk Jungs alle Stellen zu sammeln, die sich auf die Anima und damit das Weibliche beziehen. Ich gebe hier ihre stichwortartige Zusammenfassung wieder:[5]

– weiblich – bestimmbar und beeinflußbar (GW 6, S. 508)
– unlogische Launen (GW 11, S. 31)
– Kompensation für Wagnisse, Anstrengungen, Opfer, die alle mit Enttäuschung enden (GW 9/2, S. 21)
– die Tröstung gegenüber der Bitternis des Lebens (ebd.)
– illusionserregende Verführerin (ebd.)

- Herrin der Seele (GW 9/2, S. 22)
- sentimental und ressentimenthaft (GW 9/2, S. 25)
- irrationale Launen (GW 9/2, S. 26)
- Eitelkeit und Empfindlichkeit (GW 9/2, S. 24)
- nach außen gewendet ist die Anima wetterwendisch, maßlos, launenhaft, unbeherrscht, emotional, dämonisch intuitiv, rücksichtslos, ruchlos, lügnerisch, gleisnerisch, mystisch (GW 9/1, S. 138)
- umgibt sich mit minderwertigen Subjekten (ebd.)
- Stufe der Hure (GW 10, S. 54)
- Engel des Lichts (GW 9/1, S. 38)
- Psychopompos (ebd.)
- erotische Phantasie: Nixe, Succubus, Hexe, unerträgliche Selbständigkeit, neckisches Wesen, mit magischem Gift, das zur Intrige und Selbsttäuschung verfeinert ist (GW 9/1, S. 35)
- voll von Fallstricken und Fußangeln, damit der Mensch (gemeint ist: der Mann, Anm. d. Verf.) zu Fall komme, damit das Leben gelebt werde (GW 9/1, S. 36)
- ein „factor" in des Wortes eigentlichem Sinne (ebd.)
- das Apriori von Stimmungen, Reaktionen, Impulsen und was es sonst an psychischen Spontaneitäten gibt (ebd.)
- ein Lebendes aus sich, das uns (gemeint ist: den Männern, Anm. d. Verf.) Leben macht (ebd.)

Ich habe diese Zusammenstellung deshalb so ausführlich wiedergegeben, weil in ihr beinah alles enthalten ist, was sich in der einschlägigen Literatur über *Lilith* wiederfindet. Das ist insofern nicht verwunderlich, als jene Bücher ihre Anschauungen in direkter Linie aus den Ansichten Jungs beziehen. Man fragt sich dabei unwillkürlich: Wie kann eine derart negative Darstellung des Weiblichen, die an Verachtung grenzt, allen Ernstes als Grundbestandteil unserer Theorie aufrechterhalten werden? Hier wird ja in Ableitung vom männlichen Pol der Psyche nicht nur das Weibliche als „intuitiv" oder „gefühlsbetont" eingeführt, sondern als „dämonisch intuitiv", als „intrigierend und heimtückisch gefühlsbetont". Die Anima beziehungsweise die Frau ist folglich nicht die gleichberechtigte Ergänzung des Mannes, sondern sie wird zu einem Zerrbild, einer Karikatur der hehren männlichen Idealfigur stilisiert. Darüber können auch die wenigen positiven Be-

18

schreibungen der Anima nicht hinwegtäuschen („Lebendiges aus sich", „Engel des Lichts"), auch wenn Anhängerinnen und Anhänger der Jungschen Lehre immer wieder darauf verweisen. Es ist vielmehr zu konstatieren, daß auch diese Bilder Idealtypen beschreiben, die für den konkreten Umgang des Mannes mit der Frau viel zu abstrakt sind, als daß sie sein Verhalten beeinflussen müßten. Über die „reale Frau" gehen sie stillschweigend hinweg. Im Hinblick auf Lilith ist es jedoch wichtig zu betonen, daß auch die Männer durch eine solche Sichtweise in ihrer Ausdrucksmöglichkeit des Weiblichen gleichsam verkrüppelt werden; denn ein Mann, der seine weiblichen Anteile, d. h. seine Intuitionen und Gefühle, zu leben versucht, ist nach diesem Erklärungsansatz eigentlich gar kein richtiger Mann. Er erliegt vielmehr den Einflüsterungen seiner Anima, wird „weibisch", ist abhängig von Traumgebilden und Hirngespinsten, mithin krank oder neurotisch. Eine Integration seiner Anima kann ihm nur gelingen, wenn er sie unter die Macht der männlichen Bewußtheit zwingt. Die Geschichte des Patriarchats beinhaltet nicht nur die Unterdrückung der Frau, sondern zugleich auch die Abschneidung des Mannes von seinem weiblichen Kraftpotential. Für den Mann ist dies zuweilen besonders tragisch, weil er sich der Illusion hingibt, auf der Seite der Sieger zu sein. C. G. Jung bietet ihm hierfür die wissenschaftliche Legitimation.

Betrachten wir nun die weibliche Seite. Wir haben gesehen, daß Jung die Frau als eine Art „Ableitung" vom Mann auffaßt, d. h. sie weist genau jene Merkmale auf, die dieser nicht hat. Doch während der Mann, indem er sich der Anima überläßt, von der weiblichen dunklen Seite überrollt wird, ist es bei der Frau genau umgekehrt: Ihre Aufgabe besteht darin, die weiblichen Komponenten angemessen zum Ausdruck zu bringen und eben nicht dem männlichen Pol nachzugeben. Dieser männliche Aspekt der Frau – streng nach symmetrischen Gesichtspunkten gedacht – läßt sich in dem finden, was Jung den *Animus* nennt. Man sollte nun annehmen, der Animus stünde mit den als männlich bezeichneten (positiven) Attributen in Beziehung, doch dem ist nicht so. In beinah zynischer Weise beschreibt Jung vielmehr, wie lächerlich der krampfhafte Versuch einer Frau enden muß, will sie den männlichen Wesenszügen nacheifern. Auch hier soll ein Überblick über die Stellen aus dem Gesamtwerk Jungs gegeben werden, der die Behandlung des Animus deutlich macht.[6]

- der Animus bringt Meinungen hervor (GW 7, S. 227)
- Meinungen mit dem Anspruch gültiger Wahrheit (GW 10, S. 141)
- verheerender, blind-eigensinniger Meinungsteufel (GW 9/2, S. 281)
- Versammlung von Vätern und sonstigen Autoritäten (also keine eigenen Anschauungen, Anm. d. Verf.) ... Animusmeinungen sind stets kollektiv (GW 7, S. 228)
- Niederschlag aller Erfahrungen der weiblichen Ahnen am Manne (GW 7, S. 229)
- Autonomie des Animus kann zu psychischen Abnormitäten und Besessenheitszuständen in allen Graden führen (GW 7, S. 247)
- Alle [...] unliebenswürdigen Erscheinungen rühren aber [...] von der Extraversion des Animus her. Er gehört nicht in die bewußte Beziehungsfunktion, sondern er sollte die Beziehung zum Unbewußten ermöglichen (GW 7, S. 229)
- zeugendes, schöpferisches Wesen (GW 7, S. 230)
- starr, prinzipienhaft, gesetzgeberisch, lehrhaft, weltverbessernd, theoretisch, in Wörtern verfangen, streit- und herrschsüchtig (GW 9/1, S. 138)
- der Animus fällt auf minderwertiges Denken herein (ebd.)
- [...] ihr Logos bedeutet nicht selten einen bedauernswerten Zwischenfall [...], er erregt Mißverständnisse und ärgerliche Interpretationen [...], er besteht aus Meinungen statt aus Überlegungen (GW 9/2, S. 23)
- vom Animus geritten läßt sich die Frau von keiner Logik der Erde erschüttern (GW 9/2, S. 24)
- animose Benebelung, die sich in Auffassungen, Deutungen, Meinungen, Insinuationen und Mißkonstruktionen äußert (GW 9/2, S. 25)
- [...] als die, ihren Vater einzig verstehende (das heißt ewig rechthabende) Tochter ins Schafland versetzt, wo sie sich von ihrem Seelenhirten, dem Animus, weiden läßt (ebd.)

Diese kurzen Zitate mögen genügen, um den Unterschied zwischen den männlichen Bewußtseinsinhalten einerseits und dem Animus der Frau andererseits deutlich zu machen. Wie kommt es, daß eine Frau offensichtlich gar nicht in der Lage sein soll, die als männlich ausgemachten Attribute wie logisches Denken, Erkenntnisfähigkeit usw. zu verwirklichen? Eine Frau, die diesen Versuch unternimmt, wird zu einer Karikatur von Männlichkeit – das immer wieder bemühte „Thatcher-Syndrom". Ihr wird es schlechterdings nie gelingen, zu einer tatsächlichen Integration zu kommen. Immer braucht sie ein (männliches) Gegenüber, das ihr das Denken abnimmt. Denn dem Mann billigt Jung den *Logos* zu, also die vernunftbegabte Bewältigung der Wirklichkeit, dem Animus hingegen nicht. Der Frau fällt in diesem Schema die Domäne des *Eros* zu, also der erotischen Attraktivität und körperlichen Sinnlichkeit. Diesen Bereich darf die Frau niemals verleugnen, will sie sich nicht in eine Neurose stürzen. Das Modell, so primitiv es auch gestrickt ist, trägt sich selber, denn man(n) braucht eine Frau, die logisches Denken für sich in Anspruch nimmt, nur darauf hinzuweisen, daß das, was sie unter „Denken" versteht, doch nur eine verzerrte Form des männlichen Logos darstellt, minderwertig und ein bedauerlicher Zwischenfall, um den man nicht viel Aufhebens zu machen braucht. Und auch aus einem anderen Grund ist dieses Modell sehr zählebig: Durch einen jahrhundertelangen Prozeß haben sich derartige Überzeugungen so tief in das Bewußtsein der Menschen eingegraben, daß viele Frauen tatsächlich einen Minderwertigkeitskomplex entwickelt haben, der sie von vornherein in eine Defensivlage bringt, aus der sie kaum auszubrechen vermögen. Erneut trägt sich das System selber, indem es sich reproduziert.[7] Der hieraus sprechende Zynismus ist genau das, was einem bei der Durchsicht der Literatur über Lilith immer wieder ins Auge sticht. Nur selten wird die Frage gestellt, ob es sich bei den männlichen Anteilen der Frau möglicherweise *nicht* um einen Schatten handeln könnte, sondern um die lichtvolle Erscheinung des Logos, zu dem die Frau denselben Zugang hat wie der Mann. (Im übrigen reicht ein flüchtiger Blick auf die „Männerwelt", um sich davon zu überzeugen, daß es mit dem hehren Logos dort auch nicht so weit her zu sein scheint.)

Welche Erkenntnis gewinnen wir aus dieser kurzen Betrachtung? Vom methodischen Gesichtspunkt aus müssen wir zu dem Ergebnis kommen, daß ein Modell, welches vom Männlichen als dem Primären ausgeht, um daraus die Merkmale des Weiblichen deduktiv abzuleiten, von vornherein einseitig und unrealistisch sein *muß*. Alle sich daraus ergebenden Folgerungen unterliegen diesem Einwand, so daß wir gut daran tun, uns von ihnen endgültig zu verabschieden. Dabei muß ich eines klarstellen: Die hier vorgebrachte Kritik bezieht sich allein auf die *Darstellung des Weiblichen* als Negativbild des Männlichen. Damit soll nicht in Abrede gestellt werden, daß das Gesetz der Polarität ein wichtiges Merkmal unserer Welt ist; doch die Übertragung dieser Polarität auf die Ebene der Geschlechter öffnet jeder Form von Projektion – nicht nur im Falle C. G. Jungs – Tür und Tor. Ich würde an dieser Stelle sogar bestreiten, daß die polare Beschaffenheit der Wirklichkeit (genauer gesagt: unsere polare Wahrnehmung der ungeteilten Wirklichkeit!) uns Rückschlüsse erlaubt hinsichtlich gewisser *Archetypen*. Ich behaupte, daß die Auffassung von Archetypen als *unwandelbare kulturelle Chiffren* eine Erfindung der Psychologie ist. Archetypen sind nicht mehr und nicht weniger als kulturspezifische *Meinungen* über gewisse Grundbestandteile unserer Welt, und als solche sind sie dem „Tagesdiskurs" unterworfen. Im Verlaufe unserer Untersuchung der religiösen und mythologischen Bedeutung der Großen Göttin werden wir wiederholt feststellen, wie wandelbar derartige Chiffren sind, nicht nur von Kultur zu Kultur, sondern sogar innerhalb derselben Kultur. Die Leserinnen und Leser mögen sich danach ein eigenes Bild davon machen, inwieweit wir hier Zuschreibungen von Archetypen zur Erklärung beitragen können.

Was die gängige Auffassung von Animus und Anima anbelangt, so werde ich in diesem Buch die Konsequenz aus unserer Kritik ziehen, indem ich das Jungsche Vokabular vermeide. Da unsere Form des Diskurses maßgeblich bestimmt, welche Wirklichkeit wir uns erschaffen, beziehungsweise wie wir uns der Wirklichkeit annähern, müssen wir eine neue Art des Sprechens über das Weibliche einüben, wollen wir uns auf Dauer aus der patriarchalen Umklammerung befreien.[8] Dies wird im Hinblick auf Lilith mehr als deutlich. Es ist prinzipiell unmöglich, die ungeteilte Wirklichkeit der Großen Göttin mit dem Jungschen Vokabular zu erfassen; aber gerade das fordert Lilith von uns. Und wenn wir uns nicht damit begnügen, den Ausdruck der weiblichen Kraft als fehlgeleiteten Animus oder neurotisch gelebte Anima zu disqualifizieren, sondern uns dem unerschöpflichen Potential der Göttin öffnen wollen, müssen wir eine neue Sprache lernen, eine Sprache, die dem Thema gerecht werden kann.

Das Matriarchat – Mythos und Wirklichkeit

Das Thema Lilith führt uns in Bereiche, die gemeinhin mit dem Begriff *Matriarchat* in Verbindung gebracht werden. Jede und jeder von Ihnen wird sicherlich mit diesem Schlagwort etwas anfangen können, und doch zeigt sich in den meisten Diskussionen, daß der Begriff „Matriarchat" wie kaum ein anderer in den letzten Jahren durch subjektive Färbungen seine Klarheit vollends verloren hat. In Kreisen der Frauenbewegung wird „Matriarchat" nicht selten als eine Chiffre für das „Goldene Zeitalter des Friedens und der Gerechtigkeit" verwendet, in dem die Frauen das Sagen hatten. Dort dachte man ganzheitlich, weibliche Werte führten zu einer Kultur des ökologischen Gleichgewichtes und der Achtung voreinander. Durch den Einfall (männlicher) Horden wurde dieses urzeitliche Paradies vernichtet, die Frauen wurden unterjocht, und Krieg und Gewalt beherrschten die Szenerie. Marija Gimbutas wird hier zumeist als wissenschaftliche Kronzeugin angeführt, obwohl ihre Theorien längst widerlegt sind.[9]

Bei anderen Menschen (nicht nur bei Männern) löst das Wort „Matriarchat" beinah Panik aus; Phantasien von ungehemmter Frauenherrschaft, von Rachefeldzügen gegen die unterdrückenden Männer führen zu teilweise heftigen Abwehrmechanismen, wenn man sich nicht mit einer Haltung begnügt, die die Anfragen der weiblichen Hälfte der Menschheit schlicht als naiv belächelt. Ich habe die beiden Seiten bewußt ein wenig überspitzt, um die Bandbreite der möglichen Haltungen zum „Matriarchat" deutlich zu machen. Was allen diesen Haltungen – oder doch den meisten – gleichermaßen eignet, ist die schwammige Definition dessen, was eigentlich mit „Matriarchat" gemeint ist. In dieser Hinsicht ist in den letzten Jahren, vornehmlich von seiten der feministischen Forschung, sehr viel getan worden, um das Themenfeld etwas besser in den Griff zu bekommen, damit historische Tatsachen von Projektionen der Moderne besser unterschieden werden können. Hier ist besonders die Forschungsgeschichte zum Matriarchat einer gründlichen Kritik unterzogen worden, denn nach wie vor gründet die Rede von den „Müttern" und dergleichen in Begrifflichkeiten, die auf das neunzehnte Jahrhundert im allgemeinen und auf die Forschungen Johann Jakob Bachofens im besonderen auf uns gekommen sind.[10] Diese Forschungen haben zu einer Polarisierung der

Religions- und Kulturgeschichte in Frauenherrschaft und Männerherrschaft geführt, was dem Mythos vom „Kampf der Geschlechter" überhaupt erst den richtigen Zündstoff verlieh. In der modernen Forschung hat diesbezüglich eine Distanzierung eingesetzt, wie u. a. in einem Forschungsprojekt der Universität Freiburg zum Thema „Frauen- und Geschlechterfragen in der Archäologie" deutlich geworden ist.[11] Es wird nunmehr die Frage aufgeworfen, welche Rückschlüsse archäologische Befunde, beispielsweise eine Flut von Darstellungen nackter Frauengestalten im Palästina der Frühen Bronzezeit, auf die religiöse und kulturelle Wirklichkeit jener Zeit tatsächlich erlauben. Schon die Entscheidung, ob es sich hier um Darstellungen einer Frau oder einer Göttin handelt, ist mitunter nicht leicht zu treffen; völlig im Dunkeln tappen wir dann bei den nächsten Fragen: Wer hat die Figur angefertigt, ein Mann oder eine Frau? Handelt es sich um ein Kultobjekt für religiösen Gebrauch oder einfach um Kunst? Wenn es ein Kultobjekt ist, was schließen wir daraus? Gibt uns die Funktion einer Göttin Informationen über den sozialen Status der Frauen jener Zeit? – Ich möchte mit diesen Fragen nicht das ganze Unternehmen „Matriarchatsforschung" untergraben, sondern lediglich auf die zentralen Probleme aufmerksam machen, denen wir auf diesem Gebiet begegnen. Eine vorschnelle Antwort verbietet sich deshalb von vornherein, und Gesamtaussagen über das Verhältnis der Geschlechter oder auch der Gottheiten zueinander sind immer mit Vorsicht zu genießen.

Wesentlich besser stehen wir da, wenn uns auch *schriftliche Zeugnisse* der entsprechenden Zeit vorliegen, denn nun können wir uns ein besseres Bild der religiösen Welt machen und die archäologischen Befunde dazu in Beziehung setzen. Doch noch immer können wir nicht sicher sein, damit auch die gesellschaftliche Wirklichkeit angemessen zu beschreiben, denn in der Regel haben wir es mit „offiziellen" Verlautbarungen der oberen Schichten am Hof beziehungsweise am Tempel zu tun. Die Figuren sind aber vermutlich von den „einfachen Gläubigen" angefertigt worden. Dennoch können wir dank der religionswissenschaftlichen Forschungen der letzten beiden Jahrzehnte hier zu weitaus begründeteren Annahmen kommen als zuvor. Leider dringen diese Forschungen zu wenig in den öffentlichen Diskurs ein, so daß beispielsweise in astrologischen Kreisen immer noch mit Begriffen

24

umgegangen wird, die dem heutigen Stand unseres Wissens über die Mythologie der Lilith oder der Großen Göttin nicht mehr entsprechen. Und gerade dort scheint es angebracht, neues Material zu berücksichtigen, denn immerhin ist die astrologische Interpretation des Schwarzmondes nichts anderes als eine *Deutung der überlieferten Lilith-Mythologie auf psychologischer Basis.* Ändert sich unser religionsgeschichtlicher Wissensstand, so sollte sich das auch auf die astrologische Deutung auswirken. Dies ist der Grund dafür, daß ich der wissenschaftlichen Dimension unseres Themas einen so breiten Raum widme. Für manche vielleicht langweilige Betrachtungen und Spitzfindigkeiten möchte ich die Leserin und den Leser deshalb um Nachsicht bitten. Doch vielleicht gelingt es mir ja auch, Ihnen den Sinn der „akademischen" Forschung nahezubringen, und ich kann Ihnen versichern, daß es sehr viel Spaß macht, esoterische Betrachtungen im Geistig-Rationalen zu verankern. Glücklicherweise empfinden immer mehr Menschen diese beiden „Disziplinen" nicht mehr als einen Widerspruch, sondern als unterschiedliche Zugänge zur Wirklichkeit, die sich gegenseitig zu befruchten vermögen.

Wenn wir uns nun also dem Begriff *Matriarchat* zuwenden, möchte ich, um Mißverständnissen vorzubeugen, genau umreißen, was in diesem Buch darunter verstanden wird. Ich beginne mit einer Negativdefinition: So wie ich es verstehe, sagt der Begriff „Matriarchat" nichts darüber aus, ob während einer bestimmten Phase der Menschheitsentwicklung die *Machtverhältnisse* zwischen den Geschlechtern anders gelagert waren als heute, oder nicht. Dies ist schon deshalb nicht entscheidend, als die Ausformungen der Mythen um Lilith in einer Zeit stattgefunden haben, wo Frauen ihren Status als Priesterinnen o. ä. zu einem beträchtlichen Teil eingebüßt hatten, und wir – wenn überhaupt – lediglich Erinnerungen oder Reste aus „matriarchaler" Zeit vor uns haben. Wir können sogar noch weitergehen und die Tatsache konstatieren, daß die Verehrung der Göttin, wie sie uns allenthalben in der Alten Welt begegnet, in einem erstaunlichen Ausmaß von der tatsächlichen sozialen Wertschätzung der Frau abweicht. Offenbar konnte man die Göttin anbeten, ohne eine patriarchale Einstellung zu hinterfragen. Was diese gesellschaftlichen Bedingungen anbelangt, so ist ferner festzuhalten, daß „Matriarchat" von manchen mit dem Vorherrschen von *Matrilinearität* (also der Vererbung über die mütterliche

Linie) oder *Matrilokalität* (also der Sitte, daß ein Mann zur Familie seiner Frau zieht) verbunden wird. Die Begrifflichkeiten gehen hier zuweilen stark durcheinander, wobei es für unser Thema nicht entscheidend ist, welches Merkmal frühzeitlicher Kultur angesetzt wird.

Damit komme ich zur positiven Definition von „Matriarchat", nach der ich mich im folgenden richten werde: Kulturell halte ich den Begriff für angemessen, wenn wir es mit einer Gesellschaft oder Religion zu tun haben, in der die *Göttin* eine gleichberechtigte, häufig sogar überragende Funktion innehat. Solche Kulturen weisen zumeist ein *zirkuläres* Denken auf, also ein Denken, das den Kreislauf des Werdens und Vergehens sowohl in der Natur als auch beim Menschen in den Mittelpunkt ihres religiösen Bezuges stellen. Wir werden bei unserer Betrachtung der Lilith-Mythen immer wieder auf diesen Bereich zu sprechen kommen.

Darüber hinaus ist der Begriff „Matriarchat" tatsächlich eine Art Chiffre, bei der es nicht in erster Linie um eine konkrete Verortung in der Geschichte geht, sondern um eine Sichtweise, wie wir sie *heute* an die Geschichte herantragen. Das Interessante am Matriarchat ist die Frage, warum wir in unserer modernen Zeit nach Möglichkeiten des Zusammenlebens suchen, die die Gewalt und Zerstörung, mit der wir unsere gesamte Mitwelt erniedrigen, überwinden helfen. Die Gewalt wiederum ist eng verbunden mit einer Denkweise, die die Welt in Gegensätze, Feindbilder und Widersprüche teilt, um sie sich anschließend zu unterwerfen; die Unterwerfung der Natur geht einher mit der Erniedrigung der weiblichen Hälfte der Menschheit. Insofern ist es absolut korrekt, die zerstörerischen Erscheinungen unseres technologischen Fortschritts beziehungsweise die sogenannten Errungenschaften unseres Geistes als *patriarchale* Entwicklung zu bezeichnen. Dies wird weiter bestätigt, wenn wir uns die Religionsgeschichte betrachten, wo – zumindest im europäischen Raum – die einst hoch angesehene Göttin nur noch ein Dasein im Verborgenen fristet, wo Frauen nach wie vor nur unter Vorbehalten als richtige Repräsentantinnen der Gottheit akzeptiert werden und so weiter. *Matriarchat* heißt dementsprechend: *Überwindung der Spaltung* unserer Welt in Gegensätze, Einbeziehung unterschiedlichster Ebenen der Wirklichkeit, Achtung vor dem heiligen Kreislauf des Werdens und Vergehens in der Natur wie auch beim Menschen, Rückbesinnung auf den *weiblichen Aspekt der*

Gottheit und damit die Wiedereinsetzung der Göttin an den ihr angestammten Platz. Man sieht hieran sehr deutlich, daß es sich eher um ein (idealistisches) Zukunftsprogramm handelt als um die Darstellung eines vergangenen Stadiums der Menschheitsentwicklung. Was wir von den Alten Religionen lernen können, ist aber folgendes: Die Göttin spielte nicht immer eine solch untergeordnete Rolle wie heute; es hat immer Menschen gegeben, die sich der unermeßlichen weiblichen Kraft bewußt waren und diese verehrten. Wenn wir uns heute mit der Göttin beschäftigen, können wir deshalb auf kulturelle Erfahrungen zurückgreifen, auf ein Wissen von der Heiligkeit der natürlichen Prozesse, das jeder und jedem von uns zugänglich ist, wenn die Kanäle erst einmal geöffnet sind.

Und noch etwas ist von entscheidender Bedeutung: Im Matriarchat gibt es *keinen Kampf zwischen den Geschlechtern*. Dies ist eine Erfindung des patriarchal-dualistischen Denkens. Die Göttin ist keineswegs nur von Frauen verehrt worden, auch wenn Priesterinnen selbstverständlich als Repräsentantinnen der Göttin angesehen wurden. Doch ebenso gab es eine Vielzahl von männlichen Priestern, die ihr Leben der Göttin weihten, und unter den Gläubigen dürfen wir ebenso viele Männer vermuten wie Frauen. Wenn wir auf unsere heutige Zeit blikken, stellen wir zudem fest, daß die Männer ebenfalls in beträchtlichem Maße vom Patriarchat verwundet worden sind. Will heute ein Mann Zugang zu seinen verschütteten Emotionen oder seinem uralten weiblichen Wissen bekommen – einem Wissen, das er sich möglicherweise auch während früherer Inkarnationen als Frau angeeignet hat –, muß er sich erst einmal von den Prägungen der Erziehung befreien und sich auf eine beschwerliche Reise begeben, die immer wieder von seiner Umwelt (auch von Frauen, die natürlich das patriarchale Denken adaptiert haben) ins Lächerliche gezogen wird. Wenn ich also in diesem Buch von „matriarchalisch" und „patriarchalisch" spreche, so darf dies nicht mit „weiblich" und „männlich" gleichgesetzt werden.

Patriarchales Denken hat zur wissenschaftlichen Erforschung unserer Welt ebenso beigetragen wie zur Heraufbeschwörung der Existenzkrise der Erde, Männer und Frauen sind den Mechanismen dieses Denkens gleichermaßen unterworfen und gleichermaßen aufgefordert, einem neuen Bild der Welt den Weg zu bereiten. Die Überwindung des patriarchal-dualistischen Weltbildes stellt somit eine Aufgabe für Frauen *und* Männer dar. Während Frauen in der Regel sehr leicht hiervon zu überzeugen sind, müssen viele Männer erst noch erkennen, daß dies für sie nicht mit einem Verlust einhergeht, sondern mit einem Quantensprung ihrer spirituellen Ausdrucksmöglichkeiten.

Anmerkungen

[1] C. G. Jung: *Briefe*, Olten/Freiburg 1972, Bd. 2, S. 9.

[2] Ursula Baumgardt: *König Drosselbart und die widerspenstige Königstochter. C. G. Jungs Frauenbild – eine Kritik*, München 1993 (eine kurze professionelle Abhandlung, in der alles Notwendige leicht verständlich gesagt ist); Gerda Weiler: *Der enteignete Mythos. Eine feministische Revision der Archetypenlehre C. G. Jungs und Erich Neumanns*, Frankfurt a. M. 1991 (Gerda Weiler ist feministische Theologin).

[3] U. Baumgardt, a. a. O., S. 67.

[4] Mit *Diskurs* ist die „Art und Weise des Sprechens über etwas" gemeint, weniger eine konkrete Diskussion.

[5] U. Baumgardt, a. a. O., S. 71 f. Die Abkürzung GW bezieht sich auf Jungs *Gesammelte Werke*, Olten/Freiburg 1972 (mit Bandangabe und Seitenzahl).

[6] Auch diese Auflistung findet sich bei U. Baumgardt, a.a.O., S. 107 f. (von mir leicht gekürzt).

[7] U. Baumgardt schreibt dazu (a. a. O., S. 126 f.): „Wenn eine Frau, der schon als kleines Kind Minderwertigkeit bescheinigt wurde, späterhin trotz all ihrer Fähigkeiten ständig in der Gesellschaft als zweitrangig behandelt wird, wenn alles, was sie unternimmt, nicht die gleiche Bedeutung hat, bloß weil sie eine Frau ist, dann ist das Zustandekommen eines Minderwertigkeitskomplexes unausweichlich und bedarf keiner weiteren Erklärung. Daß der Komplex immer größere Kreise zu ziehen beginnt, so daß die Frau ihre induzierte geistige Unterlegenheit schließlich als naturgegeben hinnimmt, liegt sowohl in der Eigendynamik begründet, die Komplexe an sich haben, als auch in dem Umstand, daß die Inhaber der patriarchalen Macht in der Regel nicht müde werden, die Gedemütigten noch mehr zu demütigen."

8 Philosophisch interessierte Leserinnen und Leser haben schon bemerkt, daß ich mich mit diesen Bemerkungen auf Erkenntnisse der neueren Sprachphilosophie und des Pragmatismus beziehe. Wer hier weiterlesen möchte, findet in folgenden Büchern reichhaltiges Material zum Einstieg: Richard Rorty: *Der Spiegel der Natur. Eine Kritik der Philosophie*, Frankfurt a. M. ²1984 (Grundlagenwerk Rortys, nicht leicht zu lesen); ders.: *Hoffnung statt Erkenntnis. Eine Einführung in die pragmatische Philosophie (IWM-Vorlesungen zur modernen Philosophie)*, Wien 1994 (gute allgemeinverständliche Einführung); Donald Davidson: *Der Mythos des Subjektiven. Philosophische Essays*, Stuttgart 1993.

9 Das Standardwerk von Marija Gimbutas ist *The Language of the Goddess: Images and Symbols of Old Europe*, New York 1988. Zur Kritik ihrer Position vgl. B. Röder etc. (s. u. Anm. 11).

10 Allgemein bekannt ist sein Werk *Das Mutterrecht* von 1861, aufgenommen in *Gesammelte Werke* Bd. II/III, hrsg. von Karl Meuli, Basel 1948.

11 Als ein Ergebnis dieser Arbeit stellten Brigitte Röder, Juliane Hummel und Brigitte Kunz das äußerst lesenswerte Buch vor: *Göttinnendämmerung. Das Matriarchat aus archäologischer Sicht*, München 1996.

Die Göttin im religiösen Kontext des Alten Orients

Wenn wir uns ein Bild davon machen wollen, welche Rolle Lilith in der Religionsgeschichte gespielt hat, und wenn wir ihren Spuren nachgehen, die in die Zeit vor ihrer Dämonisierung führen, müssen wir uns in einem ersten Schritt vergegenwärtigen, welche Funktion der Göttin (denn zweifellos ist Lilith aus ihr hervorgegangen) im Denken und religiösen Gefühl der Alten zukam. Das ist leichter gesagt als getan, denn bei der Betrachtung der verschiedenen Göttinnen im Alten Orient stellt sich nicht selten ein Gefühl der Verwirrung ein aufgrund der Vielzahl unterschiedlichster Namen und Beschreibungen. Dieselbe Göttin, die gerade noch in ihrem Kriegs- und Kampfestaumel Hunderte von Menschen dahingemetzelt hat, wird anschließend in einem Kultgesang für ihre mütterliche oder partnerschaftliche Liebe gepriesen. Woher kommt diese erstaunliche Vielfalt? Haben wir es mit unterschiedlichen Gottheiten zu tun, oder handelt es sich um *She of many Names* (*Die Eine mit den vielen Namen*), wie man so gerne sagt?

Die Lösung für das Problem der Vieldeutigkeit liegt in dem *matriarchalen Kontext*, den wir zugrundelegen müssen, wollen wir uns der Figur der antiken Göttin nähern. Noch einmal sei darauf hingewiesen, daß es hier in keiner Weise um einen Konflikt zwischen Männern und Frauen handelt (handeln muß). Es geht vielmehr um ein spezifisches Denken und Wahrnehmen, das wir „matriarchal" nennen können. Erst die Aufspaltung in verschiedene Aspekte einer einzigen Gottheit (diesen Zug nennen wir „patriarchal") führt zu jenen Widersprüchen, die heutigen Wissenschaftlerinnen und Wissenschaftlern ebenso Kopfzerbrechen bereitet wie vielen, die sich mit der Göttin beschäftigen. Wie wir anhand der Originalquellen sehen werden, bestand ein solcher Widerspruch für die Alten überhaupt nicht. Die Göttin konnte ebenso erotisch, kriegerisch, mütterlich, herausfordernd wie mitleidsvoll sein. In einem umfangreichen Werk über die Göttin im Nahen Osten hat Urs Winter diese Zusammenhänge bis in kleinste Details ausgeleuchtet.[1] Wie immer sind Einzelfragen dabei umstritten, doch eines seiner wichtigsten Ergebnisse wird von den meisten modernen Forscherinnen und Forschern bestätigt: Im Hinblick auf die antike Göttin kann man sinnvollerweise nur von verschiedenen Erscheinungsweisen *einer* Göttin sprechen (also doch *She of many Names* oder wie ich später sagen werde, Erscheinungsweisen der *Allgestalterin*), während die Rede von verschiedenen Göttinnen dem Befund der Quellen kaum gerecht werden kann. Das bedeutet, daß immer alle Dimensionen der Göttin mitschwingen, auch wenn in einem bestimmten Zusammenhang nur ein konkreter Aspekt das Interesse der Gläubigen gefunden hat.

Wie wir noch sehen werden, ist dieser Befund für die Interpretation der Lilith von herausragender Bedeutung. Deshalb werde ich in diesem ersten Teil einige der wichtigsten Züge der antiken Göttin darstellen. Ich werde dabei so vorgehen, daß nach Möglichkeit Aussagen über *dieselbe* Göttin herangezogen werden, um die Vielfalt der Zuschreibungen plausibel machen zu können. Darüber hinaus grenze ich den Rahmen auf den Alten Orient ein, denn alle Mythen um Lilith sind auf diesem Boden gewachsen. So verlockend es auch sein mag, indische Gottheiten wie die *Kali* oder auch Maya-Göttinnen unterschiedlichster Herkunft in die Betrachtung mit einzubeziehen, so vorsichtig muß man doch bei einem solchen Unternehmen sein; Ähnlichkeiten, die in der Tat häufig bestehen, lösen sich bei näherer Betrachtung in vielen Fällen wieder auf, denn in einem anderen kulturellen Umfeld kann dasselbe Symbol mit völlig abweichenden Assoziationen verbunden sein, und eine detaillierte Aufarbeitung des religiösen Zusammenhangs ist in jedem Fall die Voraussetzung für einen Vergleich. Dazu kommt, daß eben diese großzügige Übertragung von bestimmten Mythen oder Symbolen, auch wenn sie in der psychologischen, astrologischen, teilweise auch der wissenschaftlichen Literatur gang und gäbe ist, die Achillesferse der meisten Darstellungen ist, denn ausgewählte (!) Kapitel unterschiedlichster Religionen und Kulturen werden hier in einen Vergleich eingepaßt, der an der Realität vorbeigeht und der eigenen Projektion Tür und Tor öffnet. In der Einleitung habe ich ja schon betont, daß auch die *Wandelbarkeit* der Symbole, im Erbe von C. G. Jung und seiner Archetypenlehre immer wieder heruntergespielt, sich nur angemessen würdigen läßt, wenn man sich die Mühe macht, einzelne Elemente eines Kultes in ihren geschichtlichen Kontext zu stellen. Dann wird man sehr schnell erkennen, daß die Rede von „Archetypen" eigentlich nur etwas über die Kultur derer aussagt, die von solcher Rede Gebrauch machen.

Diese Fallstricke wollen wir in unserer Annäherung vermeiden, und deshalb konzentrieren wir uns auf den religiösen Hintergrund, der auch historisch mit der Entwicklung der Lilithmythologie in Zusammenhang steht. Und wir werden sehen, daß dieses Gebiet zwar komplex, aber auch interessant genug ist, um uns wertvolle Einblicke in das Wesen der Göttin zu erlauben.

Die aggressive Göttin

Der aggressive und kriegerische Aspekt der Göttin wird häufig viel zu wenig beachtet. Das ist auch kein Wunder, denn er will nicht so recht passen in das dualistische Erklärungsmuster, welches der Frau (und damit zumeist auch der Göttin) eine passive und ausgleichende Rolle zuschreibt. Die Kriegsgöttin begegnet uns deshalb in patriarchaler Begrifflichkeit – wenn überhaupt – als „verschlingende Überfrau" oder als „animusbetonte Überzeichnung" männlicher Attribute. Doch auch in der Idylle des Goldenen Zeitalters der Frauenherrschaft (was für ein Wort!) scheint sich die Kriegsgöttin nicht besonders wohl zu fühlen, im Gegenteil, die aggressive Göttin widerlegt geradezu die unreflektierte Rede vom paradiesischen Zeitalter des Friedens. Aus diesem Grunde wird denn auch in seriöser feministischer Literatur jener Zug als ein notwendiger Bestandteil auch der weiblichen Wirklichkeit beschrieben, der den traditionell „weiblichen" Eigenschaften hinzuzufügen ist, um zu einer Integration zu gelangen. Nur: Es ist nicht der *Animus*, den es zu integrieren gilt, sondern die *aggressive Frau*, vielleicht auch die *weibliche Aggression*, ganz wie man möchte. Diese Unterschiede können nicht oft genug betont werden.

Ein Blick auf die altorientalische Religion zeigt sehr schnell, daß der kriegerische Aspekt zu den am besten bezeugten und in allen Kulturen gleichermaßen verbreiteten Eigenschaften der Göttin zählt. Es sind besonders die sumerisch-akkadische *Ischtar* (auch bekannt unter dem Namen *Inanna*) und die kanaanäische *Anat*, die durch ihre Kriegslust auffallen.

Betrachten wir zunächst Ischtar. In vielen Texten, die uns aus mesopotamischen Kulturen bekannt sind, wird sie in ihrem kriegerischen Aspekt beschrieben. Dabei tritt sie als unberechenbare, „gewissenlose", jenseits von ethischen Normen stehende, grausame Göttin hervor. So wird ihre Auseinandersetzung mit dem Himmelsgott Anu im berühmten *Gilgamesch-Epos* folgendermaßen beschrieben:

Ischtar tat zu Reden den Mund auf
Und sprach zu Anu ihrem Vater:
Mein Vater. Schaff mir den Himmelsstier,
Daß er Gilgamesch töte in seinem Hause.
Gewährst du mir aber den Himmelsstier nicht,
So zerschlag ich die Türen der Unterwelt,
Zerschmeiß ich die Pfosten, laß die Tore weit offen stehn,
Laß ich auferstehn die Toten, daß sie fressen die Lebenden,
Der Toten werden mehr sein denn der Lebendigen.[2]

Interessant an dieser Stelle ist neben der Mordlust der Ischtar auch ihre Macht über die Toten. Sie ist damit sowohl die tötende als auch die belebende Göttin, worin der Aspekt der *Wandlerin* deutlich zum Ausdruck kommt. Doch im Vordergrund stehen ihre kämpferischen Qualitäten, die sie sogar jeden Respekt vor dem Göttervater Anu vergessen läßt. Ihr Wille ist ungebremst, anspruchsvoll, selbstsicher. Nichts vermag sie aufzuhalten in ihrem Zorn auf Gilgamesch. Für diese Kraft wurde sie gefürchtet und gerühmt, wie zahlreiche Gebete und Hymnen zeigen. So heißt es in einem akkadischen Gebet an Inanna/Ischtar:

Beschwörung. Ich flehe dich an, Herrin der Herrinnen,
Göttin der Göttinnen, Ischtar, Königin sämtlicher Wohnstätten,
die die Menschen in Ordnung hält!
Irnini, du bist hoch erhoben, du größte der Igigu;
du bist überlegen stark, du bist Herrscherin,
dein Name hat den höchsten Rang.
Du bist die Leuchte von Himmel und Erde,
Die kriegerische Tochter des Sin, die die Waffen zu handhaben weiß,
den Kampf bewirkt, die (aber auch) sämtliche „Ordnungskräfte" zusammenfaßt,
die Königsmütze der Herrschaft trägt.

Herrin, herrlich sind deine Großtaten, von einer die aller andern überra-
genden Bedeutsamkeit, du Stern des Kampfgeschreis,
der die einträchtigen Brüder einander schlagen läßt, der (aber auch) im-
mer wieder einen Freund schenkt.
… Herrin der Feldschlacht, die die Berge immer wieder niederstößt, Gu-
sche'a, die mit Kampf bekleidet,
mit Schreckensschauern angetan ist! Du vollstreckst Strafgerichte und
Entscheidung, die Anweisung für die Erde und den Himmel;
Kapellen und Heiligtümer, Kultsockel und Hochsitze achten auf dich.
Wo ist nicht dein Name, wo nicht deine Kultordnungen?[3]

Das Gebet preist die majestätische Erscheinung der Göttin, deren kriegerische Aktivitäten Bewunderung abverlangen. Nichts ist dagegen zu
spüren von einer etwaigen Furcht vor dem „verschlingenden Weiblichen", wie uns so gerne im Hinblick auf die aggressive Göttin sugge-
riert wird. Und das gilt unabhängig davon, ob das Gebet von einer
Frau oder einem Mann gesprochen wurde. Die Macht der Göttin wird
ehrfürchtig erbeten, um an ihrer Stärke teilzuhaben, beziehungsweise
damit die Ordnung der Welt aufrechterhalten wird. Natürlich wurde
ihr Beistand auch erfleht, wenn es um den Kampf gegen Feinde ging.

Die Göttin Ischtar gehört auch in den *ikonographischen Darstellungen* zu den beliebtesten Motiven des Alten Orients. Die frühen mesopotamischen Bilder sind in den späteren syrischen Göttinnendarstellungen weiter verarbeitet worden, was die Verbreitung der Ischtar-Verehrung deutlich macht. Wir wollen uns zwei Darstellungen etwas näher betrachten, und zwar ein Rollsiegel aus akkadischer Zeit (2350–2070 v. u. Z.) sowie eines aus der altbabylonischen Periode (1830–1530 v. u. Z.). Hier finden wir nämlich die wichtigsten Attribute der Ischtar vor, die auch auf die Deutung der Lilith nachhaltigen Einfluß ausübten.

Die *Abbildung links* zeigt Ischtar als geflügelte Göttin. Die beiden Flügel entspringen ihrer Schulter und sind mit verschiedenen Waffen (Sichelaxt, Sternzepter und Keule) bewehrt. In der linken Hand hält sie eine weitere Sichelaxt, während ihr rechter Fuß triumphierend auf einem kauernden Löwen ruht. Der Löwe ist eines der wichtigsten Attributtiere der Ischtar, und ihre Verbindung mit diesem mächtigsten Wildtier wird durch die „Leine" weiter verdeutlicht, an dem sie ihn führt. Im Hintergrund leuchtet die Venus, die beinah von Beginn an als Stern Ischtars beschrieben wurde.[4] Die Frontaldarstellung der Göttin unterstreicht weiter den majestätischen und unanfechtbaren Cha-

rakter Ischtars. Die beiden Flügel weisen die Göttin eindeutig als *Himmelskönigin* aus, worauf wir später zurückkommen werden.

Die *Abbildung Seite 35* ist etwas jüngeren Datums. In altbabylonischer Zeit wurde häufig auf die Darstellung der Flügel verzichtet, was sich später, in der altsyrischen Glyptik ab 1800 v. u. Z., wieder änderte. Das Tier zu Füßen der Göttin wird gemeinhin als rudimentär dargestellter Löwe betrachtet, doch es ist durchaus möglich, einen Greifvogel darin zu erblicken, was erneut die Verbindung Ischtars zum Element Luft beziehungsweise zum Himmel ausdrücken würde. Ihr Attributtier Löwe erscheint in jedem Falle in Form der sogenannten Doppellöwenkeule, die Ischtar in der Hand hält. Auch hier findet sich Venus als achtstrahliger Stern. Was darüber hinaus an diesem Siegel auffällt, ist die Darstellung zusätzlicher Aspekte der Göttin, die dem etwas martialischen Auftreten eine ausgleichende Note verleihen. Im linken Teil des Siegels ist nämlich eine Kuh mit ihrem Kalb abgebildet, worin der mütterliche Aspekt Ischtars zum Ausdruck kommt (s. u.). Somit erweisen auch die ikonographischen Darstellungen, daß es wenig Sinn hat, einzelne Aspekte der Göttin zu isolieren. Ischtar ist weder ausschließlich kriegerisch noch mütterlich, in ihren wechselnden Attributen zeigt sie sich vielmehr als *Allgestalterin* oder einfach als *Große Göttin*.

Eine zweite Göttin, die durchgängig mit kriegerischen Attributen verbunden ist, wurde in Ugarit verehrt, das nördlich des heutigen Latakia in Syrien liegt. Ugarit ist die frühzeitliche Metropole kanaanäischer Kultur, mit umfangreichen Wirtschaftsbeziehungen nach Ägypten und anderen Handelszentren der alten Welt. Man fand im Zuge mehrerer Ausgrabungen nach der Entdeckung des Ortes im März 1928 abertausende Tontäfelchen aus unterschiedlichen Bibliotheken, so daß wir erstmals Originalquellen über die Kultur besitzen, die uns vorher lediglich durch die biblische Auseinandersetzung oder einzelne Zeugnisse aus anderen Städten bekannt war.[5] Der ugaritische Kulturraum weist eine ausgebildete Religion auf, die sich durch die konstante Besiedlung seit Beginn des Neolithikums (6500–6000 v. u. Z.) entwickeln konnte. Besonders die Kontakte nach Mesopotamien und Ägypten (zwischen 1400 und 1350 war Ugarit unter ägyptischer Herrschaft) sorgen dafür, daß wir viele Ähnlichkeiten in der Beschreibung der einzelnen Gottheiten finden. Dies gilt nicht zuletzt auch für die kriegerischen Aspekte der Göttin, die in Kanaan vorzugsweise mit *Anat* assoziiert worden sind. Anat ist die Geliebte, oft auch die Mutter *Baals*, eines Vegetationsgottes, der im Herbst stirbt, um durch die Kraft der Göttin erneut belebt zu werden (darauf kommen wir anläßlich der „Heiligen Hochzeit" im nächsten Abschnitt zurück). Die Kriegslust der Anat beschreibt ein Hymnus, der zu Beginn des zweiten vorchristlichen Jahrtausends verfaßt worden ist:

Siehe, Anat kämpft in der Ebene,
sie schlachtet zwischen den beiden Städten,
sie schlägt das Volk der Meeresküste,
vernichtet die Menschen aus dem Osten.

Köpfe fallen unter ihr wie Erdklumpen,
auf ihren Händen wie Heuschrecken,
wie Rindenstücke der Platane Hände der Krieger.

Sie befestigte die Köpfe an ihrer Brust,
band fest die Hände an ihrem Gürtel.

Sie tauchte ihre Knie in das Blut der Starken,
ihre Schenkel in das Gerinnsel der Krieger [...][6]

Wir stellen fest, daß auch Anat nicht nach unseren neuzeitlichen moralischen Kriterien zu begreifen ist. Ihre Freude am Hinschlachten kommt ohne jede Einschränkung zum Ausdruck, ethische Skrupel kennt sie nicht. Wie die Texte belegen, scheinen die frühen Gläubigen an derartigen Fragen auch überhaupt nicht interessiert gewesen zu sein; vielmehr drückt sich selbst in diesen doch sehr drastischen Episoden die Bewunderung der Menschen für die unerbittliche Stärke Anats aus. An Respektlosigkeit kommt Anat der Ischtar/Inanna ebenfalls gleich, denn in ihrer Unterstützung des Baal scheut sie sich nicht, den Göttervater El ultimativ aufzufordern, für Baal ein adäquates Heim zu schaffen.

Die mesopotamische Ischtar findet ihre direkte Parallele in der kanaanäischen Göttin *Astarte*, die ebenso wie Anat als Jägerin erscheint, die die Götter mit Nahrung versorgt. Sie ist darüber hinaus die eigentliche Himmelskönigin (*Aphrodite Ourania*), so daß wir weiter unten ausführlicher auf sie eingehen werden. – In Ägypten wiederum ist es *Hathor*, die Göttin des Rausches, sowohl des Blutrausches als auch des Bier- und des Liebesrausches, die zum „Sonnenauge" Res wird und aufrührerische Menschen vernichtet. Nachdem sie die „Menschen in der Wüste geschlachtet hat", kehrt sie zurück und wird von Re mit den Worten empfangen: „Willkommen in Frieden, Hathor, die du für den Schöpfer das getan hast, weswegen du gekommen bist." Hathor selber sagt über ihr Morden: „So wahr du für mich lebst, ich habe mich der Menschen bemächtigt, und es war ein Labsal für mein Herz."[7]

Selbst in die Bibel ist der kriegerische Aspekt der Göttin eingegangen. Der eindrucksvollste Beleg ist möglicherweise das Siegeslied für die Richterin *Debora*, die ursprünglich wohl eher als Priesterin oder Göttin anzusprechen sein muß, wie an dem abgeschwächten Ehrentitel „eine Mutter in Israel" (Richter 5,7) zu erkennen ist.[8] In Vers 24 f.f. wird Jael gepriesen, die sich im Kampf gegen die Kanaanäer (!) hervortat:

Sie griff mit ihrer Hand den Pflock
und mit ihrer Rechten den Schmiedehammer
und zerschlug Siseras Haupt
und zermalmte und durchbohrte seine Schläfe.
Zu ihren Füßen krümmte er sich, fiel nieder und lag da.
Er krümmte sich, fiel nieder zu ihren Füßen.
Wie er sich krümmte, so lag er erschlagen da.

Die Art und Weise der Darstellung erinnert nicht zufällig an Kulttexte, wie sie in Ugarit gefunden worden sind. Zweifellos zeigen sich hier die Kontakte zur kanaanäischen Umwelt und deren Huldigung der kriegerischen Göttin.

Die erotische Göttin

Nun wollen wir uns dem erotischen Aspekt der Göttin zuwenden, und zwar aus zwei Richtungen. Erstens legen natürlich die zahlreichen nackten Frauenfigürchen, die quer durch die altorientalische Geschichte begegnen, ein deutliches Zeugnis von einem hohen Stellenwert der Sexualität in jener Zeit ab. Wir werden uns zu fragen haben, ob es sich hier um Darstellungen eines kultischen Zusammenhangs handelt, d. h. um Göttinnen, die in rituellem Rahmen um Fruchtbarkeit oder Lebenskraft gebeten wurden, oder vielleicht einfach um Verherrlichung der sinnlichen Genüsse. Das eine muß das andere freilich nicht ausschließen. Auszuschließen ist allerdings eine rein pornographische Bedeutung der Figuren (auch das haben Forscher vermutet), da es ansonsten keinen einzigen Beleg für diesen Zweck der erotischen Bilder gibt. Auch sind die Figuren in den meisten Fällen eindeutig als Göttinnen ausgewiesen (durch Kronen, Attributtiere usw.), so daß die kosmisch-göttliche Dimension auf jeden Fall die Hauptrolle gespielt haben dürfte. Über die rituelle Dimension der Sexualität – und darin liegt die zweite Annäherungsrichtung – erfahren wir eine Menge aus den religiösen Zyklen, die sich um die *Heilige Hochzeit* ranken. Die Vereinigung der Göttin mit dem Gott, von Königin/Priesterin und König kultisch nachvollzogen, sicherte das Gedeihen des Landes und das Wohlergehen der Menschen. Dadurch läßt sich erahnen, daß Sexualität nicht nur der Sinnesfreude diente, sondern zugleich auch das Männliche und Weibliche in der Natur oder gar im Kosmos zu vereinigen vermochte.

Betrachten wir also zunächst die „Nackte Göttin". Nackte Frauenfigürchen gehören zu den zahlreichsten und offensichtlich beliebtesten Kultobjekten des Alten Orients. Besonders im syrischen und kanaanäischen Raum geben sie wertvolle Hinweise auf die praktizierte Frömmigkeit und die Rolle der Göttin im Leben der Menschen. Wir wollen hier nicht die ganze Bandbreite der erhaltenen Figuren untersuchen, sondern uns auf jene beschränken, die erstens eindeutig als Göttinnen zu bezeichnen sind und zweitens einen Zusammenhang mit den Lilith-Mythen erlauben. Sexuelle Fragen machen nämlich einen Großteil nicht nur der Dämonisierung Liliths aus, sondern auch der Interessenlage moderner Deutungsansätze. Wir werden erneut erkennen, daß solche Ansätze am Kern der Sache vorbeigehen, solange sie nicht die Funktion der Sexualität aus der Sicht der alten Kulturen – letztlich aus einer matriarchalen Perspektive heraus – zu verstehen suchen.

In den meisten Fällen sind die Frauen von vorn (*en face*) dargestellt, in einer Haltung also, die Selbstvertrauen, Selbstverständlichkeit und Stärke symbolisiert. Oftmals halten oder drücken sie ihre Brüste mit den Händen, was sowohl ein Hinweis auf erotische Attraktivität sein kann als auch auf Fruchtbarkeit und mütterlich-nährende Eigenschaften. Besonders interessant für unser Thema sind darüber hinaus Bilder, die eine Verbindung zwischen der Göttin und ihren Tieren herstellen. Es gibt eine Gattung dieser Darstellungen, die als *Qudschu-Typ* bekannt ist; der Name *Qudschu* deutet auf einen semitischen Hintergrund hin, denn die Wurzel *qdsch* (die Vokale werden nicht geschrieben) heißt in semitischen Sprachen *heilig*. Die nebenstehende *Abbildung* zeigt die vermutlich berühmteste Qudschu-Stele, die in der 19. Dynastie in Ägypten geschaffen wurde. Man erkennt darauf die nackte Göttin, die auf einem Löwen thront. In der rechten Hand hält sie Lotosblüten, in der linken zwei Schlangen. Seitlich neben ihr finden wir Min, wie er – festlich geschmückt mit Kopffedern – der Göttin zugewandt ist. Seine rechte Hand ist erhoben, während die linke unter seinem Gewand das erigierte Glied zu umfassen scheint. Auf der rechten Seite steht Reschef, in der Hand eine Lanze, was ihn als Krieger erkennen läßt. Sein Kopfband ist auf der Stirn mit einem Gazellenkopf geschmückt. Unterhalb dieser Dreiergruppe sitzt noch eine weitere weibliche Gestalt auf einem Thron. Sie trägt die sog. „Atef-Krone", eine konische Mütze, die von zwei Straußenfedern flankiert ist. In der Rechten hält sie Lanze und Schwert, die Linke schwingt eine Keule. Eine Gruppe von Betern huldigt ihr. Die Macht der Göttin wird weiter unterstrichen durch die Unterschrift „Antit [d. h. Anat], Herrin des Himmels, Gattin der Götter." – Was können wir dieser Darstellung entnehmen? Zunächst einmal kommt der Göttin die alles überragende Bedeutung zu. Sie ist die „Herrin des Himmels", und ihrer Stärke gebührt Bewunderung. Indem sie die Macht des Löwen kontrolliert, macht sie sich die unbesiegbare Stärke der Natur zu eigen, und Menschen, die ihren Schutz erflehen, fühlen sich gegenüber der als bedrohlich erlebten Umwelt gestärkt. Die Göttin garantiert auf diese Weise die Kontrolle über unberechenbare Kräfte des „Chaos"; sie ordnet die Strukturen der Lebenszusammenhänge der Menschen und sichert ihr Fortbestehen.

Mit der Sicherung der Lebensprozesse haben wir das Stichwort, welches zum zweiten Bereich der erotischen Göttin gehört, und das verbunden ist mit dem Mythos der *Heiligen Hochzeit*. Diesen Begriff

41

gewann man zunächst aus der Hochzeit des Zeus mit Hera, doch im allgemeinen überträgt man die kultische Dimension einer solchen Hochzeit auf die meisten altorientalischen Kulturen. Spezifische Unterschiede gehen dabei oftmals verloren, denn manchmal handelt es sich in erster Linie um die Legitimität des Herrschers, dessen Thronbesteigung zelebriert wird, während in anderen Fällen tatsächlich ein Fruchtbarkeitsmythos oder die Symbolik des Wohlergehens des Landes im Vordergrund steht. Auf die verwickelten Diskussionen hierüber wollen wir nicht eingehen, sondern uns mit der Feststellung begnügen, daß die Deutungen sich nicht gegenseitig ausschließen müssen. Was dem Wohlergehen des Landes dient, legitimiert zugleich auch die Herrschaft des Königs. Für die mesopotamische Kultur kann die Heilige Hochzeit zwischen *Inanna* und *Dumuzi* (Tammuz) als Paradebeispiel für einen solchen Mythos gelten. Wir lernen Inanna/Ischtar hier in einer anderen Manifestationsweise kennen als zuvor in ihrem kriegerischen Aspekt. Dumuzi ist ein ausgesprochener Vegetationsgott, der im Herbst, nach der Ernte, stirbt und in die Unterwelt eingeht, von wo er durch die Aktivitäten der Göttin wieder erlöst wird. Der Höhepunkt des Dramas wurde am babylonischen Neujahrsfest kultisch nachvollzogen. Ein Hymnus berichtet davon:

Daß sie das Schicksal der Länder entscheide,
daß sie am guten ersten Tag aufleuchte,
am Schwarzmondtag die göttliche Ordnung vollende,

bereite man am Neumondtag, dem Tag der Kultfeiern,
meiner Herrin das Lager,
reinigte es mit Zweigen von ...., [......] von Zedern,
machte es meiner Herrin zum Lager,
legte ihr als Geschenk ein ......-Kleid zurecht.

Daß sie sich in dem ....-Kleid von Herzen freue, das Lager genieße,
badet man meine Herrin für den heiligen Schoß,
badet man meine Herrin für den Schoß des Königs,
badet man sie für den Schoß Iddindagans,
wäscht man die heilige Inanna,
besprengt den Boden mit duftendem Zedernharz.

Der König geht stolz erhobenen Hauptes zum heiligen Schoß,
geht stolz erhobenen Hauptes zum Schoß Inannas,
Ama'uschumgalanna liegt bei ihr,
kost ihren heiligen Leib.

Nachdem die Herrin sich im heiligen Schoß des Lagers gesättigt,
nachdem die heilige Inanna sich im heiligen Schoß des Lagers gesättigt,
spricht sie an der Stätte des Lagers zu ihm:
,[Des Helden Id]dindagan [.........].........bin ich.'

Beste Opfergaben aufzuschütten, die Reinigungsriten zu vollführen,
Weihrauch aufzuschütten, Wacholderscheite zu verbrennen,
reichliche Speiseopfer zu bringen, die Schüsseln zu füllen,
tritt man zu ihr in den ,Hohen Palast'.
Ihren geliebten Gemahl umarmt sie,
umarmt die heilige Inanna,
erstrahlt auf dem Thron, dem großen Hochsitz, wie der Tag.
Der König nimmt ihr zur Seite leuchtend wie die Sonne Platz auf dem
*   Thron,*
im Überfluß, in Wonne und Freude tritt er vor sie,
rüstet ihr ein Festmahl.[9]

Inanna führt den jeweiligen König in das „Hirtentum" ein, durch sie ist es ihm möglich, für ausreichend Nahrung, Wasser und landwirtschaftlichen Ertrag zu sorgen. Man erkennt hieran, wie eng die Fruchtbarkeit, im Sinne der Heiligen Hochzeit beschrieben, mit dem Hirtenamt des Königs verbunden ist, das sich nicht nur auf die Vegetation bezieht, sondern auch auf ein Leben in Frieden und eine Regentschaft in Gerechtigkeit, wie es die kosmische Ordnung vorsieht. Auch als eine Art Machtlegitimation dient hier die Sexualität, denn der König wird durch die Heilige Hochzeit inthronisiert beziehungsweise in seiner Herrschaft bestätigt. Im Laufe der Zeit – und diese Tendenz läßt sich schon im zweiten vorchristlichen Jahrtausend deutlich erkennen – scheint der Machtaspekt eine zunehmende Rolle gespielt zu haben, und damit verbunden kommt jenes Phänomen auf, welches moderne ebenso wie antike Forscher so gerne als „Tempelprostitution" bezeichnen. Dieser völlig irreführende Begriff spielt in den meisten Berichten über die antike Sexualität eine große Rolle, und wir werden uns noch damit beschäftigen müssen. Doch vorher wollen wir einen weiteren Text betrachten.

Es handelt sich um einen Passus des großen ugaritischen Zyklus, welcher sich um Baal und Anat rankt. Anat haben wir bereits in ihrem kriegerischen Aspekt kennengelernt. Ähnlich wie Inanna/Ischtar verhilft sie ihrem Geliebten, dem Vegetationsgott Baal, zu neuem Leben, nachdem er in die Unterwelt hinabsteigen mußte, wo er von *Mût* (das hebräische Wort für „Tod" leitet sich von dort ab), zunächst besiegt wird. Die Sexualität spielt zwischen Baal und Anat eine überragende Rolle, und die alten Texte werden nicht müde, ausführlich darüber zu berichten. So heißt es:

Baal erhob seine Augen und sah,
Ja sah die Jungfrau Anat,
Die lieblichste unter Baals Schwestern.
Er eilte ihr entgegen und stellte sich (ihr),
Er kniete ihr zu Füßen und warf sich hin;
Er erhob seine Stimme und rief:
Heil sei dir, Schwester! Nun lasset uns die Freundschaft pflegen!
Komm her zu mir, daß ich dir beiwohne, o Jungfrau Anat!
Komm her zu mir, daß ich die beiwohne! –
Und es erhob ihre Augen die Jungfrau Anat,
Sie erhob ihre Augen und erblickte,
Ja, sie erblickte den Stier!
Da hüpfte sie im Gang und hüpfte tanzend mit Anmut und Grazie.
[…]
Er ergreift und hält ihren Schoß;
Sie ergreift und hält seine Steine.
[…][10]

Aus solchen Texten spricht ein fröhlicher Umgang mit Sexualität, der neben der kultischen Bedeutung für das Gedeihen des Landes die schiere Sinnenfreude niemals aus den Augen verliert. Ein weiteres wichtiges Detail gilt es zu beachten. Der Beiname *btlt*, „Jungfrau", ist für Anat häufig belegt. Da sie zugleich für ihre sexuellen Aktivitäten geradezu berühmt ist, kann es sich natürlich bei diesem Titel nicht um unsere Auffassung von „Jungfräulichkeit" handeln. Bei genauerem

Hinsehen stellen wir sogar fest, daß geradezu das Gegenteil gemeint ist. Der Begriff beschreibt nämlich den unbezwingbaren, ungebändigten Willen der Göttin, das entschlossene Vorgehen bei der Durchsetzung ihrer Absichten. Jungfräulichkeit ist also kein körperliches Merkmal, sondern ein Charakterzug der Göttin, der ihre Autarkie beschreibt.[11] Er führt dadurch in jene Bereiche hinein, die uns im Zusammenhang mit Lilith besonders interessieren: freies Ausleben sexueller Bedürfnisse ohne Schuldgefühle, sondern vielmehr im Wissen um die göttliche Kraft, die sich darin verwirklicht.

Doch zurück in den Alten Orient. Das Motiv der Heiligen Hochzeit, auch wenn es immer wieder gerne beschrieben wird, ist alles andere als universell, in vielen Fällen muß der Zusammenhang erst konstruiert werden. Denn nicht jede Götterhochzeit erlaubt einen Rückschluß auf eine Kultpraxis oder auf den Hintergrund des sterbenden und wiedergeborenen Gottes.[12] Man weiß bis heute auch noch nicht, ob derartige Riten an bestimmten hohen Feiertagen zelebriert wurden oder nicht. Immerhin kann man davon ausgehen, daß sie sich nicht nur am Hofe, sondern auch im Volk einer großen Beliebtheit erfreuten, wie die vielen biblischen Warnungen belegen, sich nicht an den kanaanäischen „Massenvergnügungen" zu beteiligen. Außer Frage steht auch, daß die Sexualität in jener Zeit eine tiefe sakrale Dimension besaß, d.h. sie wurde als heiliges Geschehen betrachtet und war eng mit der Göttin verbunden. Wenn wir dies berücksichtigen, werden wir den unter Wissenschaftlerinnen und Wissenschaftlern so gern benutzten Begriff der *Tempelprostitution* als patriarchale Fehldeutung bezeichnen müssen. Er geht auf antike Berichte zurück, die frühere Perioden ebenfalls nur vom Hörensagen kennen (z.B. Herodot und Strabo). Diese Erzählungen von „Tempelhuren", „käuflichen Priesterinnen" usw. werden sodann auf das zweite oder gar dritte vorchristliche Jahrtausend zurückprojiziert. Auch hier würde ich dafür plädieren, derartige Ausdrücke für einen matriarchalen Kontext (und zwar so wie er hier verstanden wird, nämlich als ein Kontext der Verehrung der Göttin) nicht zu verwenden, da sie keinen Sinn ergeben. Von „Prostitution" kann man erst sprechen, wenn die Heiligung der kosmischen Prozesse, die im Geschlechtsakt nachvollzogen werden, aus diesem verschwunden ist und die Sexualität als Machtinstrument eingeführt wurde. In ihren umfangreichen Studien hat Gerda Lerner deutlich nachzuweisen vermocht, daß sich die Prostitution nicht, wie oft behauptet, aus der sogenannten Tempelprostitution heraus entwickelte, sondern im Gefolge der sozialen Veränderungen u. a. durch die Einführung der Sklaverei entstand.[13] Erst jetzt werden Priesterinnen zu Tempelhuren, werden Repräsentantinnen der Göttin zu käuflichen Objekten. Patriarchale Sexualität kann den Gedanken des Fehlens der Machtfrage offensichtlich nicht nachvollziehen. Nun ist es allerdings keineswegs so, daß erst die auf den Vatergott ausgerichteten Religionen, allen voran das Judentum, das Paradies der gleichberechtigten Sexualität zerstört hätten (diese Meinung findet man in manchen feministischen Untersuchungen, die damit eine gefährliche Nähe zu antisemitischen Positionen aufweisen). Schon im zweiten Jahrtausend läßt sich an den Verherrlichungen des Königs eine Tendenz erkennen, die königliche Macht durch die Heilige Hochzeit zu legitimieren. Der Umbruch durch die Einführung der Machtdimension ist also schon wesentlich früher anzusetzen, während sich die *ausschließlich* auf die Göttin bezogenen Kulte im Dunkel der Vorgeschichte zu verlieren scheinen.

Eines gilt es aber mit aller Deutlichkeit festzuhalten: Der Geschlechtsakt hatte im Alten Orient eine sakrale Dimension, wodurch die Menschen der göttlichen Gnade teilhaftig werden konnten. Dies gilt in besonderem Maße für den Bereich des Tempels, denn irdischer Kult galt als Wiederholung und Bestätigung kosmischer Kulte. Wenn Priesterinnen sich dort mit Männern vereinigten, so gewährten sie ihnen eine Teilhabe an der Kraft der Göttin, welcher sie ihr eigenes Leben geweiht hatten. Auch wenn es mit Sicherheit „profane Huren" gegeben hat (die vielleicht die Nähe des Tempels suchten, um sich einen besonderen Nimbus zu verschaffen), dürfen wir diesen Sachverhalt nicht auf das ganze sakrale Geschehen übertragen, zumal wir nicht wissen, ob jene Frauen nicht ebenso sich der Göttin zugehörig fühlten. Dasselbe gilt für die Männer. Neben der käuflichen Liebe spielte auf der religiösen Ebene die beschriebene Teilhabe am Mysterium der Göttin eine große Rolle. Davon zeugen nicht zuletzt die in griechisch-römischer Zeit weit verbreiteten Männerbünde, die sich dem Dienst an der Göttin verschrieben.

Die mütterliche Göttin

Das Kapitel über die Muttergöttin ist nicht zufällig an die dritte Stelle gesetzt worden, denn damit soll verdeutlicht werden, daß dieser Aspekt der Allgestalterin in der Alten Welt gar nicht den Stellenwert hatte, den wir heute gerne für diese Zeit unterstellen. Natürlich ist die mütterliche Eigenschaft der Göttin von hoher Bedeutung, doch sie ist niemals zu trennen von den anderen Aspekten, die wir bereits kennengelernt haben. Deshalb ist auch die „Sehnsucht nach den Müttern",[14] ein Schlagwort, das die religiösen Erneuerungsbemühungen auf christlicher oder auch auf neopaganer (neuheidnischer) Seite umreißen soll, eher unangebracht. Es fällt unter denselben Vorbehalt, den wir gegen den Begriff „Matriarchat" hegen müssen. Wenn beispielsweise Hüften oder Brüste auf frühen Darstellungen besonders hervorgehoben sind, muß damit noch lange keine Muttergöttin gemeint sein; es kann ebenso der erotische oder noch ein anderer Aspekt darin verehrt werden, ein Umstand, der von vielen, besonders älteren wissenschaftlichen Arbeiten viel zu wenig berücksichtigt wird. Wirklich sinnvoll ist die Rede von der Muttergöttin indes natürlich bei ikonographischen (bildhaften oder figürlichen) Zeugnissen, die eine Mutter mit ihrem Kind zeigen. Auch die lebenspendende oder -bewahrende Kraft der Göttin wird meist mit ihrer Rolle als Große Mutter in Zusammenhang gebracht, und tatsächlich zeigt sich in der Beleberin und Bewahrerin ein Aspekt der vielgestaltigen Göttin.

Betrachten wir auch hier wieder einige wichtige Bilder und Texte. In Mesopotamien und Palästina/Kanaan finden sich seit jeher eine Menge Figuren, die eine sitzende oder auch stehende Frau (Göttin?) zeigen, die ein Kind stillt. Wenn diese Figuren überhaupt eindeutig als Göttin erkennbar sind, so deuten die vielen unterschiedlichen Attribute sowie die einfache Hörnerkrone, die sie tragen, auf eine geringere Bedeutung hin als die schon beschriebenen kriegerischen und erotischen Aspekte. U. Winter sagt dazu: „Das Motiv stellt also keine sakrale Überhöhung der Königinmutter in Form einer Göttermutter, schon gar nicht eine in weite Ferne transzendierte ‚Mutter aller Götter', sondern eher eine ‚glückliche Mamma' dar."[15] In Ägypten, wo der Pharao ja als Verkörperung des männlichen Gottes (in der Regel Horus) galt, sieht der Befund ein wenig anders aus. Wenn hier eine Göttin

47

mit Kind zur Darstellung kam – und das geschah sehr häufig –, so ist damit immer das entsprechende Götterkind (Horus) gemeint, oder aber der König selber in seinen Kinderjahren. Die Göttin reicht dem Kind in den meisten Fällen stehend oder sitzend ihre Brüste, manchmal hält sie es einfach auf dem Schoß. Die beliebtesten Göttinnen in diesem Zusammenhang waren Hathor und Isis, wobei Isis im Laufe der Zeit immer mehr an Bedeutung gewann, bis sie in römischer Zeit (ungefähr ab dem zweiten vorchristlichen Jahrhundert) als die eigentliche Göttinmutter und Königsmutter galt. Die *Abbildung* zeigt eine typische Isisdarstellung dieser Art, geschaffen zwischen 600 und 400 v. u. Z. Im Gegensatz zu früheren Abbildungen sehen wir eine feierliche, geradezu steife Haltung der Göttin mit ihrem Kind, woran wir erkennen können, daß sich nunmehr tatsächlich eine kosmisch-göttliche Überhöhung der Muttergöttin abzuzeichnen begann. Diese Tendenz fand ihren Fortgang nicht zuletzt auch in der christlichen Ikonographie, die Maria als Mutter Gottes in frappierend ähnlicher Weise darstellte. Dies mag ein Grund dafür sein, daß wir es gewohnt sind, den mütterlichen Aspekt als hervorstechendes Attribut der Göttin zu betrachten, wogegen die erotischen wie aggressiven Züge der „Mutter Gottes" immer weiter ins Abseits gedrängt worden sind und heute von vielen christlichen Gläubigen schmerzlich vermißt werden.

Vom dritten bis zum ersten vorchristlichen Jahrtausend finden wir neben der stillenden Mutter zudem das Bild einer Kuh, die ihr Kalb versorgt. Dieses *Kuh und Kalb-Motiv*, das zu den beliebtesten der altorientalischen Kunst gehört, kann ebenfalls als Ausdruck der mütterlichen Eigenschaften der Göttin betrachtet werden. Besonders schöne Bilder dieser Art haben sich nicht nur aus Ägypten erhalten, sondern auch aus Palästina und Mesopotamien. Im Palast des Salmanassars III. in Nimrud, zum Beispiel, fand man eine wunderschöne Elfenbeinschnitzerei aus der zweiten Hälfte des 8. Jahrhunderts v. u. Z. mit einer Kuh, die liebevoll ihr Kalb leckt, während dieses an ihrem Euter trinkt (*Abbildung*). Wie kommen wir nun dazu, solche Darstellungen mit der Göttin in Verbindung zu bringen? Man könnte ja ebenso davon ausgehen, es ginge „nur" um Kunst oder auch um eine Verherrlichung der Lebenskraft der Natur in landwirtschaftlich geprägten Kulturen. Um hier zu einer Klärung zu kommen, müssen wir die *Textzeugnisse* jener Zeit näher betrachten.

Wir finden die kriegerische und erotische *Ischtar* auch in ihrer Rolle als Mutter vor. Im Akkadischen gibt es den Personennamen „Ischtar-Ummi" („Ischtar ist meine Mutter") und dergleichen. Die Könige von Assyrien berufen sich auf Ischtar als „Schenkerin des Lebens", als „barmherzige Göttin", als „Herrin Ischtar, deren Teil es ist, Leben zu

49

schenken". Der Sumererfürst Gudea von Lagasch (um 2050 v. u. Z.) hat aus Anlaß des Baues und der Einweihung eines Ningirsu-Tempels einen Hymnus geschaffen, der aus über 1300 Zeilen besteht, aufgezeichnet auf zwei Tonzylindern. Darin ist ein persönliches Gebet – ansonsten im Umfeld der altorientalischen Religiosität eher selten – des Fürsten an die Göttin Gatumdu, eine lokale Gottheit, enthalten, das uns einen Einblick gibt in die Art und Weise, wie der Mutteraspekt der Göttin im Denken der Gläubigen jener Zeit ganz selbstverständlich mit anderen Attributen verbunden war. Wir finden außerdem Hinweise auf die Heilige Hochzeit, in der Gatumdu zugleich Mutter und Geliebte des Gudea ist:

Im Tempel Bagara feierte er das eschesch-Fest.
Der Ensi [ein archaischer Titel des Gudea] ging zum Allerheiligsten der
*   Gatumdu, an ihr Lager,*
Brachte Brote dar, spendete kühles Wasser,
trat zur hehren Gatumdu
(Und) sprach zu ihr das Gebet:
„Meine Königin, Tochter des hehren An,
Herrin des Nötigen, Göttin erhobenen Hauptes,
Die im Lande Sumer Leben spendet,
Weiß, was ihrer Stadt gebührt –
Königin, Mutter, die Lagasch gründete, bist Du!
Hast Du Deinen Blick auf das Volk gerichtet, strömt ihm alsbald Über-
*   fluß zu,*
Der wackere Jüngling, den Du anschautest, wird ein langes Leben haben.
Ich habe keine Mutter – Du bist meine Mutter,
Ich habe keinen Vater – Du bist mein Vater!
Meinen Samen empfingst Du, hast mich im Tempel geboren,
Gatumdu – süß ist Dein reiner Name!
In der Nacht lagst Du für mich da,
Bist meine große ‚Sichel', die mir zur Seite steht,
Bist die, die dem Korn reichlich Wasser spendet,
Schenktest mir das Leben.
Du bist ein breiter Schirm, Deinen Schatten
Will ich ehrfürchtig verehren …".[16]

Wir wollen auch bei der Muttergöttin einen Blick auf Ischtar/Inanna sowie auf Anat werfen. Die Muttergöttin wird in den alten Texten meistens als Schöpferin der Götter selber beschrieben. So ist Aschera in Ugarit nicht nur die Gemahlin des Göttervaters El, sondern zugleich auch seine Erschafferin. Und auch Anat wird mit Bildern der Mutterliebe dargestellt, und zwar in eben dem Zyklus, den wir bereits kennenlernten. Nachdem Baal von Mût in der Unterwelt besiegt worden ist, versucht Anat ihren Geliebten und Bruder zu retten, denn die Bestattung seines Körpers zeigt lediglich das Ende einer jahreszeitlichen Phase an, wohingegen der Gott selbst letztlich unsterblich ist. Anat muß ihn finden, um ihn aus der Macht der Unterwelt zu befreien und ihm neues Leben zu schenken. An dieser Stelle heißt es:

Wie das Herz einer Kuh nach ihrem Kalb,
Wie das Herz eines Mutterschafs nach seinem Lamm,
So (sehnt sich) das Herz Anats nach Baal.
Sie faßt Mut beim Zipfel des Gewandes,
Sie packt ihn am Rande des Kleides.
Sie erhebt ihre Stimme und ruft:
„Du, o Mut, gib mir meinen Bruder!" [17]

Diesem Text können wir mehreres entnehmen. Erstens läßt die Verbindung von Mutterliebe mit dem Kuh und Kalb-Motiv es gerechtfertigt erscheinen, die ikonographischen Darstellungen mit der Göttin zu identifizieren. Zweitens zeigt sich hier einmal mehr die Vieldeutigkeit der Eigenschaften der Göttin. Wie bei Anat gilt es auch bei Ischtar zu beachten, daß sie selbst immer auch als befehlsgewaltige und mächtige Herrscherin verehrt wird, selbst wenn sie in diesem Moment ihre mütterliche Seite zeigt. Die angeführte Stelle macht das überdeutlich, denn es wird ohne jeden Übergang von der Mutterliebe auf den Kampf Anats mit Mût umgeschaltet. Die kriegerische Seite wird also niemals ausgeblendet. Ein ähnliches Motiv finden wir in der „zornigen Mutter", die in rasender Wut ihre Kinder schützt: Die bedingungslose Liebe wird zum Antrieb für eine gewaltige Zerstörungskraft. Solche Mythen sind uns aus unzähligen Kulturen bekannt. Warum sie bei Lilith so selten herangezogen werden, wird uns später noch beschäftigen müssen. Drittens lassen die textlichen Belege es als überaus irreführend erscheinen, wenn von einer zeitlichen Abfolge der Entwicklung der „Großen Mutter" ausgegangen wird, wie dies gerne von Psychologinnen und Psychologen getan wird. So schreibt S. Hurvitz in seinem Lilith-Buch:

> Das Weibliche erscheint innerhalb der Bewusstseinsentwicklung zunächst *immer* in der Gestalt der Grossen Mutter, welche eine bipolare, archetypische Gestalt ist, indem sie sowohl den Aspekt der gütigen, nährenden und hegenden, wie auch der furchtbaren, verschlingenden Mutter in sich enthält. Erst in einer späteren Phase des Bewusstseins wird aus der Mutter-Gestalt die Figur der Anima herausgelöst.[18]

Die Studie Hurvitz', die von patriarchalen Fehldeutungen auf dem Boden der Jungschen Archetypenlehre nur so strotzt, wird uns bei unserer Beschäftigung mit den Lilith-Mythen noch häufiger begegnen. Im Moment mag es genügen, darauf hinzuweisen, daß eine solche Spekulation über unterschiedliche Phasen des Bewußtseins anhand des religionsgeschichtlichen Materials eindeutig widerlegt werden kann. Hurvitz offenbart hier eine Geisteshaltung, die bis in die Begrifflichkeit hinein vom neunzehnten Jahrhundert und J. J. Bachofen geprägt ist und in der Archetypenlehre Jungs ein willkommenes Instrument findet, das Weibliche weiter zu dämonisieren. Für eine solche Geisteshaltung *kann* weibliche Stärke – in den alten Texten ehrfürchtig verehrt und erfleht – nur als „furchtbar" und „verschlingend" erscheinen.

Die Himmelskönigin

Die Himmelskönigin ist ein Aspekt der orientalischen Göttin, der vielleicht zu ihren zentralen Attributen gehört und uns im Zusammenhang mit Lilith besonders interessiert. Zwei Dinge kommen hier zum Ausdruck: die absolute Erhabenheit der Göttin und ihre Verbindung mit dem Himmel. Anders als man gemeinhin annimmt und abweichend von der Jungschen Archetypenlehre, zeigt ein Blick auf die Religionsgeschichte, daß das Weibliche keineswegs immer mit

52

dem Irdischen oder gar Unterweltlichen (Chthonischen) assoziiert wurde – obwohl es freilich auch das gegeben hat –, sondern mit dem Himmel. Bevor wir zu Lilith kommen, die meiner Meinung nach eine Verkörperung der Himmelskönigin ist, wollen wir diesen Zusammenhängen noch ein wenig nachspüren.

Was den Herrscherinnenaspekt anbelangt, so finden sich zahlreiche Darstellungen, auf denen Göttinnen auf einem Thron sitzen. Während man hier vor allem an Stadtgottheiten denkt, die „nur" von regionaler Bedeutung waren, weisen andere Varianten auf einen größeren Zusammenhang hin. Dies ist zum Beispiel dann der Fall, wenn der Thron der Göttin von Tieren getragen wird. Besonders der Löwe zeigt ihre große Stärke, wie wir ja schon gesehen haben. Neben der Kuh, die als Attributtier ebenfalls weit verbreitet war (nicht nur im Rahmen des Kuh und Kalb-Motivs), ist die Verbindung der Göttin mit Skorpion, Schlange und Vogel ein herausragendes Merkmal der alten Darstellungen. Die tiergestaltige Göttin ist ein zu umfangreiches Thema, um hier behandelt zu werden.[19] Ich möchte nur festhalten (denn dies ist im Hinblick auf Lilith wichtig), daß die Verbindung mit dem *Vogel* den Aspekt der Himmelskönigin anzeigt. Beispiele hierfür ließen sich quer durch die Religionsgeschichte des Nahen Ostens anführen.

Damit sind wir beim zweiten und eigentlichen Punkt: der Himmelskönigin. Besonders deutlich ausgeprägt finden wir ihn bei Inanna/Ischtar. Schon im Namen der Inanna ist der Titel „Herrin des Himmels" enthalten. Und so verwundert es nicht, wenn unter den Attributen der Ischtar viele eine Analogie zu Lichterscheinungen oder astralen Zusammenhängen bilden. So ist sie u. a. die Göttin des Hellwerdens, der Morgenröte, des Morgensterns, die Göttin des Abends, die „Mutter" des Vollmondtages und die Göttin der Sterne. Besonders ihre Verbindung zum Morgen- und Abendstern, Venus, zieht sich wie ein roter Faden durch die ihr zugedachten Hymnen, wie der folgende zeigt, der sich auf Inanna und Iddindagan, der die Rolle des Vegetationsgottes Tammuz einnimmt, bezieht:

[Die große Himmelsherrin will ich grü]ßen,
[die Gott]geweihte, die vom Himmel kommt, will ich grüßen,
die große Himmels[herrin], Inanna, will ich grüßen,
das heilige Licht, das den Himmel erfüllt, will ich grüßen!

Inanna, die weithin wie die Sonne leuchtet,

die große Himmelsherrin, Inanna, will ich grüßen,

Die Gottgeweihte, die Herrin, die unter den Anunna-Göttern mit Schrek-
ken angetan ist,

die Heldin des Himmels, die volles Licht ausgießt,

die große Tochter Su'ens, Inanna, will ich grüßen!

Wenn sie in ihrer Hoheit, ihrer Größe, ihrer Heldenkraft, ihrer Stärke am
Abend leuchtend aufgeht,

wenn sie den Himmel mit reinem Licht erfüllt,

wenn sie wie Mond und Sonne an den Himmel tritt,

kennen sie alle Länder von unten bis oben.

Von der Größe der Gottgeweihten des Himmels

will ich der Himmelsherrin im Liede künden!

[...]

Die Gottgeweihte tritt allein an den leuchtenden Himmel.

Auf alle Länder, auf die ,Schwarzköpfigen' [die Babylonier], die Men-
schen, die zahlreich wie die Schafe,

schaut sie, meine Herrin, vom Inneren des Himmels freundlich herab.

Die Herrin des Abends, Inanna, die Hohe,

die Jungfrau Inanna preise ich immerdar,

die Herrin des Abends, die bis ans Ende des Himmels [groß ist].

Am Abend ist sie der ,fremdartige' Stern, [der Venusstern], der den heili-
gen Himmel mit vollem Licht [erfüllt].

Auf sie, die Herrin des Abends, die He[ldin, die allein] vom Himmel
kommt,

[richten] die Menschen in allen Ländern den Blick.[20]

In einem sumerischen Lied sagt Inanna von sich selber:

Mein Vater hat mir den Himmel gegeben, hat mir die Erde gegeben: Die
Himmelskönigin bin ich.

Mißt sich einer, ein Gott mit mir? [...]

Die Herrenschaft hat er mir gegeben, die Herrinnenschaft hat er mir gege-
ben,

54

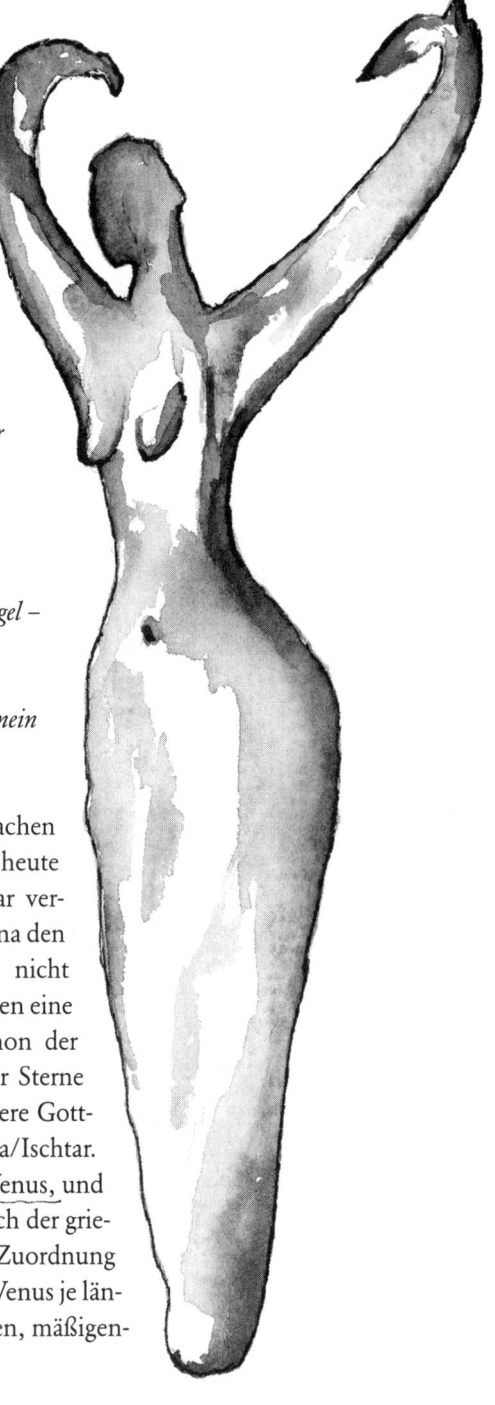

die Schlacht hat er mir gegeben, das K[ampfgetüm-
me]l hat er mir gegeben,
den Orkan hat er mir gegeben,
den Wirbelwind hat er mir
gegeben.
Den Himmel hat er mir als Krone aufs Haupt gesetzt,
die Erde als Sandale an meinen
Fuß gelegt,
den leuchtenden Göttermantel hat er
mir umgetan,
das strahlende Szepter in die Hand
gegeben.

Die Götter sind wie (ängstliche) Vögel –
ich aber bin die Herrin [...]

Der Himmel ist mein, die Erde ist mein
– ich bin die Heldin.[21]

Schon diese wenigen Zitate machen
deutlich, daß die früher so beliebte, heute
allgemein abgelehnte These, Ischtar ver-
körpere den himmlischen und Inanna den
chthonisch-erdbezogenen Aspekt, nicht
aufrecht erhalten werden kann. Gegen eine
solche Trennung spricht auch schon der
Name der Inanna. Das Symbol der Sterne
und des Himmels ist für keine andere Gottheit so häufig belegt wie für Inanna/Ischtar.
Ischtars Planet ist, wie gesagt, die Venus, und
sowohl in der babylonischen als auch der griechischen Astrologie wurde diese Zuordnung
beibehalten. Allerdings verkörpert Venus je länger je mehr nur noch den friedvollen, mäßigen-
den Anteil der Ischtar.

Wie beliebt der Kult der Himmelskönigin im Nahen Osten war, kann man u. a. daran erkennen, daß er in der Bibel sehr deutliche Spuren hinterlassen hat. Immer wieder wird den Israeliten vorgeworfen, sie würden der Astarte, Aschera, Inanna oder Ischtar räuchern, ihr Kuchen backen und dergleichen. Etliche Könige – allen voran Salomo – haben Höhenheiligtümer errichtet, um der Himmelskönigin zu huldigen. In der jüdischen Kritik bestand man darauf, daß dies der Kult der Kanaanäer sei und für die Israeliten ein Vergehen. Eine Zusammenfassung dieser „Greueltaten" kann man in der Bibel II Könige, Kapitel 23, nachlesen.

Natürlich gibt es auch in Ägypten die Himmelskönigin. Man verband die Göttin Isis mit dem Siriusstern, und seit dem Mittleren Reich (2052 bis ca. 1570 v. u. Z.) galt sie als „Herrin des Himmels". Noch bekannter dürfte Nut sein, die – wie im Grab Ramses IV. – ihren sternenbesetzten Körper über die Erde wölbt. Die Sonne tritt morgens durch ihren Mund ein, wandert während des Tages durch ihren Körper und tritt abends wieder hervor, um ihre Reise durch die Unterwelt anzutreten, die sie am nächsten Tag wieder erscheinen läßt. Auch hier verbindet sich die astrale Ordnung mit den Attributen der Herrschaft und des Schutzes. Aus Ägypten stammen auch die berühmten Vogelgottheiten, die schon um 4000 v. u. Z. in künstlerischer Vollendung die Dynamik von Luft, Himmel und Kosmos zum Ausdruck brachten, wie auf der *Abbildung Seite 55* zu erkennen ist.

Zusammenfassung:
Die Große Göttin

Bei unserer Untersuchung der unterschiedlichen Darstellungsformen der altorientalischen Göttin haben wir festgestellt, daß von einer konkreten Göttingestalt, die sich von anderen Gottheiten in deutlicher Weise absetzen läßt, keine Rede sein kann. Immer haben wir es mit Manifestationen einer einzigen Gottheit zu tun, die jeweils einen konkreten Anteil des Gesamtbildes zum Ausdruck bringen, je nachdem, welcher Aspekt gerade im Interesse des Kultes oder der Gläubigen steht. Interessanterweise gibt es antike Quellen, die genau diesen Eindruck bestätigen. Auch für römische Schriftsteller war es mitunter schwierig, klare Unterschiede zwischen einzelnen Göttinnen zu finden. Besonders prägnant ist dies im Hinblick auf die sog. *Dea Syria*, also die Syrische Göttin, denn in diesem Kulturraum finden sich die vielfältigsten Attribute ein und derselben Göttin. Lukian von Samosata, ein griechisch-syrischer Schriftsteller des zweiten nachchristlichen Jahrhunderts, hat der Dea Syria ein eigenes Werk gewidmet. Seine Beschreibungen sind für unser heutiges Bild der altorientalischen Göttin sehr wichtig, weil sich vor allem für den syrischen Raum keine sicheren Inschriften aus römischer Zeit finden lassen. Die Göttin im großen Tempel von Hierapolis-Bambyke am Oberlauf des Euphrat beschreibt er folgendermaßen: Sie wird von Löwen getragen und hält ein Timpanon in der Hand. Auf dem Kopf trägt sie einen Turm, was Lukian als besonderes Merkmal der Göttin Rhea bezeichnet, die wiederum die griechische Form der Kybele Kleinasiens ist. Später bezeichnet er die Göttin als Hera, doch habe sie auch etwas von Athene, Aphrodite, Selene, Rhea, Artemis, Nemesis und den Moiren.

Wir können nicht sicher sagen, ob das Zeugnis des Lukian auf frühere Epochen übertragen werden kann. Vielleicht gab es durch die vielen kulturellen Kontakte auch eine Entwicklung, die zu immer unklareren Grenzen zwischen einzelnen Gottheiten führte und deren Endstadium Lukian beschreibt. Wenn wir allerdings das umfangreiche Material berücksichtigen, das wir über die Göttin Ischtar, Inanna, Isis oder auch Anat kennengelernt haben, so drängt sich die Vermutung auf, daß zumindest jene überregional bedeutsamen Göttinnen alle Repräsentantinnen eines kosmischen Prinzips sind, das mit dem Titel *Große Göttin* am besten charakterisiert wird. Die syrische Göttin wurde von einigen Forschern aufgrund antiker Zeugnisse auch „magna mater" („Große Mutter") genannt, doch aus den bisherigen Bemerkungen dürfte wohl deutlich geworden sein, daß dies eine grobe Verkürzung der Wirklichkeit ist. Wenn wir also im folgenden von der Großen Göttin sprechen, müssen wir uns immer darüber im klaren sein, daß jedes Zeugnis, sei es nun zerstörerisch, lebenspendend, erotisch oder mütterlich, immer mit dem weiblichen kosmischen Prinzip in Verbindung steht. Jede Deutung, die einzelne Aspekte zu isolieren versucht, verliert das eigentliche Thema aus den Augen.

Wie kommt es nun aber, daß das Weibliche bei uns in der Regel auf ganz bestimmte Attribute der Göttin reduziert wird? Wie kann man

begründet annehmen, es gebe einen universalen Archetyp des Weiblichen, der im Empfangenden, im Passiven und im Irdischen zu suchen
sei, und infolgedessen denjenigen Frauen einen fehlgeleiteten Animus
unterstellen, die nach dem Himmel greifen? Diese Deutungen können
nur vor dem Hintergrund eines patriarchal-dualistischen Gedankenge-
bäudes Bestand haben, das die *Einheit* der Göttin sowie ihre *zyklische
Vollkommenheit trotz aller Widersprüche* nicht zu verstehen vermag. Dieses
Denken wird vollends zur Farce, wenn wir die Göttin an ihren angestammten Platz zurücksetzen und die Aufspaltung in verschiedene
Aspekte als das betrachten, was es ist: eine für das Denken – und das
Gebet – notwendige Unterscheidung verschiedener Attribute, die jedoch nicht mit der Aufspaltung des Göttlichen gleichzusetzen ist.

Es sind Fragen wie diese, die im Hinblick auf Lilith von entscheidender Bedeutung sind, denn Lilith ist wie kaum eine andere auf den
dämonischen und – jungianisch gesprochen – den Schattenanteil reduziert worden.

Anmerkungen

[1] Urs Winter: *Frau und Göttin. Exegetische und ikonographische Studien
zum weiblichen Gottesbild im Alten Israel und dessen Umgebung (Orbis
Biblicus et Orientalis 53)*, Freiburg/Göttingen 1983.

[2] *Gilgamesch* Tafel 6 I, 94–100. Zitiert aus der Edition von A. Schott:
Das Gilgamesch-Epos, Stuttgart 1969, S. 53.

[3] Vgl. A. Falkenstein/W. von Soden: *Sumerische und Akkadische Hymnen und Gebete*, Zürich/Stuttgart 1953, S. 328 f.

[4] An dieser Stelle möchte ich darauf hinweisen, daß der kriegerische
Aspekt der Venus, wie er hier in Verbindung mit Ischtar erscheint,
seinen Nachhall in der antiken wie auch der modernen Astrologie
gefunden hat, ist doch das zweite Domizil der Venus – die Waage
– ein kardinales Luftzeichen, das auch kriegerische Züge in sich
birgt; man denke allein an die vielen Feldherren mit Sonnenstand
Waage. Daß heute dieser Aspekt der Venus gegenüber den sanften,
ausgleichenden oder erotischen Aspekten eindeutig zurücktritt,
geht möglicherweise auf dieselben Mechanismen zurück, die auch

zur Dämonisierung der weiblichen Stärke und zur Stigmatisierung der Lilith geführt haben.

5 Eine sehr gute Übersicht über das Thema bietet Oswald Loretz: *Ugarit und die Bibel. Kanaanäische Götter und Religion im Alten Testament*, Darmstadt 1990.

6 *Keilschrifttexte aus Ugarit (KTU)* 1.3 II 5 ff., zitiert nach Loretz (Anm. 5).

7 Walter Beyerlin (Hrsg.): *Religionsgeschichtliches Texbuch zum Alten Testament (ATD Erg. 1)*, Göttingen 1975, S. 37.

8 Über matriarchale Dimensionen informiert ausführlich Gerda Weiler: *Das Matriarchat im Alten Israel*, Stuttgart 1994 (nach der Lektüre sieht man nur noch Heilige Hochzeiten in der Bibel). Aus archäologischer Sicht sehr wichtig ist das Buch von Othmar Keel und Christoph Uehlinger: *Göttinnen, Götter und Gottessymbole. Neue Erkenntnisse zur Religionsgeschichte Kanaans und Israels aufgrund bislang unerschlossener ikonographischer Quellen*, Freiburg 1992.

9 Vgl. A. Falkenstein/W. von Soden (Anm. 3), S. 97 f.

10 Vgl. J. Aistleitner: *Die mythologischen und kultischen Texte aus Ras Schamra (Bibliotheca Orientalis Jungarica VIII)*, Budapest 1959, S. 53.

11 Ähnlich äußert sich Birgit Heller: „Die altorientalische Göttin – Aspekte einer ‚Thealogie‘". In: *Kairos* 23/24 (1992/93), S. 91–107, hier S. 101: „Auch die Göttin Inanna wird in einem Atemzug als ‚Herrin‘ und ‚Jungfrau‘ gepriesen. Selbst die sumerische Göttin Baba, deren mütterlicher Charakter so stark ausgeprägt ist, daß sie mit einer gewissen Berechtigung als ‚Muttergöttin‘ bezeichnet werden kann, wird mehrmals ‚Jungfrau, Mutter Baba‘ genannt. Jungfräulichkeit scheint im Alten Orient als Ausdruck der Autarkie und machtvollen Selbständigkeit betrachtet worden zu sein."

12 In vielen, besonders in Wicca-orientierten Kreisen, wird die Bedeutung des sterbenden und wiedergeborenen Gottes stark überschätzt. Diese Haltung geht vor allem auf das umfangreiche Werk von James Frazer: *The Golden Bough* (dt. *Der Goldene Zweig*), Cambridge 1890, zurück, der selbst das Christentum als letztlich verwässerte Version des Ischtar-Tammuz-Mythos zu deuten versuchte.

13 Ausdrücklich befaßt sich Gerda Lerner mit diesem Thema in: „The Origins of Prostitution in Ancient Mesopotamia". In: *Signs. Journal of Women in Culture and Society*, Vol. 11.2 (1986), S. 236–254. Äußerst

lesenswert sind überdies die beiden Bände ihres Standardwerkes *Frauen und Geschichte. Band I: Die Entstehung des Patriarchats; Band II: Die Entstehung des feministischen Bewußtseins. Vom Mittelalter bis zur Ersten Frauenbewegung,* Frankfurt a. M./New York 1995.

[14] Ein Beispiel hierfür ist das gleichnamige Buch von Siegfried Vierzig: *Sehnsucht nach den Müttern. Von der Renaissance des Weiblichen in der Religion,* Stuttgart 1991.

[15] U. Winter (Anm. 1), S. 389.

[16] W. Beyerlin (Anm. 7), S. 137.

[17] Ebda. S. 235 f.

[18] Siegfried Hurvitz: *Lilith – Die erste Eva. Eine Studie über dunkle Aspekte des Weiblichen,* Zürich ²1983, S. 20 (Hervorhebung von mir).

[19] Einen sehr schönen Überblick mit vielen Abbildungen bietet Buffie Johnson: *Die Große Mutter in ihren Tieren. Göttinnen alter Kulturen,* Olten/Freiburg 1990. Der amerikanische Originaltitel gibt den Inhalt des Buches wesentlich besser wieder: *The Lady of the Beasts. Ancient Images of the Goddess and Her Sacred Animals,* San Francisco 1988.

[20] Vgl. Falkenstein/von Soden (Anm. 3), S. 90 f. 93.

[21] Ebda. S. 67 f.

Die Mythen um Lilith

Wir haben uns nun ein genaueres Bild darüber verschafft, welche
Rolle die Göttin im Leben der altorientalischen Menschen
spielte. Dabei stellten wir fest, daß es äußerst schwierig ist, einzelne
Aspekte der Göttin zu isolieren oder bestimmten Namen eindeutig
zuzuordnen. Dies führte wiederum zu dem Ergebnis, es sei sinnvoller,
von der *Großen Göttin* zu sprechen, unabhängig davon, ob die Menschen jener Zeit diesen Titel verwendeten oder nicht. Er ist für uns
heute der einzige Name, welcher alle Aspekte der antiken Göttin in
sich einzuschließen vermag und uns ein Gefühl dafür gibt, daß wir
immer nur eine *Erscheinungsform* der Allgestalterin vor uns haben,
wenn wir von der Muttergöttin, der kriegerischen Göttin, der Wandlungsgöttin, der Jungfraugöttin usw. sprechen.

Dies müssen wir immer im Auge behalten, wenn wir uns im folgenden mit den eigentlichen Lilithmythen auseinandersetzen. Die Geschichte der Lilith-Verehrung wie auch der Furcht vor dem schädigen-
den Einfluß dieser Gottheit geht in früheste Zeit zurück. Im Nachhin-
ein ist es oftmals sehr schwer, einzelne Entwicklungsstufen jener Geschichte nachzuzeichnen, denn auch hier finden wir die Verquickung
unterschiedlichster Aspekte, und erst in späterer Zeit schlug das Pendel
eindeutig in Richtung Dämonisierung aus. Darüber hinaus hatte Lilith
nie die Bedeutung, die beispielsweise Ischtar im religiösen Empfinden
des Alten Orients zukam, auch wenn Lilith eine große Verwandtschaft
mit dieser Göttin aufzuweisen scheint. Es geht für uns also darum,
wesentliche Grundzüge der Lilithgeschichte kennenzulernen, die
gleichsam das Rückgrat für die astrologische Deutung, wie wir sie heute betreiben, bilden. Trotz dieser Beschränkung werden wir feststellen,
daß die Mythologie keineswegs so eindeutig ist, wie sie in den einschlägigen Astrologie-Lehrbüchern über Lilith erscheint. Wir müssen uns
ein differenzierteres Bild aneignen, das alle unterschiedlichen Facetten
der nahöstlichen Göttin einbezieht. Erst dann können wir erahnen,
daß die Reduzierung Liliths auf die berühmten „Schattenaspekte" mythologisch in keiner Weise abgesichert ist, daß die Beschäftigung mit
Lilith beziehungsweise der Großen Göttin Frauen wie Männern viel-

mehr einen Weg eröffnet, Weiblichkeit völlig neu zu erfahren, nämlich als selbstbewußten, starken und heiligen Weg zur Entfaltung unserer Potentiale. Dies geht weit über die selbstverständliche Voraussetzung hinaus, daß das Männliche und das Weibliche gleichberechtigte Elemente unseres Lebens und unserer Gesellschaft zu sein haben. Es öffnet die Kanäle zu spiritueller weiblicher Einsicht und Weisheit.

Dieses Kapitel gliedert sich in zwei Teile. Zunächst wollen wir in aller Kürze die Herkunft der Lilithgestalt näher untersuchen, was uns in den mesopotamischen Kulturraum führt. Hier wurden bereits die wesentlichen Voraussetzungen geschaffen, die zur weiteren Dämonisierung Liliths in der jüdischen Tradition führten. Da sie für unser heutiges Bild von entscheidender Bedeutung ist, wird die jüdische Legendenbildung etwas größeren Raum einnehmen müssen. Dabei werden wir auch feststellen, daß – besonders im Zusammenhang mit der Kabbala – die Größe der alten Göttin neben den dämonischen Aspekten durchaus noch erkennbar ist.

Mesopotamische Mythen

In den babylonischen Erzählungen finden wir die Attribute der Lilith eng verknüpft mit der Göttin *Ischtar*, die wir ja nun schon genauer kennen. Es scheint so zu sein, daß man bereits in altsumerischer Zeit, also zu Beginn des zweiten vorchristlichen Jahrtausends, bestimmte Aspekte der Ischtar abspaltete und sich gegen sie zu schützen suchte, denn mehr und mehr dominierten die bedrohlichen Eigenschaften der Göttin. Die wichtigsten Namen dieser relativ düster gezeichneten Gottheit sind *Lilitû* beziehungsweise *Lamaschtû*.

Über Lamaschtû haben wir reichhaltiges religionsgeschichtliches Material vorliegen; besonders die sog. *Labartu-Texte* sind in diesem Zusammenhang zu nennen.[1] Hier wird Lamaschtû in allen Fällen als Göttin angerufen, was unbedingt zu beachten ist. Ihr Vater ist der babylonische Gott der ersten Generation, Anû. Außerdem wird sie die „Angenommene und Vertraute" der Irnina, einer Namensverwandten der Inanna/Ischtar, genannt. Somit verfügen wir also über eindeutige Belege dafür, daß Lamaschtû wesentliche Aspekte mit der Großen Göttin des Alten Orients teilte, und wir können davon ausgehen, daß in einer ersten Phase die verschiedenen Erscheinungsweisen noch nicht stark voneinander abwichen. Dies änderte sich allerdings schon früh, und nun sind es vor allem die furchterregenden Seiten jener Göttinnen, welche in Lamaschtû ihren Ausdruck finden: Lamaschtû wohnt in den Bergen, nach anderer Tradition im Schilfdickicht. Ihr Anblick wird als überaus schrecklich beschrieben, ihr Haupt gleicht dem eines Löwen. Mit dem Löwen wird auch ihr Brüllen verglichen, zudem heult sie wie ein Schakal. Blaß wie Ton ist ihr Aussehen, sie hat eine Eselsgestalt, und ihre Lippen gießen Speichel aus. Wo sie erscheint, bringt sie Übel und Zerstörung, denn sie fügt nicht nur Menschen, sondern auch Tieren, Pflanzen und Flüssen Schaden zu. Sie ist ein fleisch- und blutfressendes Ungeheuer ... Die Aufzählung ihrer furchterregenden Eigenschaften könnte noch fortgesetzt werden. In der babylonischen Dämonologie nimmt Lamaschtû einen herausragenden Platz ein, und doch müssen wir uns davor hüten, sie schlicht als dämonisierte Göttin aufzufassen. Ihre Verbindung mit den Tieren im allgemeinen und dem Löwen im besonderen weist darauf hin, daß wir eine Erscheinungsform der Ischtar vor uns haben, die ja regelmäßig mit dem Löwen zusammengebracht wurde (s.o.). Doch während die meisten Ischtar-Bildnisse die Göttin zeigen, wie sie die bedrohliche Macht des Löwen „bändigt" – der Löwe ist in Demutshaltung dargestellt, in anderen Fällen führt Ischtar ihn an der Leine –, scheint hier die entfesselte Kraft der Natur in Gestalt des Löwen angedeutet zu sein. Ischtar-Lamaschtû ist die richtige Adresse, will man sich gegen solche Gewalt schützen, und gleichzeitig (nur für dualistisch denkende Menschen ist das ein Paradox) steht diese Göttin mit jener Gewalt in einer engen Beziehung, ja kann geradezu als Ausdruck dieser Gewalt aufgefaßt werden. In einem solchen Fall überwiegt der Lamaschtû-Aspekt Ischtars. Wir erkennen hier in aller Deutlichkeit den *Wandlungsaspekt* der Göttin, der eine kosmische Zerstörungsenergie darstellt, die Neues erst entstehen lassen kann. (Im indischen Raum treffen wir auf eine ähnliche Qualität bei der Göttin Kali.) Was nun die eigentlich dämonischen Züge der Lamaschtû angeht – und nur die hat man in die Figur der Lilith übernommen –, so liest man in demselben Text, sie habe es auf schwangere Frauen abgesehen, denen sie das neugeborene Kind zu stehlen trachte. Schon vor der Geburt erscheint sie in der Wöchnerinnenstube, um der Frau das Kind aus dem Leib zu reißen.

Dann quält sie das Kind „bald mit Hitze und Feuer, bald mit Fieber und Kälteschauern". Nur durch Amulette, Beschwörungen und andere magische Techniken kann man sich gegen diesen Angriff schützen.

Der Zusammenhang mit Inanna wird in einem weiteren bedeutenden Text ebenfalls zur Sprache gebracht. Es handelt sich um ein Fragment aus der Zeit zwischen 1950 und 1700 v. u. Z., doch die meisten Forscher gehen davon aus, daß das Original dieser Erzählung bis ins vierte Jahrtausend zurückdatiert werden kann (wobei man natürlich nicht weiß, was alt ist und was nicht). Erzählt wird das Gilgamesch-Epos in einer sumerischen Version, und hier haben wir nun die erste Erwähnung des Namens *Lilith*:

Nachdem Himmel und Erde getrennt und der Mensch geschaffen war, nachdem Anû, Ehlil und Ereschkigal Himmel, Erde und Unterwelt in Besitz genommen hatten; nachdem Enki für die Unterwelt Segel gesetzt hatte und das Meer zu Ehren seines Herrn raste und schäumte; an diesem Tage wurde ein Huluppu-Baum (eine Linde oder Weide?), der am Ufer des Euphrats gepflanzt und von seinen Wassern ernährt wurde, vom Südwind entwurzelt und vom Euphrat fortgetragen. Eine Göttin, die am Ufer entlang wanderte, ergriff den schwankenden Baum, und auf Geheiß von Anû und Enlil brachte sie ihn zu Inannas Garten in Uruk. Inanna pflegte den Baum sorgfältig und liebevoll, sie hoffte, aus seinem Holz einen Thron und ein Bett für sich machen zu lassen. Nach zehn Jahren war der Baum gereift. Inzwischen fand sie zu ihrem Kummer, daß sie ihre Hoffnungen nicht verwirklichen konnte. Denn in der Zwischenzeit hatte ein Drache sein Nest am Fuße des Baumes gebaut, der Zu-Vogel hatte sein Junges in seine Krone gesetzt, und in der Mitte hatte die Dämonin Lilith ihr Haus gebaut. Aber Gilgamesch, der von Inannas Not hörte, eilt ihr zu Hilfe. Er nimmt seinen schweren Panzer, erschlägt den Drachen mit seiner riesigen Bronze-Axt, die sieben Talente und sieben Minen wiegt. Da flieht der Zu-Vogel mit seinem Jungen in die Berge, während Lilith, vor Schrecken erstarrt, ihr Haus niederreißt und in die Wüste entkommt. Nachdem Gilgamesch den solcherart befreiten Baum entwurzelt hatte, schlugen seine Nachfolger, die Männer von Uruk, den Baumstumpf ab und gaben einen Teil davon an Inanna für ihren Thron und ihr Bett. Gilgamesch macht für sich selber die *pukku* und *mikkû*, zwei hölzerne Objekte von magischer Bedeutung.[2]

Für Lilith wird hier der Name *Ki-sikil-lil-la-ke* verwendet, was soviel heißt wie „das Mädchen Lilith"; außerdem wird sie beschrieben als „das ständig kreischende Mädchen" und als „Erfreuerin aller Herzen". Man sieht erneut, wie eng in jener Zeit die vermeintlich „dämonisierende" mit der „positiven" Seite verbunden war. Ob wir mit unserer modernen (patriarchal-dualistischen) Sichtweise überhaupt verstehen können, was ein derartiger Text meint, mag dahingestellt sein. Interessant ist allerdings an der Erzählung, daß wir Lilith in Verbindung mit einem Baum finden – seit altersher ein zentrales Attribut der Göttin –, und daß sie dasselbe Schicksal ereilt wie den Zu-Vogel, was ein erster Hinweis auf Liliths enge Beziehung zu Vögeln und damit zum Himmel ist. Der Held Gilgamesch ist es, der in unserer Geschichte durch brutale Gewalt glaubt, Inanna einen Gefallen zu tun – übrigens ist diese Geschichte die älteste bekannte Version des beliebten „Drachentötermotivs" –, doch das Ergebnis scheint nicht unbedingt im Sinne Inannas gewesen zu sein. Vielmehr können wir in der Geschichte ein Grundmuster erkennen, welches das zyklisch-matriarchale Weltbild, nach dem Inanna sich schon darauf eingestellt hatte, ihren Plan nicht verwirklichen zu können, vielmehr den Baum mit anderen teilen zu müssen, durch den Einbruch eines spaltenden Handelns (Bronze-Axt!) vollends zerstört. Das Ergebnis ist Flucht, Schrecken und Vertreibung. Auch hier geht es nicht darum, ein vermeintliches matriarchales Paradies vorauszusetzen (s. o.), sondern einen Mechanismus zu verstehen, der zur Erniedrigung und Unterwerfung weiblicher Weltsicht geführt hat.

Der Bezug Liliths zu Ischtar/Inanna geht aus weiteren Zeugnissen hervor, die wir kurz durchgehen wollen. So stoßen wir auf die Bezeichnung *Ardat-Lil-li*; *ardatû* bezeichnet im Akkadischen ein Mädchen im heiratsfähigen Alter. Zugleich schwingen freilich auch die anderen Dimensionen der „Jungfräulichkeit" mit, die im ersten Teil bereits erörtert wurden, also Unbezwingbarkeit und Autarkie. Auch die Priesterinnen im Ischtar-Tempel wurden *ardatûs* genannt, was viele Forscher dazu veranlaßte, in ihnen „Tempelhuren" auszumachen, ein Fehlschluß, der ebenfalls schon zur Sprache kam, dessen Beschränktheit aber nicht oft genug betont werden kann.

In diesen Texten taucht zudem ein Name auf, der unserer heutigen Lilith schon sehr ähnlich ist, nämlich *lilitû*. Aus diesem Grunde ist es falsch, ihren Namen von dem hebräischen Wort für „Nacht" (*lîl/laila*) herzuleiten. In der Volksetymologie wurde jedoch eben diese Verbindung schon sehr früh hergestellt, wovon die rabbinischen Texte ein beredtes Zeugnis ablegen. Lilith geriet auf diese Weise zu einer nächtlichen Dämonin und büßte ihre hellen Seiten immer mehr ein. Bis in unser Jahrhundert hat sich die Verbindung gehalten, denn im Neuhebräischen bedeutet *lîlît* „Eule", besonders die „Schleiereule". Die tatsächliche Herleitung der Wurzel *lil* ist nur unter Vorbehalt möglich, doch vieles spricht für die sumerische Bedeutung von „Wind, Sturm". Auch zum Attribut der Vögel und der Himmelskönigin würde eine solche Etymologie passen. Was nun die *lilitû* angeht, so finden wir sie schon in frühen Texten in eine Trias eingebunden, die aus *Lilu*, *Lilitu* und *Ardat-Lili* gebildet wurde. Man sprach diesen unterschiedliche Eigenschaften zu, wobei der dämonische Zug in allen Fällen dominierte.

Motivgeschichtlich besteht auch zwischen der libyschen Schlangengöttin *Lamia* und Lilith eine sehr enge Beziehung. Lamia ist in Ägypten in der Gestalt der *Neith* bekannt. Robert von Ranke-Graves deutet Neith als eine Dreifaltige Göttin; auch die griechische Gorgo Medusa setzt er mit ihr gleich.[3] Der Legende nach ist Lamia die Geliebte des Zeus und hat mit ihm mehrere Kinder. Hera verfolgt sie aus Eifersucht und bringt alle ihre Kinder, mit Ausnahme der Skylla, um. Aus Schmerz verliert Lamia ihre Schönheit und aus Neid gegenüber allen Müttern, die Kinder besitzen, versucht sie, dieser Kinder habhaft zu werden. Von der Schlangengöttin machte Lamia eine Entwicklung durch zu einer Dämonin, die aus einem Schlangenleib und dem Kopf einer schönen Frau bestand. Mit ihrer Schönheit macht sie Jagd auf einsame Männer, um sie zu töten, nachdem sie sie in das Meer gezogen hat, wo man ihre Wohnstatt vermutete. – Auch dieser Mythos ist ein schöner Beleg für die Vielgestaltigkeit der Göttin, ihre Verbindung mit den Tieren sowie ihre erotischen und zerstörerischen Aspekte. Das Meer als Wohnstatt der Göttin wird uns bei den jüdischen Lilith-Mythen erneut begegnen.

Die dämonische Ausprägung der Lilith hat natürlicherweise vor allem zur Notwendigkeit geführt, sich durch Zauber oder magische Techniken gegen ihren Einfluß zur Wehr zu setzen. Auf einer geflügelten Sphinx aus dem siebten vorchristlichen Jahrhundert, die sich in Arslan Tasch fand, ist folgender Bannspruch eingeschrieben worden:

Fliegerin im dunklen Gemach, geh weg, geschwind, geschwind, Lilit!

Der Spruch kann übrigens auch so wiedergegeben werden: „Fliegerinnen im dunklen Gemach, geht weg, geschwind, geschwind, Lilits." Damit berühren wir einen wichtigen Punkt. Schon in babylonischer Zeit ist nämlich ein Sachverhalt nachzuweisen, der es modernen Deutungsansätzen ungeheuer schwer macht, zu schlüssigen Ergebnissen zu kommen (deshalb wird er selten zur Kenntnis genommen). Mit „Liliths" wurden keineswegs nur weibliche Dämonen bezeichnet, sondern auch männliche! Je länger je mehr kam es zu einer ungeheuren Ausdifferenzierung der Lilith-Gestalten im Rahmen der antiken Dämonologie. In späterer Zeit haben wir ganze Legionen von „Liliths", die – sowohl männlich als auch weiblich – in unterschiedlicher Weise ihr Unwesen trieben. Wolfgang Fauth schreibt:

Aus der [...] zitierten Wendung ‚Lilits jeglicher Gattung und Art' läßt sich bereits entnehmen, daß die zahlreiche Schar dieser Dämonen sich der Phantasie in einer vielfältigen, dabei aber wohl nur schwer faßbaren Differenzierung darstellte.[4]

Auf diese Vielfalt der dämonischen Zuschreibungen an Lilith werden wir im Zusammenhang mit den jüdischen Texten noch zurückkommen. Zuvor wollen wir uns aber noch eine Göttindarstellung vergegenwärtigen, die im allgemeinen als ältestes ikonographisches Bild der Lilith angesehen wird. Es ist das sog. *Burney-Relief (Abb. S. 69)*. Diese sumerische Terrakotta-Darstellung datiert ca. 1950 v. u. Z. und zeigt eine nackte Göttin, die durch ihre beiden Flügel und die Vogelkrallen eindeutig als Vogelgöttin zu identifizieren ist. Auch der Kopfschmuck zeichnet sie als hochstehende Gottheit aus, was von vielen Gelehrten, die hier nur eine Dämonin erkennen wollen, zumeist abgelehnt wird.[5]

Dagegen weist der klare Bezug zum Element Luft, erkennbar an den beiden Flügeln sowie den die Göttin flankierenden Eulen, diese Figur als *Himmelskönigin* aus. Die beiden Löwen, auf denen die Göttin steht, deuten darüber hinaus die Verwandtschaft mit Ischtar an, weshalb viele Wissenschaftler davon ausgehen, es handle sich auch in diesem Fall um eine geflügelte Ischtar. Nach der von mir vorgestellten Deutung macht es allerdings kaum einen Unterschied, ob es sich nun um Ischtar oder um Lilith handelt. Das Entscheidende ist die Verbindung der Göttinfigur mit dem Himmel, der Weisheit (Eulen) und der herausragenden Kraft des Löwen. Diese Attribute sind es, welche die altorientalische Göttin in besonderer Weise auszeichnen, und wir werden in unserer modernen Deutung der Lilith an einem solchen Befund nicht vorbeigehen können, wie ich zu zeigen versuche.

Jüdische Mythen

Wir kommen nunmehr zu den jüdischen Ausschmückungen der Lilith-Legenden, durch die unser heutiges Bild im allgemeinen am nachhaltigsten geprägt worden ist. Über das Judentum fand Lilith auch Einzug in Christentum und Islam und wurde auf diese Weise zu einer stark beachteten Dämonin der abendländischen Welt.

Bei allen jüdischen Legenden um Lilith muß man sich darüber im klaren sein, daß die unterschiedlichen Texte, die uns heute vorliegen, nur im Zusammenhang mit dem Interesse gedeutet werden können, das sie im Auge haben. Wenn wir beispielsweise einen rabbinischen Text nehmen, bei dem es sich um eine Bibelauslegung handelt, so können wir ihn kaum mit einem mystischen vergleichen, dem es um die Entsprechung der Engelebene mit der irdischen oder dergleichen geht. Zwar können wir gewisse Übereinstimmungen in der Wahl der Motive feststellen, doch vor dem Hintergrund der gänzlich unterschiedlichen Interessenlage jener Texte dürfen wir die Erkenntnisse des einen nicht ohne weiteres auf den anderen übertragen. Dazu kommt das große Problem – von den meisten Interpreten leider völlig ignoriert –, daß in vielen Fällen eine große zeitliche Lücke zwischen einzelnen Quellen klafft, was die Frage der Vergleichbarkeit nochmals verschärft. Wenn wir nämlich die altbabylonischen Zeugnisse des zweiten vorchristlichen Jahrtausends mit einem kabbalistischen Mythos des 18. nachchristlichen Jahrhunderts vergleichen, so dürfen wir kaum erwarten, zu schlüssigen Ergebnissen zu kommen. Es sei denn, wir unterstellen unwandelbare archetypische Strukturen, wie Psychologinnen und Psychologen dies noch immer tun. Dann können wir

natürlich großzügig über die Jahrtausende hinweggehen und vermuten, ein babylonischer Träumer der späten Bronzezeit verwende dieselben Bilder wie ein Amerikaner des 20. Jahrhunderts. An dieser Art der Interpretation wollen wir uns hier nicht beteiligen, sondern versuchen, die einzelnen mythologischen Stränge klar auseinanderzuhalten, denn nur so können wir die Bedeutung der verwendeten Bilder in den ihnen angemessenen Rahmen stellen.

Wenn wir Aussagen über Lilith in der Bibel suchen, so werden wir schnell enttäuscht. Ihr Name taucht nur ein einziges Mal auf, nämlich Jesaja 34,14. Dort enthüllt der Prophet Jesaja seine Vision des göttlichen Strafgerichtes über die ungläubigen Völker:

Es werden Wüstentiere (?) auf Schakale treffen, ein *saˁîr* [ein Dämon in Ziegengestalt] wird seinesgleichen begegnen.
Dort macht auch *lîlît* Rast und findet für sich einen Ruheplatz.

Wenn Sie den Vers bei verschiedenen Bibelübersetzungen nachschlagen, werden Sie das Wort *lîlît* kaum mehr finden. Luther beispielsweise macht schlicht ein „Nachtgespenst" aus ihr, was die Einheitsübersetzung und die Zürcher Bibel gleich übernehmen. Nur der jüdische Übersetzer Leopold Zunz, offenbar über die Bedeutung der Lilith besser informiert als seine christlichen Kollegen, schreibt: „Nur dort rastet die Lilith und findet eine Ruhestatt." In jedem Falle läßt sich mit diesem etwas kryptischen Vers nicht allzuviel anfangen. Das einzige, was man erschließen kann, ist die Tatsache, daß Lilith offensichtlich vom Autor als bekannt vorausgesetzt wird, und zwar im Zusammenhang mit der unruhigen Suche nach einer Wohnstatt. Da wir aus der Bibel nichts genaueres über die Figur der Lilith erfahren, müssen wir uns also auf Texte konzentrieren, die einer ganz anderen Tradition entstammen und wesentlich jüngeren Datums sind. Es sind dies einmal die Zeugnisse der *rabbinischen* oder auch der *talmudischen Zeit*, die nach geläufiger Chronologie mit der Zerstörung des Zweiten Tempels von Jerusalem durch die Römer im Jahre 70 u.Z. begann und bis ins 10./11. Jahrhundert reicht. In dieser Zeit sind die wesentlichen literarischen Bausteine des nachbiblischen Judentums erarbeitet worden, nämlich Mischna und Talmud, also die Eckpfeiler jüdischen Lebens und Denkens bis in unsere Zeit.

Deutlich von diesen Texten zu unterscheiden sind sodann die Ausführungen *kabbalistischer* Denker, die einen völlig anderen Zusammenhang in den Blick rücken, wie sich zeigen wird. Ein gemeinsames Merkmal der meisten jüdischen Auseinandersetzungen mit Lilith ist jedoch in jedem Fall zu beachten. Fast immer ist der Ausgangspunkt der Erzählung in dem Bemühen zu erkennen, den Widerspruch zwischen den beiden biblischen Erzählungen der Menschenschöpfung zu erklären beziehungsweise zu überwinden. Warum wird das erste Menschenpaar zunächst gemeinsam erschaffen (Genesis 1), während gleich anschließend davon berichtet wird, Eva sei aus der Rippe Adams gebildet worden (Genesis 2)? Da beide Geschichten nach jüdischer Tradition göttliches Wort sind, haben die Frommen viel Mühe darauf verwandt, sie zu harmonisieren. Der Lilith-Mythos wird hier häufig nur benutzt, weil er eine nach rabbinischer Auffassung sehr einleuchtende Erklärung für *die Widersprüche der Schöpfungsgeschichte* abgibt. – Deshalb muß man äußerst behutsam vorgehen, wenn man heute solche Legenden tiefenpsychologisch oder auch astrologisch deuten möchte. Für eine astrologische Deutung eignen sie sich meiner Meinung nach sogar fast überhaupt nicht, denn nur mit einem Gesamtentwurf der Idee der Göttin kommt man zu guten Ergebnissen (s. Seite 89 ff.).

Doch an den Anfang möchte ich einige Zaubertexte stellen, die in beträchtlicher Zahl vor allem während des dritten bis siebten nachchristlichen Jahrhunderts im Umlauf waren. Meist schrieb man solche Bannungen auf Tonschalen, Metallfolien, gelegentlich auch auf Leder- und Papyrusrollen. Dies hatte den Zweck, die Dämonen zu binden und damit unschädlich zu machen. Inzwischen sind Hunderte von Tonschalen gefunden worden, die verstreut in den Museen der ganzen Welt lagern. Lilith nimmt unter den aufgeführten Dämonen eine herausragende Stellung ein, doch auch Ischtar/Astarte kommt regelmäßig vor. Das Phänomen, welches bereits genannt wurde, nämlich die Vieldeutigkeit Liliths, ist in den magischen Texten der Mandäer ins Extreme gesteigert, und die Aufspaltung in „die männlichen Lilis und die weiblichen Lilits" macht es noch schwieriger, zu umfassenden Aussagen über ihre Bedeutung zu kommen. Durchgängig allerdings ist die Verbindung der weiblichen Lilith mit dem sexuellen Bereich, wobei vor allem der o. g. *Lamaschtu-Aspekt*, also die kinderfressende und zerstörerisch-diabolische Ausprägung, im Vordergrund stand. Auch die Verbindung mit den Tieren wird aufgenommen, wie im Johannesbuch der Mandäer. Dem „Herrn der Größe" wird dort der Auftrag erteilt, in die Welt der Finsternis zu gehen, „an den Ort der Löwen, der Leoparden, der Drachen, der Dämonen, der Lilits und Astarten", um für Ordnung zu sorgen.[6] – Wir können hier nicht auf alle Variationen der dämonischen Ausschmückungen der Lilith eingehen, zumal dies unserer Grundeinschätzung keinen wesentlichen Beitrag leisten würde. Eines ist jedoch durchaus bemerkenswert: Trotz der inzwischen in letzter Konsequenz durchgeführten Dämonisierung im dualistischen Weltbild der Mandäer erkennen wir noch immer einige positive Züge der Dämonin, die uns an das „Doppelgesicht" der altorientalischen Göttin erinnern. So wird beispielsweise davon berichtet, daß Lilith, die normalerweise auf dem Bett der Schwangeren hockt, um das Neugeborene an sich zu reißen, bei der Geburt des Johannes und auch des Jesus behilflich ist, indem sie das Kind der Elisabeth beziehungsweise der Miriam aus dem Mund zieht. Eine andere Stelle führt aus, Lilith habe den neugeborenen Jahia-Johannes, den „Propheten der Kuschta", zum weißen Berg Parwan emporgetragen und ihn „nahe dem Baum, der die Säuglinge nährt", niedergelegt.[7] Es zeigt sich einmal mehr, daß Lilith mit den Mysterien von Geburt und Tod engstens vertraut ist; ihre Macht, Leben auszulöschen („Lamaschtu") kann sie ebenso gut dafür verwenden, Leben zu schenken. Erinnerungen an eine Göttinverehrung, die hierin keinen Widerspruch empfand, scheinen noch immer mitzuklingen, wenn von der Dämonin Lilith die Rede ist. Ein weiteres Indiz für die Richtigkeit dieser Annahme können wir darin erkennen, daß „Lilit Buznai", eine Erscheinungsform der Lilith, in einer aramäischen Zauberschale mit dem Beinamen *Herrin der Zerstörung* bezeichnet, in anderen Texten wiederum als „mächtiger Engel Buznai" angesprochen wurde. W. Fauth[8] sieht hierin einen eklatanten Widerspruch, doch ein solcher löst sich ohne weiteres auf, wenn man den Titel „Herrin der Zerstörung" nicht als Dämonennamen, sondern im Stile der altorientalischen Ehrbekundungen als Attribut der Wandlungsgöttin auffaßt.

Was wir mit all diesen verwirrenden Zeugnissen über Lilith im Hinblick auf unser heutiges Verständnis in der Astrologie anfangen können, werden wir überprüfen müssen (s. S. 89 ff.).

Um rabbinische Schriften verstehen zu können, ist es unumgänglich, einige kurze Erläuterungen voranzustellen, die sich auf die unterschiedlichen Textgattungen sowie auf die jüdische Tradition der Bibelauslegung beziehen.

Der zentrale Bezugspunkt des Judentum ist die *Torah*, womit die 5 Bücher Mose gemeint sind. Der Torah – auf deutsch soviel wie „Lehre" – kommt die höchste Heiligkeitsstufe der von Gott offenbarten Gesetze zu. Dagegen fallen die „Propheten" und die sog. „Schriften" in ihrer Bedeutung stark ab. Es verhält sich also völlig anders als im Christentum, wo die Propheten in der Regel die größte Rolle spielen, haben sie doch – so will man es zumindest christlicherseits gerne verstanden wissen – Jesus Christus vorhergesagt. Eine für alle jüdischen Gruppen verbindliche Torah gab es erst relativ spät, und besonders die Einigung auf Propheten und Schriften, die zusätzlich in den jüdischen Kanon (das als verbindlich geltende heilige Buch) aufgenommen werden sollten, fand erst im zweiten oder dritten Jahrhundert u. Z. statt. Als im Jahre 70 u. Z. der Tempel in Jerusalem von den Römern zerstört und die Heilige Stadt für Juden auf lange Zeit hin zur verbotenen Zone erklärt wurde, war dies für den Kult und das religiöse Leben der Juden eine unvergleichliche Katastrophe. Verschiedene Gruppen fanden sich im Anschluß daran zusammen, um mit der neuen Situation fertig zu werden. Erst jetzt spricht man von den *Rabbinen* als Repräsentanten jener neuen Bewegung. Maßgeblich unter ihnen waren die sog. „Pharisäer", die vermutlich aus einer Laiengelehrsamkeit hervorgegangen waren und von dem Verlust des Tempels nicht so im Kern betroffen waren wie die Priester von Jerusalem (die „Sadduzäer"). Wie dem auch sei, man etablierte ein neues Verständnis der göttlichen Offenbarung, indem man die 5 Bücher Mose als „schriftliche Torah" bezeichnete und eine „mündliche Torah" hinzufügte, die ebenfalls Mose am Berg Sinai von Gott mitgeteilt worden sei. Die mündliche Torah ist allerdings von Generation zu Generation weitergegeben worden, ohne je aufgeschrieben worden zu sein. Durch diese beiden Bausteine war es nunmehr möglich, die vielen Gesetze, die sich in der Bibel finden, im praktischen Leben auch tatsächlich umzusetzen, denn dafür reichte die „schriftliche Torah" nicht aus – zu viele Widersprüche und Lücken müssen erklärt werden. Aus der Beschäftigung mit der mündlichen Torah entstand im zweiten Jahrhundert u. Z. ein Gesetzeskodex, der *Mischna* genannt wird. In dieser Zeit perfektionierte man auch die komplexen Regeln, mit denen der biblische Text zu interpretieren sei. Es entstand eine hochspezialisierte Gelehrsamkeit an den rabbinischen Schulen Babyloniens und Palästinas, was zu einem weiteren Anwachsen des religiösen Materials führte. Wichtigstes Ergebnis dabei war der sog. *Babylonische Talmud*, ein riesiges Kompendium jüdischen Wissens, das sich als Kommentar zur Mischna versteht, doch tatsächlich weit darüber hinausgeht. Der Talmud lag vermutlich im achten Jahrhundert u. Z. vollständig vor. Bis heute ist er die maßgebliche Richtschnur jüdischen Lebens.

Neben diesen wichtigen gesetzlichen Werken gibt es noch weitere Gattungen, wobei uns besonders die sog. *Midraschim* (die Mehrzahl von *Midrasch*) interessieren. Ein Midrasch ist – nach rabbinischer Definition – gewissermaßen die Auslegung eines biblischen Textes, doch dürfen wir dies nicht zu eng verstehen; es war immer noch Platz für manchmal ausschweifende Erzählungen erbaulichen Charakters, die die eigentliche Auslegung verschönern oder unterhaltsamer gestalten sollten.

Diese kurzen Bemerkungen mögen genügen, um einen Eindruck vom Reichtum der jüdischen Geistigkeit der Zeit bis ins Mittelalter (und darüber hinaus) zu bekommen. Wenn wir nun nach den Lilith-Erzählungen suchen, so werden wir besonders im sog. *Midrasch Genesis Rabba*, abgekürzt GenR (dem „Großen Midrasch zum Buch Genesis, also dem 1. Buch Mose") fündig, denn dort geht es vor allem um die Probleme der Schöpfungsgeschichte, um Adam, Lilith und Eva. Der Text, eine Sammlung unterschiedlicher Traditionen, wurde nicht vor 400 u. Z. redigiert, frühere Stadien sind uns weithin unbekannt.

Wir wollen uns einige Passagen aus GenR näher betrachten. Der Einfachheit halber gebe ich die entsprechenden Stellen in einer Zusammenfassung wieder, da eine wörtliche Übersetzung weitere Kommentare nötig machen würde. In *GenR 24,2/22,17* wird von der „ersten Eva" berichtet, die unabhängig von Adam geschaffen und nicht mit ihm verwandt ist. Aus dieser fehlenden Verwandtschaft resultiert eine Art Erbstreit mit Kain und Abel, worauf Gott die erste Eva kurzerhand wieder zu Staub zurückverwandelt. – Hier taucht Lilith also nicht auf, und von einer dämonischen Struktur der „ersten Eva" ist nichts zu spüren. Das Bedürfnis der Autoren liegt *einzig und allein* darin, die Widersprüche der unterschiedlichen Schöpfungsberichte durch eine kommentierende Erzählung zu beseitigen. Diesem Interesse ist alles andere untergeordnet, so daß wir wenig darüber entnehmen können, wie die Rabbinen zu jener „ersten Eva" standen. Auch über eine zeitliche Reihenfolge der einzelnen Midrasch-Texte läßt sich nichts sagen; die Frage, ob diese Stelle vielleicht ein früheres Stadium der Mythen um die Erste Eva darstellt und Lilith erst später eingefügt wurde, ist demnach nicht beantwortbar.

Die folgende Erzählung findet sich ebenfalls im Midrasch Genesis Rabba (*GenR 17,4*), doch liegen uns in diesem Fall verschiedene Parallelversionen vor, die mehr oder weniger gleichen Inhalts sind. Einmal ist dies eine Passage aus dem *Babylonischen Talmud* (*bJeb 63a*). Desweiteren handelt es sich um das *Alphabet des Ben Sira*[9], neuerdings auch „Pseudo-Ben Sira" genannt, eine satirische Schrift vermutlich der frühen islamischen Zeit, die biblische Elemente mit alten Erzählungen und humoristischen Spitzen gegen rabbinische Gelehrsamkeit verquickt. Das Alphabet des Ben Sira ist die wohl wichtigste Schrift im Hinblick auf Lilith, und wie wir noch sehen werden, haben kabbalistische Denker des Mittelalters diese Geschichte aufgenommen und in ihrem Sinne erweitert. Aufgrund neuerer Forschung kann man zwei Versionen des „Alphabets" unterscheiden, die bezeichnende Unterschiede aufweisen und uns einen Einblick geben in die Denkweise der rabbinischen Gelehrten. Betrachten wir zunächst die Grundfassung:[10]

Als GOTT seine Welt und Adam erschaffen hatte, sah Er, daß Adam allein war, und unverzüglich erschuf er eine Frau für ihn aus Erde, wie ihn, und nannte sie Lilith. Er brachte sie zu Adam, doch sofort begannen sie zu kämpfen. Adam sagte: „Du sollst unten liegen!", und Lilith sagte: „Du sollst unten liegen!" Sie hörten nicht aufeinander. Als Lilith erkannte, wie die Dinge lagen, sprach sie (Gottes) Heilige Namen aus, erhob sich in die Lüfte und floh.
Adam wandte sich im Gebet unverzüglich an GOTT und sprach: „Meister des Universums, sieh' doch, die Frau, welche Du mir gegeben hast, ist schon entflohen!" GOTT sandte sofort drei Engel aus (Senoi, Sansenoi und Semangelof) und trug ihnen auf: „Geht

und ergreift Lilith. Wenn sie einverstanden ist zu kommen, so bringt sie her, wenn nicht, bringt sie mit Gewalt." Die drei Engel machten sich auf den Weg und erreichten sie am (Roten) Meer, an dem Ort, wo die Ägypter einst zum Sterben bestimmt waren. Sie ergriffen sie und sagten: „Wenn du einverstanden bist, mit uns zu kommen, so komm, aber wenn nicht, so werden wir dich im Meer ertränken." Sie sagte: „Meine Lieblinge, ich weiß selber, daß GOTT mich allein zu dem Zweck erschaffen hat, Babies mit tödlichen Seuchen zu befallen bis zum Alter von acht Tagen. Ich habe die Erlaubnis, sie heimzusuchen bis zum achten Tag, und nicht länger, wenn es ein Junge ist [also bis zur Beschneidung]. Wenn es dagegen ein Mädchen ist, bis zum zwölften Tag." Die Engel ließen sie nicht allein, bis sie bei den Namen GOTTES schwor, daß sie, wann immer sie die drei Engel oder deren Namen auf einem Amulett sehe, das Kind (das dieses Amulett trägt) nicht in Besitz nehmen werde. Daraufhin verließen sie sie unverzüglich. Dies ist (die Geschichte der) Lilith, die Babies mit Seuchen heimsucht.

Was an dieser ersten Fassung unserer Geschichte auffällt – und das beunruhigte auch die mittelalterlichen Leserinnen und Leser –, ist die Frage, warum die drei Engel den göttlichen Auftrag nicht ausführten und Lilith alleinließen. Sie scheinen offensichtlich von der Rede der Lilith so überzeugt oder auch geschmeichelt gewesen zu sein, daß sie ihre Aufgabe einfach vergaßen. Im Laufe der weiteren Überlieferung des Textes wurde dieser Eindruck zwangsläufig korrigiert. Wir lesen nun über die Begegnung der Engel mit Lilith:

Sie versuchten sie zurückzubringen, aber sie weigerte sich. Sie fragten sie: „Warum willst du nicht zurückkommen?" Sie antwortete: „Ich weiß, daß ich allein zu dem Zweck erschaffen wurde, Babies krank zu machen von ihrem Tag der Geburt an bis zum achten Tag. Dafür habe ich die Erlaubnis, über den achten Tag hinaus aber nicht. Nur wenn es ein Mädchen ist, (gilt dies für) zwölf Tage." Sie sagten zu ihr: „Wenn du nicht zurückkommst, werden wir dich im Meer ertränken!" Sie entgegnete: „Ich kann nicht zurückkehren, denn es heißt in der Torah *Ihr früherer Ehemann, der sie weggeschickt hat, darf sie nicht wieder als seine Frau aufnehmen, wenn sie Ehebruch begangen hat* [Deuteronomium 24,4], also nur, wenn er der letzte gewesen ist, mit dem sie geschlafen hat. Ich habe aber schon mit dem *Großen Dämon* geschlafen." Daraufhin einigen sich die Engel mit Lilith in der o. g. Weise.

Aus dieser zweiten Version wird deutlich erkennbar, daß es den Autoren um die Erklärung des Fehlverhaltens der drei Engel geht. Es wird eine rabbinische Auslegung angeboten, die sich auf ein Torah-Gebot bezieht, welches in dieser Weise allerdings niemals im tatsächlichen Leben angewendet worden ist. Darüber hinaus wird eine weitere Figur eingeführt, der Große Dämon, dessen einzige Aufgabe darin besteht, die Anwendung des biblischen Gebotes zu rechtfertigen. Jener „Große Dämon" ist bis zu diesem Text in jüdischen Quellen völlig unbekannt, doch wie wir noch sehen werden, ist er eine wichtige Brücke zur mittelalterlich-kabbalistischen Interpretation der Lilithgeschichte.

Das *Alphabet des Ben Sira* ist sicherlich der wichtigste Text in bezug auf Lilith. Mehrere Attribute werden hier in äußerst interessanter Weise miteinander verbunden, und wir wollen sie einzeln durchgehen; zugleich werden wir die modernen psychologischen Interpretationen einer kritischen Überprüfung unterziehen.

Die Weigerung, beim Geschlechtsverkehr die untere Position einzunehmen, geht zweifelsohne auf die Rolle der Lilith als *Himmelskönigin* zurück, wie wir sie bei Astarte und Anat kennenlernten; die Verbindung mit kanaanäischen Kulten, wie dem der Anat, ist für die frühere Zeit ausreichend gesichert, um als Grundlage dieser Erzählung unterstellt zu werden. Die Begründung, sie sei ja schließlich aus demselben Material geschaffen wie Adam, scheint mir dagegen eine rabbinische sekundäre Erklärung zu sein. – Die Geschichte von Lilith, die ihre unter-legene Position nicht akzeptiert, hat in der psychologischen wie astrologischen Deutung natürlich besonderes Interesse gefunden. Ich möchte nur zwei Beispiele bringen, um die – wie ich meine – Nutzlosigkeit derartiger Interpretationen zu begründen. A. Lewandowski schreibt in ihrem Buch *The God Image, Source of Evil*[11], es sei ein großer Fehler Liliths, hier so „hitzköpfig und drastisch" zu reagieren. Sie verhalte sich wie eine vom Animus besessene Frau, die ihren Machtanspruch rücksichtslos durchzusetzen versucht. Die Lösung des Problems liege aber darin, daß Lilith die untere Position nicht mit Machtverlust in Verbindung bringt, sondern mit dem Symbol der Erde, und sich deshalb mit Adam, der den Himmel verkörpert, auf die gegebene Position einigen kann. Es wäre also in erster Linie an Lilith, sich zu ändern, damit sie die untere Position nicht mehr als unterlegene ansehen muß. – Meiner Meinung nach ist eine solche Deutung erschrekkend, denn wir haben ja schon gesehen, daß die Zuordnung des männlichen Prinzips zum Himmel dem historischen Befund in keiner Weise Rechnung trägt. Lewandowski übernimmt hier die „Darstellung der Sieger", ohne die Frage zu stellen, warum Lilith vielleicht guten Grund haben könnte, sich dem Zugriff des *dualisierenden Prinzips*, welches Adam verkörpert und das allererst die Frage nach „Macht" stellen kann, zu entziehen. Für eine solche Vorgehensweise hat G. Weiler den passenden Begriff des „enteigneten Mythos" geprägt.

Das zweite Beispiel stammt von S. Hurvitz[12], der in seiner bereits genannten Studie fast ausschließlich die negative Seite – ich würde von der unerlösten sprechen – des Lilithmythos behandelt. Hurvitz schreibt zunächst eingrenzend, daß man solche alten Texte kaum dazu verwenden kann, heutige Tiefenpsychologie zu betreiben, aber er macht es dann doch. Er versucht sich in die Situation der damaligen Männerwelt hineinzuversetzen, die die Forderung nach weiblicher Selbstverwirklichung als beängstigend erleben *mußte*, denn „offenbar war die Bewußtseinshaltung gegenüber dem überwundenen Matriarchat noch nicht genügend gefestigt" (S. 139). In diesem Kontext durfte Adam gar nicht auf das Ansinnen Liliths eingehen, wenn er nicht seine Männlichkeit aufs Spiel setzen wollte. Doch auch für Lilith bricht Hurvitz eine Lanze, um dann gönnerhaft hinzuzufügen: „Dass sie dabei über das Ziel hinausschiesst, indem sie ihrerseits die Überlegenheit über die männliche Vorherrschaft anstrebt, ist psychologisch durchaus verständlich. In dieser Auseinandersetzung *mußte* sich daher in jener Zeit der patriarchale Standpunkt durchsetzen." (Ebda., Hervorh. i. O.) – Auch diese Deutung verliert jeden Sinn, wenn man Lilith in den Zusammenhang zurücksetzt, in den sie gehört. Es geht nämlich überhaupt nicht darum, daß sie die „Macht" über Adam anstrebt; das matriarchale Denken kommt ohne einen solchen Begriff aus. Erst im dualistischen und letztlich männlichen Denkschema kommt es zur Aufspaltung und zur Rede von „Macht", „Ohnmacht" und der Angst vor dem Verlust der Macht. Da Hurvitz – wie die meisten Psychologen im Erbe von Jung – sich ein anderes Konzept überhaupt nicht vorstellen kann, muß er die Suche mancher Frauen – zum Glück auch mancher Männer – nach einem solchen als schlecht gelebten Animus diffamieren. So macht er sich darüber lustig, daß die amerikanische *Woman's Liberation Movement* eine Ausgabe ihrer Zeitschrift *Lilith* nennt, oder daß in Berlin ein Treffpunkt von Frauen unter diesem Namen eröffnet wurde. „Insofern es sich bei solchen Bestrebungen um die Verwirklichung von Machtansprüchen handelt, das heisst mit anderen Worten, um Versuche, ein neues Matriarchat aufzurichten, kann man nur von einem bedauerlichen Rückfall in eine psychologisch längst überwundene Einstellung sprechen." (S. 141) Wenn man so etwas liest, fragt man sich unwillkürlich, was hier eigentlich überwunden sein soll.

Doch zurück zu unserer Geschichte: Lilith „erhebt sich in die Lüfte" und dokumentiert damit erneut ihre Verbindung zum Himmel; zur Himmelskönigin passen somit auch die Vögel (vor allem die Eulen), die ihr als Attribute beigesellt werden.

Lilith findet Zuflucht am Roten Meer. Hiermit kann mehreres angedeutet sein. Zum einen erinnert dieses Detail an die alte hebräische Ansicht, nach der das Wasser in besonderer Weise Dämonen anzieht. So fanden schon immer verfolgte Dämonen an Ägyptischen Wassern Schutz. Zum anderen – dafür gibt es natürlich keinerlei Belege – läßt sich das „Rote Meer" symbolisch mit Blut und Menstruation in Verbindung bringen, was von der jüdischen Reinheitsvorschrift her zu den verunreinigendsten Dingen gehört, die es im Leben gibt, was jedoch gleichzeitig wieder den Bogen zurückspannt zur Bedeutung des Zyklus in matriarchalem Kontext, wo die kosmischen Rhythmen – und damit auch die Menstruation – etwas Verehrungswürdiges, Heiliges und auch Mächtiges darstellten.[13]

Lilith feilscht regelrecht mit den Engeln, die sie zurückholen sollen. Der ausgehandelte „Kompromiß" hat seinen Niederschlag in einem weitverbreiteten Zauber gefunden. Es gibt unzählige Belege (bis in die heutige Zeit) dafür, daß man Neugeborenen (vor allem den Jungen, die erst mit der Beschneidung auf Dauer vor Lilith sicher waren) ein Amulett um den Hals oder an die Wiege gehängt hat. Darauf stand: „Adam und Eva. Hinaus, Lilith!" Dies schrieb man auch mit Natron oder Holzkohle auf die Wände des Geburtsraumes. Die

Namen der Engel Senoi, Sansenoi und Semangelof (die Bedeutung der Namen ist unbekannt) hat man auf die Tür geschrieben. Wenn das Kind im Schlaf lächelte, vermutete man, Lilith habe es trotz des Schutzes in Besitz genommen beziehungsweise „liebkost". Zur Abwehr dieser Gefahr strich man mit einem Finger über die Lippen des schafenden Kindes, weil Lilith dann verschwinden würde.

Wir kommen damit zu einem weiteren Text, dem *Targum Job I, 15*. Ein Targum ist eine aramäische Bibelübersetzung, die jedoch in den meisten Fällen die Bibel kommentierend und bereichernd nacherzählt. Zeitlich sind die Targumim mit Sicherheit früher anzusetzen als Midrasch oder gar Talmud, sie weisen somit in die ersten nachchristlichen Jahrhunderte.

Es gibt welche, die sagen, daß Lilith Königin in Smargad [oder Smaragd] war und dann in Saba herrschte. Sie war die Dämonin, die Hiobs Söhne tötete.

(Im Talmud [*bSchab 151b*] wird eine weitere Version überliefert:) Doch sie entging dem Fluch der Sterblichkeit, der Adam traf, weil sich die beiden lange vor dem Sündenfall getrennt hatten. Lilith und Naamah erdrosseln nicht nur kleine Kinder, sondern verführen träumende Männer, die ihnen alle, wenn sie allein schlafen, zum Opfer fallen können.

Die „Königin von Saba" ist aus arabischen Quellen ebenfalls als Dämonin bekannt, in sehr alten Texten wird sie sogar als „Hexe" bezeichnet. Im Judentum geht die Tradition vor allem auf Hiob 1,15 zurück, wo „die aus Saba" einfallen und die Knechte erschlagen. Interessant ist die chaldäische Version dieser Geschichte, denn dort wird das Königreich Saba zum Königreich Liliths, nämlich *Smargad*. Die Königin von Saba ist darüber hinaus ebenso wie Lilith in den Wüstenregionen beheimatet, von wo sie zum zauberkundigen Salomo kam und nach der gängigen Überlieferung in ihrer Behaarung einem Dschinn der Einöde (also einem kleinen Geist) täuschend ähnlich sah. Über *smaragd* läßt sich noch mehr sagen. Ein Dämon mit Namen Smaragos kommt in den Homerischen Epigrammen vor. Außerdem ist *smaragdos* im Griechischen der Aquamarin beziehungsweise eben der Smaragd, was wiederum eine Verbindung zu Wasser und unterseeischer

Wohnstatt herzustellen vermag. Sowohl Aquamarin als auch Smaragd gehören der Beryll-Familie an. Interessanterweise gibt es in magischen Texten des frühmittelalterlichen Judentums eine Parallele zur Verbindung Liliths mit dem Beryll, und zwar in einem Werk, das als *Hekhalot Zutarti* bekannt ist. Dort geht es um die Schau des göttlichen Thronwagens, die der Mystikerin und dem Mystiker durch bestimmte magische Techniken ermöglicht wird, ein Hauptthema der frühjüdischen Mystik. Im Zusammenhang mit heiligen „Wesen", die ganz nah am Thron Gottes sind und gleichsam Engelcharakter besitzen, wird davon erzählt, daß in diesem normalen Menschen völlig verborgenen Bereich der himmlischen Sphären zwischen den Fußsohlen jener „Wesen" und Gottes Thron folgende Dinge ihre Heimat haben: Hagelsteine, Steine aus Ginsterkohlen, *Beryllsteine*, verschiedene Geister und *lîlîn* [also mehrere „Lilithkinder"].[14] Es wird wohl immer das Geheimnis dieses Textes bleiben, warum plötzlich die „Schadensgeister", die *lîlîn*, wenn sie denn damit tatsächlich gemeint sind (!), in die höchsten Sphären des Himmels aufgestiegen und in unmittelbarer Nähe des verborgenen göttlichen Thronwagens beheimatet sind. Immerhin scheint die negative Prägung Liliths nicht so ungebrochen gewesen zu sein, wie gemeinhin angenommen wird.

Naamah bedeutet „Lieblichkeit, Schönheit" (Naomi ist ein noch heute überaus beliebter jüdischer Frauenname), und es verwundert natürlich, diesen Namen in Verbindung mit dem Erdrosseln kleiner Kinder anzutreffen. Dies ist auch damals schon aufgefallen, und man erklärte es damit, daß Naamah „liebliche Lieder [*naamah*-Lieder] sang". Diese rabbinische Erklärung widerspricht freilich nicht dem historischen Eindruck, daß sich in *naamah* der verehrungswürdige Aspekt der Großen Göttin erhalten hat. Ein weiteres gilt es zu beachten: Die Stelle bSchab 151a verwendet den Begriff ʿachaz „ergreifen, ergriffen werden", wenn von Lilith gesprochen wird, die schlafende Männer überfällt. Dieser Ausdruck wird im Talmud nur für Seuchen oder körperliche Plagen und Krankheiten verwendet, so daß es zweifelhaft ist, ob hier überhaupt von der Dämonin Lilith gesprochen wird.

Als vorläufiges Zwischenergebnis können wir somit festhalten, daß das vordergründige Interesse der rabbinischen Gelehrten in einer Harmonisierung der Widersprüche der Schöpfungsgeschichte(n) gelegen hat. Hierfür bedienten sie sich einer schon weiter in die Vergangenheit reichenden Tradition, die sich um Lilith als die erste Frau Adams rankte. Lilith erscheint darin als eine Dämonin, die ihre göttlichen Attribute beinah vollständig eingebüßt hat. Ihre Autarkie und ihr Selbstvertrauen indes zeichnen sie interessanterweise nach wie vor aus, ihr stolzes Feilschen mit den Boten Gottes unterstreicht diesen Eindruck. Neben dem Aspekt der Himmelskönigin finden wir zudem in Liliths großer Macht über die Vorgänge von Leben und Tod einen Reflex der Göttin in ihrem Wandlungsaspekt, freilich massiv ins Dämonische umgedeutet. Vor einer abschließenden Bewertung richten wir unseren Blick nun noch auf die kabbalistischen Legenden.

Lilith in der Kabbala

Wenn wir uns den kabbalistischen Zeugnissen zuwenden, so betreten wir schwankendes Terrain. Dies liegt nicht etwa an einer prinzipiellen Unmöglichkeit, kabbalistische Texte zu verstehen, sondern daran, daß zu einem Verständnis umfangreiches Vorwissen judaistischer Art notwendig ist.[15] Kabbalistische Autoren machen in einem fort von biblischen und rabbinischen Aussagen Gebrauch, um sie dann doch in neuartiger Weise theologisch und theosophisch zu überhöhen. Die Kabbalisten verstehen sich also als wahre Hüter der Tradition, was man schon am Namen *Kabbala* ablesen kann, der soviel heißt wie *das Empfangene*, womit sowohl *Offenbarung* als auch *Tradition* gemeint ist. Aufgrund der theosophisch-mystischen Überhöhung der Tradition müssen wir stets mit gänzlich unterschiedlichen Bedeutungsebenen rechnen, wenn wir uns jenen Texten zu nähern versuchen. Da es hier nicht um eine Einführung in kabbalistisches Denken und Reden gehen kann, soll es bei dieser Mahnung zur Vorsicht zunächst bleiben. Zur zeitlichen Einordnung sei noch erwähnt, daß sich die mystische Spekulation der Kabbala im Spätmittelalter von Südfrankreich und Spanien aus über ganz Europa hin ausbreitete, bis sie im 16. und 17. Jahrhundert zu einer beherrschenden jüdischen Strömung wurde.

Der erste Text, mit dem wir uns befassen wollen, ist eine direkte Weiterbildung des *Alphabet des Ben Sira* (s. o.). Er stammt von Rabbi Isaak ben Jakob ha-Kohen, einem spanischen Gelehrten der zweiten

Hälfte des 13. Jahrhunderts, und nennt sich *Abhandlung über die Linke Emanation*[16] . Mit *Emanation* ist im kabbalistischen Denken das „Ausfließen" göttlicher Attribute aus der verborgenen Sphäre der Heiligkeit hinunter in die materialisierte irdische Dimension gemeint. Die Mystikerin und der Mystiker können gleichsam auf umgekehrtem Weg die zehn Emanationen (*Sephirot*) hinaufsteigen, um so der göttlichen Weisheit teilhaftig zu werden. Der „Große Dämon", welcher zum erstenmal in der zweiten Version des „Alphabets" vorkommt, wird von Rabbi Isaak verwendet, um die dämonische Partnerschaft zwischen Lilith und Samael – so wird der Dämon nun genannt – zu erläutern. Er weiht seine Leser (Leserinnen war der Zugang zu kabbalistischen Texten versagt) in das große kosmische Geheimnis der Entstehung des Bösen ein:

Nun wollen wir über die dritte Luftebene sprechen. Die Meister der Tradition [ein früher Name für die Kabbalisten] sagten, daß eine Tradition ihren Vätern überliefert worden ist, daß diese dritte Luftebene in drei Teile geteilt ist, in eine obere, eine mittlere und eine untere. Die obere wurde Asmodeus gegeben, dem Großen König der Dämonen, der aber nur an Montagen die Erlaubnis hatte, anzuklagen oder Übles zu verrichten, wie die Meister der Tradition ausführten. Und wir, mit der Hilfe unseres Schöpfers, werden (die Dinge) in dieser Untersuchung so weit ausführen, wie wir können. Asmodeus nun, obwohl er „der Große König" genannt wird, ist dem Samael untergeben, und dieser wird genannt „Der große Fürst", wenn er mit den Emanationen über ihm verglichen wird, „König der Könige" aber, wenn er mit den Emanationen unter ihm verglichen wird. Und Asmodeus wird von ihm regiert und ist ihm untertan.
Die *Große alte Lilith* ist die Gefährtin von Samael, dem Großen Fürsten und Großen König aller Dämonen. Asmodeus, der König der Dämonen, hat als seine Gefährtin *Die jüngere Lilith*. Die Meister der Tradition lehren und berichten von vielen wunderbaren Einzelheiten hinsichtlich der Form von Samael und der Form von Asmodeus und dem Bild der Lilith, der Braut des Samael, sowie der Lilith, der Braut des Asmodeus. Glücklich ist, wer an diesem Wissen Anteil hat!

Wir erkennen an diesem Text eine Tendenz, die Lilith-Traditionen in eine geradezu kosmische Dimension zu überhöhen. Das ist für kabbalistisches Denken insofern typisch, als es nichts „Banales" oder Profanes gibt, was nicht auf einer höheren Ebene seine Entsprechung haben muß. So ist es auch mit der Dämonologie. Die Dämonen – Lilith und Samael – sind engelgleiche Wesen, von Gott erschaffen und somit ebenso heilig wie ihre positiven Gegenspieler. Sie sind fest eingebunden in die göttliche Geschichte und die Heilsgeschichte des Volkes Israel. Deshalb ist die alte Geschichte von Lilith als Adams erster Frau für Rabbi Isaak auch nicht so interessant, bietet sie doch kaum die Möglichkeit, die kosmische Rolle des Samael zu erläutern. Nur die spätere Version des Alphabets des Ben Sira läßt sich zu diesem Zweck verwenden. Als interessantes Detail sei vermerkt, daß der im letzten Kapitel angeführte Text *Hekhalot Zutarti* mit seiner äußerst positiven Bewertung der *lilîn* eine der Quellen darstellt, aus denen Rabbi Isaak schöpfte. Der Grund für die Einführung der kosmischen Mächte wiederum scheint in diesem Text darin zu liegen, daß man einen ewigen Kampf der Gegensätze mythologisch erklären möchte. Erst der Sieg des ersehnten Messias-Gesalbten wird das Böse endgültig überwinden.

Was das Konzept des Bösen in der kabbalistischen Mystik anbelangt, so muß man überhaupt feststellen, daß sich darin nicht nur eine dunkle Macht und Bedrohung der Welt darstellt, sondern zugleich auch die Freiheit der wahrhaft Frommen Israels (also der Kabbalisten) in der Hoffnung auf sozusagen andere Sphären zum Ausdruck kommt. Johann Maier drückt dies folgendermaßen aus:

Was immer sich an Bösem ereignete, der Kabbalist wußte sich zwar vordergründig, äußerlich unterworfen, aber grundsätzlich und letztgültig überlegen, und daher kennzeichnet ihn unerschütterliche Gelassenheit. Zwar zeichnet die Kabbala ein sehr düsteres Bild vom Bösen in der Welt und in der Umwelt des Judentums, und das Thema nimmt einen hohen Stellenwert ein, aber um so erhabener fühlt und weiß sich der Kabbalist mit seinem eigentlichen Selbst dem Zugriff der bösen Mächte entzogen, weil er mit der „Konzentration" auf die einzelnen Sefirotfunktionen „Oben" Stufen erreicht, die sogar die Mächte des Ur-Bösen nicht erreichen können.[17]

84

Ich denke, aus diesen Überlegungen wird deutlich, daß der kabbalistische Umgang mit der Lilith-Tradition eine ganz eigene Wertung erfordert, die den direkten Vergleich mit anderen Texten aufs äußerste erschwert. Immer müssen wir im Auge behalten, daß hier das Böse in seiner kosmischen Dimension in den Blick rückt und durch die ausgefeilten schöpfungstheologischen Gedankengänge der Kabbalisten nicht von vornherein als negativ einzustufen ist, sondern seine unersetzliche Bedeutung für den Fortgang der Heilsgeschichte Israels besitzt. Dies werden wir auch bei den weiteren Zeugnissen im Hinterkopf behalten müssen, denen wir uns nun zuwenden.

Einen der wichtigsten kabbalistischen Texte stellt der sog. *Sefär ha-Zohar* oder einfach Zohar dar. Die zentralen Abschnitte dieses bald nach Erscheinen beinah kanonischen Status erlangenden umfangreichen Werkes sind aller Wahrscheinlichkeit nach von Mose ben Schemtob de León (gestorben 1305 u.Z.) verfaßt worden, auch wenn die Tradition davon ausgeht, daß es sich um einen Midrasch (s.o.) aus dem zweiten Jahrundert u.Z. handelt. Der uns hier besonders interessierende Passus findet sich im *Zohar II, 231b;* eine Parallelversion besitzen wir übrigens im Midrasch *Tanchuma I p. 12, 20* (ed. S. Buber), also in einer Version, die wesentlich älteren Datums ist.

Nach dieser Tradition sind die Dämonen am Freitagabend in der Dämmerung als Geister geschaffen worden. Da inzwischen der Sabbat hereingebrochen war, konnte ihnen kein Körper mehr hinzugefügt werden. Im kabbalistischen Denken (und nicht nur da) zog man den Schluß, daß seitdem die Dämonen auf der Suche nach einem Körper sind und sich an den Menschen hängen. Dies wurde mit einer anderen Vorstellung verbunden: Adam wollte nach der Ermordung Abels von seiner Frau Eva nichts mehr wissen, und da kamen weibliche Dämonen – Succubi – zu ihm und wurden von ihm schwanger. Aus diesem fehlgeleiteten Zeugungsvermögen ist eine ganze Klasse von Dämonen hervorgegangen, die *Nigʿe Bᵉne Adam*, also „Schadensgeister, die vom Menschen stammen". Im Zohar wird der Gedanke der Verunreinigung durch den „Verlust" von Samen – in nächtlichen Träumen usw. – besonders stark ausgebaut, und Lilith als Anführerin der dämonischen Schar verführt nunmehr allein schlafende Männer, um sich aus dem „ins Leere" fallenden Samen einen Körper zu erschaffen.

Diese Geschichte hat die Phantasie von Psychologen und Astrologen wie kaum eine andere beflügelt, und doch darf man sie nicht aus dem kabbalistischen Zusammenhang herauslösen, denn hier geht es eigentlich weniger um die Dämonen, als vielmehr um die mystische Heiligung der ehelichen Verbindung. Der „Mißbrauch der Zeugungskraft" zerstört das Mysterium der gottgewollten Verbindung und richtet in den entsprechenden Sephirot, also den Emanationsebenen des transzendenten Göttlichen, großes Unheil an, denn nicht das Heilige wird dadurch vermehrt, sondern das Unheilige. Schon G. Scholem schreibt: „Eine extreme Idee von Reinheit hat hier zur Konsequenz geführt, jede bewußt oder unbewußt erfolgende Verletzung ihrer Gesetze als einen Akt der Zeugung von Dämonen anzusehen."[18] – Dies ist ein weiteres Beispiel dafür, wie vorsichtig man sein muß, wenn man Texte mit vollkommen unterschiedlicher Zielsetzung und Sprache, wie den Talmud oder den Zohar, miteinander vergleichen möchte. Und wenn man sich die tiefenpsychologische wie psychologisch-astrologische Literatur ansieht, so wird verständlicherweise besonders auf diese „Traumerzählung" zurückgegriffen, denn es scheint sich im männlichen Verführungstraum die Sehnsucht seiner Seele nach der Anima oder der vollkommenen Frau widerzuspiegeln, was natürlich Jungianern sofort ins Auge fällt. Doch wenn man diese Geschichte so deutet, muß man sich die Frage gefallen lassen, was denn mit den neugeborenen Jungen ist, die bis zur Beschneidung ebenfalls von Lilith besucht werden und im Schlaf lächeln; ist hier der Ödipus-Komplex angesprochen? Können wir ernsthaft von der Sehnsucht nach der „Anima" sprechen?[19] – Ich will diese Fragen nicht beantworten, vielmehr möchte ich die Deutung nach dem Jungschen Korsett untergraben, indem ich ein anderes Vokabular anbiete, das die Weiblichkeit eben nicht in dualistische Konzepte aufspaltet, die der übergeordneten Einheit nicht gerecht werden können. Wenn wir das Vokabular eines matriarchalen Weltbildes verwenden – ein Vokabular, das uns Lilith näher bringen kann –, dann wird niemand mehr ernsthaft solche Fragen stellen. Sie werden als überkommen und uninteressant einfach vergessen.

Doch damit greifen wir späteren Kapiteln dieses Buches voraus. In unserem zeitlichen Überblick wollen wir zum Abschluß noch einige neuere Texte betrachten, in denen die Tradition weiter ausgebaut worden ist. Die Zeugung von Dämonen durch nächtlichen Samenerguß o. ä., wie wir sahen ein Hauptmotiv kabbalistischer Spekulation, wurde spätestens im 16. Jahrhundert so erweitert, daß die illegitimen Kinder nach dem Tod eines Mannes erscheinen, um an der Beerdigung teilzunehmen und sich ihr Erbe zu sichern. Der Gymnasialrektor Johann Jakob Schudt berichtete 1717 von den Frankfurter Juden:

> Sie glauben festiglich, wenn der Same einem Manne entgehet, daß durch die Hülfe der Machlath [einer Dämonin] und Lilith daraus böse Geister werden, die aber zu ihrer Zeit wieder sterben. Wenn nun ein Mann stirbt, und seine Kinder anfangen zu weinen und klagen, so kommen diese von seinem Samen hergekommenen Schedim [Schadensgeister] oder bösen Geister auch herzu, und wollen am Todten, als an ihrem Vater, mit den andern Kindern auch Theil haben, zupfen und rupfen dan den Todten, so ihm schmerzlich ist, und Gott selbst, wenn er diese schönen Früchterger bei der Leiche siehet, erinnert sich der Sünde des Todten von Neuem. Mir ist bekandt, daß Juden ihren Kindern im Leben scharf anbefohlen, daß sie nicht die geringste Klage führen oder weinen sollen, solang bis der todte Cörper auf dem Kirchhoff durch Waschen, Säubern, auch Nägel and Händen und Füßen abschneiden, gereinigt ist, weil alsdann diese unreine Geister an dem gereinigten Cörper kein Theil mehr haben sollen.[20]

Die Verbindung Liliths mit dem sexuellen Bereich ist nicht auf den illegitimen Zeugungsakt beschränkt, wie folgende Mahnung aus dem Zohar belegt:

> Zur Stunde, da der Mann sich mit seinem Weibe vereinigt, soll er seinen Sinn auf die Heiligkeit seines Herrn richten und sprechen:
>
> „In weichen Samt Gehüllte – bist du hier?
> Aufgehoben, Aufgehoben!
> Tritt nicht ein und geht nicht aus!
> Nichts von dir und nichts in deinem Teil!
> Kehre um, kehre um, das Meer stürmt,
> Seine Wellen rufen dich.
> Ich aber ergreife den heiligen Teil,
> Mit der Heiligkeit des Königs bin ich umhüllt."

Dann soll er eine Weile lang sein Haupt und das seines Weibes mit den Tüchern umhüllen und später klares Wasser um sein Bett sprengen.[21]

An dieser Prozedur können wir noch einmal die Heiligkeit der ehelichen Verbindung erkennen, die für die Kabbalisten eine große Rolle spielt. Sie zu schützen ist ein wichtiges Gebot, denn andernfalls kann es zu Unregelmäßigkeiten in den höheren Entsprechungsebenen kommen.

Zum Abschluß der kabbalistischen Mythen sei noch ein Text angeführt, der unserem Lilith-Bild eine weitere Facette hinzuzufügen vermag. In seinem *Jalqut Reubini*, einer Sammlung kabbalistischer Erzählungen zur Bibel, befaßt sich der Prager Rabbiner Ruben Höschke (Jehoschua) Kohen (gestorben 1673 u. Z.) mit der Schöpfungsgeschichte Genesis 2,21 und 4,8. Er findet folgende Erklärung:

Dann formte Gott Lilith, die erste Frau, genauso wie Er Adam geformt hatte, nur daß Er statt reinen Staubes Schmutz und Sediment verwendete. Aus Adams Verbindung mit dieser Dämonin und mit einer anderen, ihr ähnlichen namens Naamah, Tubal-Kains Schwester, gingen Asmodeus und unzählige Dämonen hervor, die die Menschheit noch immer plagen. Viele Generationen später traten Lilith und Naamah, als Dirnen von Jerusalem verkleidet, vor Salomos Richterstuhl.

Lilith wird in dieser Traditionslinie möglicherweise mit den kanaanäischen Frauen und deren Kult der Anat in Verbindung gebracht. Jenen Tempelfrauen (-priesterinnen!) war vorehelicher Geschlechtsverkehr mit wechselnden Partnern offensichtlich erlaubt, denn immer wieder kritisieren die israelitischen Propheten die jüdischen Frauen, die diesem Brauch nachgehen. So heißt es Deuteronomium 23,18 f., daß es sich nicht ziemt, von dem so verdienten Geld den Zehnten an den Tempel abzuführen. – Unser Prager Rabbi fügt also der Tradition noch das Detail hinzu, Lilith sei aus minderwertiger Erde genommen worden, damit die Gleichstellung mit Adam wieder auflösend. Dennoch hat sich selbst in diesem späten Text noch die Erinnerung an die lichte Erscheinungsform der Wandlungsgöttin erhalten, wie aus der Nennung von Naamah erkennbar ist.

Zusammenfassung

Die Beschäftigung mit den Mythen um Lilith im Verlauf der bald viertausendjährigen Religionsgeschichte hinterläßt den Eindruck, daß man mit vorschnellen Theorien äußerst vorsichtig sein muß. Manchmal scheint es gar, als wenn mehr Fragen aufgeworfen denn beantwortet würden. So ernüchternd ein solcher Befund auch sein mag, so wichtig ist er zugleich für die astrologische Deutung, die ja immer unter Zuhilfenahme der Mythologie arbeitet. Was können wir denn *wirklich* mit jenen Legenden anfangen, die stets nur vor dem Hintergrund und dem besonderen Interesse derer zu verstehen sind, die Lilith für ihre Zwecke zu instrumentalisieren suchten? Machen wir uns nicht diese spezielle Interpretation zu eigen, wenn wir unkritisch die Überlieferungen als authentische Zeugnisse über „Lilith" in unser Deutungskonzept einfügen? Müssen wir nicht vielmehr die (sprachphilosophische) Erkenntnis ernst nehmen, daß Aussagen über „Lilith" grundsätzlich nur für den begrenzten historischen Rahmen Gültigkeit besitzen, in dem sie formuliert wurden? Heißt das nicht zugleich, daß „Lilith" ein Begriff ist, der nur für bestimmte, zeitlich zu verortende Meinungen über eine Göttin beziehungsweise einen weiblichen Dämon angewandt werden kann, somit zwar von historischem Interesse ist, aber keinesfalls für uns heute relevant sein muß?

Diese Fragen sind überaus wichtig. Sie mahnen zur Vorsicht und bilden dennoch zugleich den Schlüssel, mit dem wir das Geheimnis der Göttin aufschließen können, wenn wir sie richtig verstehen. Schon die sprachphilosophische Relativierung der Begrifflichkeit gibt uns die Freiheit, gleichsam aus der Not eine Tugend zu machen und zu sagen: Das einzig entscheidende Kriterium für unser Verständnis der Lilith ist der Zugang, den *wir heute* zur Göttin oder auch zur spirituellen Weiblichkeit finden. Es gibt keine historische Verpflichtung, überkommene und einseitige Bilder zu übernehmen, und damit sind auch die dualistischen Zuschreibungen des „Ewig Weiblichen" oder die Anima-Theorien gemeint. Jeder Mensch findet seinen eigenen Weg, und das ist gut so. Wir haben die Freiheit, *neue* Meinungen über das Weibliche zu bilden und uns mit anderen darüber auszutauschen. Diese sind weder wahr noch falsch, sondern höchstens für unser In-der-Welt-Sein vorteilhaft oder nutzlos. Auch die Aufspaltung in wahr und falsch dürfen wir als dualistisch und überkommen der Geschichte anheimgeben. Das heißt indes nicht, daß es nicht besser oder schlechter begründete Meinungen über Lilith geben kann! Doch die besser begründete ist der Wahrheit nicht näher, sondern findet lediglich mehr Anhängerinnen und Anhänger, wenn sie gut vorgetragen wird.

Wenn wir uns nun fragen, was wir aus der Mythologie gewinnen können, um uns ein (modernes) Bild über Lilith zu bilden, so ist es am besten, nach zentralen Aspekten Ausschau zu halten, die sich wie ein roter Faden durch die Geschichte der Legendenbildung ziehen. Dieser Faden – und darauf möchte ich hinaus – ist zugleich ein *Ariadnefaden*, der uns aus dem Labyrinth der Religionsgeschichte zur eigentlichen Heimat der Lilith zurückführen kann, zur Großen Göttin des Alten Orients. Wenn wir also die ursprünglichen Dimensionen der Göttin freilegen, die aufgrund der starken Dämonisierung der Lilith nur noch ansatzweise erkennbar sind, so haben wir ein Verständnis an der Hand, das uns auch heute noch – vielleicht mehr denn je – den Zugang zur weiblichen Seite des Göttlichen öffnet.

Worin lassen sich also die zentralen Themen der Lilith-Mythologie ausmachen? Es sind folgende: *Unabhängigkeit, Gleichwertigkeit, Unbedingtheit, Opferbereitschaft, Macht über Sexualität, Geburt und Tod.*

Lilith ist nicht bereit, sich von Adam als zweitrangig und minderwertig beleidigen zu lassen. Gleichberechtigung ist ihr eine Selbstverständlichkeit, wobei beachtenswert ist, daß sie sich in keiner Legende *über* Adam stellt, ein Indiz, das schon hier auf die „Macht"verteilung im matriarchalen Denken hinweist. Lilith ist stark und weise, sie kennt die geheimen Namen Gottes und spricht sie aus, um sich aus der drohenden Unterdrückung zu befreien. Hierin erkennen wir ihre Radikalität und Unbedingtheit, die keine Kompromisse verträgt. Sie ist bereit, für ihre Unabhängigkeit große Opfer zu bringen, denn sie weiß, daß sie gar nicht anders kann, als ihrer inneren Stimme zu gehorchen (oder auch ihrer göttlichen Bestimmung, wie in den kabbalistischen Zeugnissen). In fast allen Geschichten spielt die Sexualität eine tragende Rolle. Lilith ist sich ihrer Verbundenheit mit dem Mysterium des Weiblichen voll bewußt, was man einerseits an ihren Attributtieren, den Vögeln und dem Löwen, andererseits an ihrem lieblichen *Naamah*-Aspekt ablesen kann, der schlafenden Männern den Kopf verdreht. Auch Liliths Macht über das Leben von Neugeborenen, also ihre Zugehörigkeit zu Prozessen der Geburt und des Todes, gehört in diesen Bereich.

Da es sich bei allen erhaltenen Mythen über Lilith um *patriarchale Interpretationen* handelt, kann die Feststellung der Hauptmotive jener Legenden nur ein erster Schritt zum Verständnis sein. Wer es hierbei bewenden läßt, wird sich aus der Umklammerung der patriarchalen Engführung niemals wirklich befreien können. Da aber *Befreiung* ein wesentliches Attribut der Lilith ist, müssen wir die Mythen daraufhin untersuchen, ob sie uns einen Einblick in die ursprüngliche Gestalt der Lilith gewähren. Wir werden also die eben beschriebenen Hauptthemen der Überlieferung als Ariadnefaden verwenden, der uns zurück zur Göttin zu führen vermag.

Die Forderung nach *Gleichberechtigung* – das ist eben schon angedeutet worden – als selbstverständliche Voraussetzung der natürlichen Ordnung weist auf den Unterschied zwischen patriarchaler Geisteshaltung und matriarchalem Denken hin, welches die beiden Geschlechter als notwendige Ergänzung betrachtet, ohne die das Leben auf der Erde unmöglich ist. Noch einmal: Wir wissen nicht mit Sicherheit, ob es jemals eine Gesellschaft gegeben hat, die nach diesen Idealen organisiert war! Allerdings wissen wir, daß im Patriarchat die Gleichbewertung des Männlichen und Weiblichen im Laufe der Zeit mehr und mehr untergraben worden ist. Liliths Forderung nach Gleichberechtigung ist somit eine Aufforderung an uns, endlich ernst zu machen mit der Integration weiblicher Mysterien in das Leben von Frau und Mann.

Die *Unabhängigkeit* Liliths, für die sie große Opfer zu bringen bereit ist, verweist uns auf die Große Göttin, die sich jedem Verfügbarkeitsdenken vollends versagt. Wir finden sie jenseits gängiger Vorstellungsmuster, auch jenseits moralischer Schemata. Deshalb kann Lilith sich gar nicht unmoralisch verhalten, sondern allenfalls *amoralisch*; die engen Grenzen unserer Ethik haben für sie schlichtweg keine Gültigkeit. Deshalb ist es nur verständlich, wenn in den Überlieferungen kein Satz über „Schuld" oder „Gewissen" enthalten ist. Das kosmische Gesetz ist die einzige Richtschnur ihrer Handlungen (deshalb darf man sie nicht mit Willkür verwechseln). Die Freiheit Liliths steht in direktem Zusammenhang mit ihrer Funktion als *Himmelskönigin*, für die jede Indienstnahme durch menschliche (patriarchale) Machtinteressen eine Herabwürdigung darstellt.

Ihre *ungebändigte Stärke* erlaubt es Lilith, sich jeder Unterwerfung zu entziehen. Sie ist bereit, den Kampf aufzunehmen, worin wir nicht eine Beteiligung am dualistischen „Gegeneinander" erkennen, sondern den herausfordernden und aggressiven Charakter der Großen Göttin, wie wir ihn bereits kennengelernt haben. Dies stellt für patriarchales Denken eine unglaubliche Provokation dar, doch im Vertrauen auf ihre eigene Kraft kann Lilith darüber einfach hinweggehen. Sie ist die *Herrin über Geburt und Tod*, wie die Legenden um das Morden von Kindern deutlich zu erkennen geben. Hinter dieser Dämonisierung steht noch immer das Wissen um die weiblichen Mysterien des Werdens und Vergehens, die im Alten Orient Gegenstand höchster Verehrung durch Frauen und Männer waren. Die Alten bewunderten und fürchteten den *Wandlungsaspekt* der Göttin; im Laufe der patriarchalen Geschichte überwog je länger je mehr nur noch die Furcht, auch wenn in mystischen Kreisen (Kabbala) die kosmische Notwendigkeit der Wandlung noch einmal ins Bewußtsein drang. Als Hüterin der weiblichen Mysterien spielte Lilith auch im Zusammenhang mit *Sexualität* eine überragende Rolle, wie wir immer wieder feststellen können. Lilith ist nicht bereit, sich der Einführung der Machtfrage in die Sexualität zu unterwerfen. Sie repräsentiert vielmehr die altorientalische Auffassung, nach welcher dem Geschlechtsakt eine sakrale und kosmische Dimension eignet. Sie möchte nicht von einem Mann unterworfen werden, sondern sich mit einem Gott vereinigen, um so das kosmische Gesetz des Lebens zu erneuern. Da für eine Gefährtin Gottes im monotheistischen Konzept kein Platz mehr war, durfte Lilith sich nur noch mit dem „Großen Dämon" Samael vergnügen. Dies ist nur ein Bestandteil der Entheiligung der Sexualität, wie sie insbesondere in der christlichen Tradition in katastrophalem Ausmaß betrieben wurde (trotz der Entmachtung der Göttin hat die Sexualität im Judentum nie ihre überragende Rolle verloren, und von einer Mißachtung des Körperlichen im Judentum kann keine Rede sein).

Trotz der patriarchalen Umdeutung der Lilith-Attribute können wir also noch immer einen Einblick in die Funktion der Großen Göttin gewinnen, wenn wir die Überlieferungen im Lichte der altorientalischen Religiosität lesen. Wenn wir uns mit diesem Wissen nun der

astrologischen Deutung der Lilithstellung zuwenden, so tun wir gut
daran, von vornherein den *entdämonisierten Status* der Göttin im Auge
zu behalten. Deutungen, die sich allein auf die überlieferten Lilith-
Mythen beziehen – und das sind die meisten –, werden uns niemals
ein angemessenes Bild der Göttin liefern. Im Gegenteil, sie bleiben im
dualistischen Korsett gefangen und machen sich die patriarchale Sichtweise zu eigen, gegen die Lilith ja gerade aufbegehrt.

Anmerkungen

1 Veröffentlicht wurden die Texte von D. W. Myhrman: „Die Labartu-Texte. Babylonische Beschwörungsformeln nebst Zauberverfahren gegen die Dämonin Labartu." In: *Zeitschrift für Assyriologie und
   verwandte Gebiete* Vol. XVI (1902), besonders S. 148 ff.

2 Vgl. Samuel Noah Kramer: *Gilgamesh and the Huluppu-Tree. A Re-
   constructed Sumerian Text* (Assyriological Studies of the Oriental In-
   stitute of the University of Chicago), Chicago 1938, 1 f. Der wie-
   dergegebene Text ist eine Zusammenfassung verschiedener Versionen. Der besseren Lesbarkeit wegen wurden alle fremdsprachlichen
   Zitate von mir ins Deutsche übertragen.

3 Robert von Ranke-Graves: *Die Weisse Göttin. Sprache des Mythos*,
   Reinbek 1995 (1. Aufl. 1948), S. 270. In diesem Buch entfaltet Ranke-Graves sein riesiges enzyklopädisches Wissen über die Göttin in
   ganz außergewöhnlicher Form und mit einer hohen Achtung vor
   der Weisheit des Weiblichen.

4 Wolfgang Fauth: „Lilits und Astarten in aramäischen, mandäischen und syrischen Zaubertexten." In: *Die Welt des Orients* 17
   (1986), S. 66–94, S. 71.

5 So z. B. Sigmund Hurvitz im schon genannten Buch *Lilith – Die
   erste Eva. Eine Studie über dunkle Aspekte des Weiblichen*, Zürich[2] 1983,
   S. 59.

6 Vgl. M. Lidzbarski: *Das Johannesbuch der Mandäer*, Gießen 1915,
   S. 222–224.

7 Vgl. W. Fauth a. a. O. (s. o. Anm. 4), S. 81.

8 Ebda. S. 82.

9   Wer die Passage überprüfen möchte, sei auf die Ausgabe von Steinschneider 1858, Blatt 23a-b/33a-b, verwiesen. Der Text ist nicht ganz eindeutig, vgl. Louis Ginzberg, *Legends of the Jews*, Philadelphia 1909–1946, Bd. 5, S. 87. Das umfangreiche Werk Ginzbergs ist überdies eine Fundgrube für alle jüdischen Überlieferungen.

10 Ich beziehe mich in erster Linie auf die ausführliche Studie von E. Yassif: *Pseudo-Ben Sira. Der Text, sein literarischer Charakter und Status in der hebräischen Geschichte des Mittelalters* [hebräisch], 2 Bände, Diss. Hebrew University of Jerusalem, 1977. Die zitierte Stelle findet sich auf den Seiten 64 f.

11 Zürich 1977, S. 79.

12 Aus seinem Lilith-Buch (Anm. 5), S. 138–140.

13 Über dieses Thema informiert das aufschlußreiche Buch von Jutta Voß: *Das Schwarzmond-Tabu. Die kulturelle Bedeutung des weiblichen Zyklus*, Zürich 1988.

14 Der Text findet sich in Peter Schäfer: „Jewish Magic Literature in Late Antiquity and Early Middle Ages". In: *Journal of Jewish Studies* 41 (1990), S. 75–91. Das ganze Thema behandelt P. Schäfer ausführlich in: *Der verborgene und offenbare Gott: Hauptthemen der frühen jüdischen Mystik*, Tübingen 1991, vgl. besonders S. 62.

15 Wer sich mit diesem äußerst interessanten Bereich jüdischer Mystik beschäftigen möchte, sei nachdrücklich auf das gut verständliche und dennoch den neuesten Forschungsstand repräsentierende Werk von Johann Maier: *Die Kabbalah: Einführung – Klassische Texte – Erläuterungen*, München 1995, verwiesen.

16 Der Text wurde schon 1927 von Gershom Scholem publiziert: „Qabbalot R. Ya'akov ve-R. Yitzchak benei R. Ya'akov ha-Kohen", in: *Madda'ei ha-Yahadut* [hebräisch] 2, Jerusalem 1927, S. 244–264. Für die hier dargestellten Zusammenhänge vgl. die schlüssige (und nicht hebräische!) Abhandlung von Joseph Dan, einem der besten Kenner der Kabbala: „Samael, Lilith, and the Concept of Evil in Early Kabbalah", in: *Association of Jewish Studies Review* 5 (1980), S. 17–40. Dies ist eine der ganz wenigen wissenschaftlichen Untersuchungen über Lilith.

17 J. Maier, Kabbalah (s. Anm. 15), S. 300 f.

18 Gershom Scholem: *Zur Kabbala und ihrer Symbolik*, Frankfurt/M. ⁶1989, S. 204.

19 Ich schließe mich damit den grundsätzlichen Infragestellungen der Sexualpsychologie Freuds an, wie sie aufgrund neuerer psychologischer Forschungsergebnisse geäußert werden. Vgl. neuerdings Werner Greve/Jeanette Roos: *Der Untergang des Ödipuskomplexes. Argumente gegen einen Mythos*, Bern/Göttingen 1996.

20 Schudt: *Jüdische Merkwürdigkeiten*, zit. nach Scholem, a.a.O. (Anm. 18), S. 205 f.

21 Zohar III, 19a, zit. nach Scholem, a.a.O. (Anm. 18), S. 206 f.

Die astrologische Deutung Liliths

Lilith hat für Astrologinnen und Astrologen bis vor kurzem allenfalls eine untergeordnete Rolle gespielt. In den USA schon seit einigen Jahrzehnten viel beachtet, hat sich das Interesse in Europa erst in den letzten ungefähr zehn Jahren der Lilith zugewandt. Joëlle de Gravelaine hat mit ihrem Buch *Lilith – Der schwarze Mond*, 1985 auf französisch, 1990 dann auf deutsch publiziert, wesentlichen Anteil am wachsenden Interesse der Astrologie, auch wenn ihr Buch in weiten Teilen patriarchale Vorurteile und religionsgeschichtliche Irrtümer wiederholt. Leider hatte das Buch einen solch großen Einfluß auf die Diskussion, daß spätere Autorinnen und Autoren kaum über die dort vorgeführte starke Dämonisierung hinauskamen. Wir werden auf diese Zusammenhänge im folgenden immer wieder zu sprechen kommen.

Doch zuvor müssen wir uns darüber klar werden, was eigentlich gemeint ist, wenn in der Astrologie von *Lilith* oder dem *Schwarzmond* gesprochen wird. Man findet nämlich auch heute noch gelegentlich die Meinung, es handle sich hier um reine Spekulation, der keinerlei reale Bedeutung zugesprochen werden könne, da es einen Himmelskörper mit Namen „Lilith", und sei er noch so klein, einfach nicht gibt. Das Problem wird noch dadurch vergrößert, daß es immer wieder Autorinnen und Autoren gibt, die tatsächlich mit einem fiktiven Planeten „Lilith" arbeiten oder einen solchen als gegeben annehmen. Es wurde sogar ein Planetoid mit dem Namen der dunklen Göttin benannt. Aufgrund dieser Verwirrung muß mit aller Deutlichkeit festgehalten werden: *Lilith ist kein Planet oder Himmelskörper, sondern ein sensitiver Punkt.* In der Astrologie wird mit verschiedenen anderen „sensitiven Punkten" gearbeitet, zum Beispiel der Mondknotenachse, der Himmelsmitte (MC) oder dem Aszendenten (AC); all diesen Punkten ist gemeinsam, daß ihnen keine reale – „materialisierte" – Existenz zukommt. Vielmehr werden sie berechnet und dann in das Horoskop eingezeichnet.

Wie kommt man nun zum „Lilith-Punkt"? In den letzten Jahren hat sich eine Anschauung durchgesetzt, die aufgrund umfangreicher Studien als die praktikabelste Rechengrundlage angesehen werden kann. Der Mond beschreibt auf seiner Umlaufbahn um die Erde eine elliptische Bahn, wodurch es einen Umlaufpunkt der größten Erdnähe und einen solchen der größten Erdferne gibt. Die beiden Punkte werden *Perigäum* (größte Erdnähe) und *Apogäum* (größte Erdferne) genannt. Das Perigäum ist im Bezug zur Erde nicht feststehend, sondern wandert ungefähr 40° im Jahr durch den Tierkreis. Sein Tageslauf liegt demnach zwischen sechs und sieben Bogenminuten, die Gesamtumlaufzeit bei knapp neun Jahren. Im Anhang dieses Buches finden Sie eine Tabelle mit den Positionen des Schwarzen Mondes, so daß Sie die exakten Werte leicht selber ermitteln können. Die gelegentlich geäußerte Annahme, man müsse die Lilithposition in bestimmter Weise korrigieren, konnte sich nicht durchsetzen, und auch ich habe gute Ergebnisse mit einer unkorrigierten Lilith erzielt.

Lilith braucht also ungefähr neun Jahre, um den Tierkreis einmal ganz zu durchlaufen; somit kommt in ihrem Zyklus die alte heilige Zahl der Göttin zum Ausdruck, die ansonsten in der Astrologie nicht zu finden ist. Dies ist auch der Grund dafür, daß mit der Heranziehung des Schwarzen Mondes Deutungsmöglichkeiten verbunden sind, die man nicht ohne weiteres auf andere Faktoren des Horoskops zurückführen kann. Oftmals gewinnt ein Horoskop erst durch die Lilithstellung beziehungsweise -auslösung seine charakteristische Färbung.

Wie läßt sich Lilith im Horoskop deuten? Normalerweise geht man so vor, daß die Mythologie der Dunklen Göttin tiefenpsychologisch analysiert wird, wobei man zwangsläufig auf Begriffe wie „Schatten", „Anima" und „Animus" stößt. Die kinderfressende und männerverführende Lilith wird zur Chiffre für den angsteinflößenden Archetyp des übermächtigen Weiblichen, dem vor allem die Männer wehrlos ausgeliefert sind. Kastrationsängste sind die unausweichliche Folge, aber auch die Sublimierung in die göttliche Idealfrau kann man immer wieder beobachten, wenn man das Jungsche Vokabular zugrundelegt. – Für die Frauen bedeutet nach dieser Auffassung der Kontakt mit Lilith ebenfalls die „Begegnung mit dem Schmerz", wie Lianella Livaldi-Laun in ihrem gleichnamigen Buch schreibt.[1] Gemeint ist der Schmerz über die Vertreibung aus dem Paradies, den Verlust der eigenen Kinder und den hohen Preis der Unabhängigkeit vom Mann.

Es ist nicht schwer, diesen Befund anhand von vielen Horoskopen zu bestätigen; und doch stellt man immer wieder fest, daß die Lilithstellung von manchen Horoskopeignern überhaupt nicht in dieser destruktiven und mit dem Schmerz verbundenen Art und Weise erlebt wird. Wie kommt das? Meiner Meinung nach liegt dies an der einseitigen Deutung des dunklen Aspektes der Großen Göttin, die endlich einem neutralen Bild Platz machen sollte. Man kann dieses Problem auch von der methodischen Seite her betrachten. Die meisten Lilith-Deutungen argumentieren *zirkulär*. Man geht (zu Recht) davon aus, daß Lilith den Protest gegen das patriarchale Weltbild und die Unterdrückung des Weiblichen als autonome Energie versinnbildlicht. Doch gleichzeitig beschreibt man diesen Protest in einem Vokabular, welches der Sprache der „Sieger" entnommen ist, womit man zwangsläufig nur zum Ergebnis kommen kann, daß eine Frau, welche die aggressive oder auch die triebhaft erotische Seite der Göttin auslebt, mit anderen Worten: eine Frau, die sich matriarchalisch verhält, irgendwie nicht mit ihrem Animus klarkommt, oder daß ein Mann, dem die Gewaltbereitschaft Liliths keine Angst einflößt, eigentlich gar kein richtiger Mann ist, vielleicht sogar durch Selbstzerstörung der zu erwartenden Niederlage durch Lilith zuvorkommen möchte. Wir drehen uns im Kreise.

Das Erstaunliche und Besorgniserregende an der Sache ist, daß sich eine solche Deutung noch nicht einmal auf das religionsgeschichtliche Material stützen kann, wie immer behauptet wird. Deshalb habe ich diesen Bereich so ausführlich behandelt. Wie schon mehrfach ausgeführt, möchte ich dem Lilithbild der Jungschen Psychologie ein neues gegenüberstellen, das sich tatsächlich auf die mythologische Bedeutung der Großen Göttin berufen kann. Dann werden wir feststellen, daß die destruktiven Züge des Schwarzen Mondes nicht unausweichlich sind, sondern entweder als Ergebnis einer nicht erlösten Lilithstellung oder als eine Art Initiation in höhere Bewußtseinsstufen aufgefaßt werden können.

Lilith zeigt den Punkt im Horoskop an, der uns in direkter Weise mit der archaischen weiblichen Energie in Verbindung bringt. Diese Energie läßt sich am besten beschreiben, wenn wir uns die Rolle der Großen Göttin in ihrem mythologisch-religiösen Zusammenhang ansehen, wie im vorhergehenden Kapitel geschehen. Die Lilithstellung in Zeichen und Haus gibt uns wertvolle Hinweise auf die Verwirklichungsebene der Göttinenergie. Für eine angemessene Interpretation müssen wir natürlich anschließend das gesamte Aspektgefüge betrachten, in das der Schwarzmond möglicherweise eingebunden ist. Denn die Aspekte sind es insbesondere, die darüber entscheiden, wie stark wir auf das Energiepotential der Lilith reagieren.

Die folgenden Ausführungen verstehen sich nicht als letztgültige Deutungsansätze. Denn man muß sich immer wieder klarmachen, daß bei jedem Menschen die unterschiedlichsten Konstellationen aufeinandertreffen, das Horoskop also gleichsam eine Art kosmischer Fingerabdruck ist (das kann man fast bildlich auffassen). Und schon Thomas Ring hat unmißverständlich aufgezeigt, daß wir bei jeder Deutung die *Aussagegrenze* zu beachten haben. Aus dem Geburtsbild können wir lediglich die Anlagen zu bestimmten Energiemustern herauslesen; auf welcher Ebene ein Mensch jene Muster zu verwirklichen sucht, entzieht sich unserer Kenntnis. Auf Lilith bezogen führt dies dazu, daß Menschen, die sich mit ihrer spirituellen Weiblichkeit wenig auseinandersetzen, nicht selten mit massiven Infragestellungen konfrontiert werden, also mit dem, was man gemeinhin dem Einfluß Liliths zuschreibt. Wenn dagegen ein Mensch die Herausforderung annimmt, die sich in der Schwarzmondstellung ausdrückt, so wird er eine Energiequelle entdecken, die geradezu kosmische Dimensionen hat. Er wird zum Kanal göttlicher Kraft.

Auch wenn also die Verwirklichung des Lilithpotentials bei jedem Menschen unterschiedlich ist, können wir doch einige grundlegende Attribute jener Energie finden. Unsere Richtschnur dazu bilden die Themen, die sich wie ein roter Faden durch die Mythologie Liliths ziehen und die wir folgendermaßen benannten: Unabhängigkeit, Gleichwertigkeit, Unbedingtheit, Opferbereitschaft, Macht über Sexualität, Geburt und Tod. Wir können das Bild etwas vereinfachen und drei zentrale Bereiche in den Mittelpunkt unserer Deutung stellen: *spirituelle archaische Weiblichkeit, Selbstbestimmtheit* sowie *Unbedingtheit.* Hiermit ist bereits angedeutet, daß Lilith in der Regel spirituelle und auch religiöse Dimensionen in den Blick rückt, allerdings in einem sehr unmittelbaren emotionalen Zusammenhang, nicht beschreibbar in Begriffen, die der patriarchalen Religiosität entnommen sind. Die Unbedingtheit Liliths bekommen all jene deutlich zu spüren, die in ihrem Horoskop den Schwarzmond in herausgestellter Position oder starker Aspektierung aufweisen. Diese Menschen können gar nicht anders, als in der einen oder anderen Weise darauf zu reagieren, und wir alle tun gut daran, die besondere Herausforderung einer solchen Stellung ernstzunehmen, damit sie ihr wahres Potential voll entfalten kann. Die vermeintlichen „Probleme", die Lilith hier auszulösen scheint, entpuppen sich dann als Erlösungsprozeß unseres weiblichen Wissens, als wichtige Wegmarken zur Ganzwerdung des Menschen. In diesem Sinne bedeutet die Beschäftigung mit Lilith auch einen Heilungsprozeß, der nicht nur den vom Patriarchat entrechteten Frauen, sondern auch den in ihrer Emotionalität verletzten Männern einen Weg aus der gegenwärtigen Krise weisen kann. Da Ganzwerdung und „Heilung" eng verbunden ist mit „Heiligung", erkennen wir hierin erneut den sakralen Bezug Liliths, den es in der Deutung immer mit zu berücksichtigen gilt. Lilith führt uns über den rein persönlichen Bereich hinaus und verbindet uns mit kosmischen Dimensionen von Heiligkeit. Um dieser Ebene Rechnung zu tragen und um den Leserinnen und Lesern eine praktische Arbeit mit dem doch zuweilen recht sachlichen Befund der astrologischen „Diagnose" zu ermöglichen, werden im Anschluß an die Deutung der Lilith Vorschläge gemacht, auf welche Weise wir den vielfältigen Aspekten der Göttin weiter nachspüren können (s. letztes Kapitel).

In der eigentlichen astrologischen Deutung der Schwarzmondstellung ist es sinnvoll, sich an folgendem Leitmuster zu orientieren, die auch in der Einteilung der Kapitel ihren Niederschlag gefunden haben. An erster Stelle steht die Frage, in welchem *Haus* sich die Energie des Schwarzmondes entfaltet. Hier liegt der Schlüssel dafür, auf welche Weise ein Mensch mit der göttlichen Kraft oder, etwas bescheidener ausgedrückt, mit altem weiblichen Wissen in Berührung zu kommen vermag und in welchem *Bereich* seines Lebens sich dieses Wissen am natürlichsten manifestieren wird. Die Deutung der Hausstellung ist demnach, wie bei den meisten anderen Horoskopfaktoren auch, der *Zeichenstellung* übergeordnet. Das heißt freilich nicht, daß man letztere nicht näher untersuchen sollte, denn das Zeichen, in dem sich Lilith befindet, gibt uns wertvolle Hinweise darauf, mit welcher *Färbung* die spirituelle Weiblichkeit ins Leben jenes Menschen tritt. Haben wir es mit einer erdbetonten oder aber einer emotional-wässrigen Ausprägung zu tun? Fragen wie diese werden durch die Zeichenstellung beantwortet.

Sehr oft findet man in astrologischen Lehrbüchern die Stellung in Haus und Zeichen zusammengefaßt. Wenn man also beispielsweise etwas über Mars in der Jungfrau erfahren will, muß man im Kapitel „Mars im Sechsten Haus" nachsehen, auch wenn der eigene Mars vielleicht im Elften Haus steht. Gerade bei Anfängerinnen und Anfängern führt dies nicht selten zu einiger Verwirrung, auch wenn es durchaus Argumente für eine solche Zusammenfassung gibt. Ich habe deswegen einen Mittelweg gewählt und zuerst die Stellung in den Häusern ausführlich beschrieben, die, wie gesagt, am Beginn der Deutung stehen sollte. Wenn ich im anschließenden Kapitel „Lilith in den Zeichen" zu Wiederholungen gezwungen bin, so liegt dies an der Analogie zwischen Häusern und Zeichen; ich habe deshalb das Kapitel kürzer gehalten und mit entsprechenden Hinweisen versehen, wo man in der Häuserdeutung weitere Informationen findet. Dennoch ist, so hoffe ich, diese Vorgehensweise gerade für astrologische Einsteigerinnen und Einsteiger ein überschaubarer Weg. Fortgeschrittene können sich mit den Häuserbeschreibungen begnügen und über die Zeichenstellung eigene Analogien bilden.

Den dritten Teil der astrologischen Deutung bildet der Kontakt zwischen dem Schwarzmond und den Radixplaneten. Hier habe ich Wert auf gute Überschaubarkeit gelegt, da erfahrungsgemäß das Bedürfnis groß ist, sich schnell über die – meist im eigenen Horoskop vorkommenden – Aspekte zu informieren. Solche Kapitel sollten meiner Meinung nach gar nicht den Anspruch erheben, von vorne bis hinten durchgearbeitet zu werden, sondern wichtig ist vielmehr die Möglichkeit, immer wieder einmal einzelne Kontakte zwischen Lilith und den anderen Horoskopfaktoren nachzuschlagen. Dies gilt besonders für die *Transite* des Schwarzmondes, die in ähnlicher Weise wirken wie Radixkontakte und deshalb in das Kapitel mit integriert worden sind. Für die Transite durch die einzelnen Häuser sei auf die Häuserbeschreibungen verwiesen, da die Wirkung jener der Geburtsstellung sehr ähnelt, nur eben nicht ganz so intensiv beziehungsweise zeitlich begrenzt. Nach meiner langjährigen Beobachtung der Lilith-Transite bin ich zu der Überzeugung gekommen, daß gerade sie es sind, die eine starke Auseinandersetzung mit den angesprochenen Horoskopfaktoren auszulösen vermögen. Auch Menschen, die ansonsten eher unempfänglich für diese Art von Energie sind, werden – oftmals durch massive Einschnitte in ihr Leben – plötzlich von Lilith herausgefordert. Doch nicht nur aus diesem Grund ist die Beachtung der Lilithkontakte von Bedeutung; die Aspektierung des Schwarzmondes im Geburtshoroskop stellt die eigentliche Individualisierung der Deutung dar. Nur wenn wir sie mit hinzuziehen, können wir etwas über die spezifische Art und Weise erfahren, wie ein Mensch mit seinem weiblichen spirituellen Wissen umzugehen gewohnt ist, was ihn von einer freien Entfaltung möglicherweise abhält oder wo die besonderen Potentiale zur Entwicklung dieses Wissens zu suchen sind.

Ein letzter Hinweis sei den folgenden Ausführungen noch vorausgeschickt, da dies nicht oft genug wiederholt werden kann: *Die Kraft der Göttin, angezeigt durch die Stellung der Lilith, ist Frauen und Männern gleichermaßen verfügbar.* Wenn ich in der Deutung nicht ausdrücklich getrennt auf die Geschlechter eingehe, denn in einigen Fällen erscheint dies angebracht, so fassen Sie das Gesagte bitte als allgemeine und geschlechterunabhängige Beschreibungen auf. Eines der Ziele dieses Buches besteht ja gerade darin, die Herausforderung eines neuen Umgangs der Geschlechter anzunehmen, damit wir uns *alle* endlich aus den verletzenden und trennenden patriarchalen Strukturen befreien können. Auf dem Weg dorthin ist es notwendig, die Aufspaltung in männlich und weiblich als eine Krücke unseres Geistes zu begreifen, die in der Vergangenheit dazu beigetragen hat, uns ins Gefängnis dualistischer Denkstrukturen einzusperren. Proben wir den Aufstand!

Lilith in den Häusern

Wie bereits angedeutet, kommt der Stellung des Schwarzen Mondes in den Häusern die übergeordnete Bedeutung zu. Die Zeichenposition gibt uns anschließend einen Hinweis auf die besondere Färbung der Lilithenergie. Anders gesagt: Das Haus sagt uns, *wo* sich die Kraft manifestiert, das Zeichen dagegen, *wie* sie sich zeigen wird.

Der besseren Überschaubarkeit wegen werde ich die einzelnen Häuser in ihrer direkten Reihenfolge beschreiben. Da jedes Haus seine Entsprechung und Ergänzung im gegenüberliegenden findet – wir sprechen deshalb auch von *Achsen* –, wird es immer wieder zu Rückverweisen kommen, beispielsweise vom Siebten Haus ins Erste Haus.

Dies ist unvermeidlich, da es sich um zwei Pole einer sich bedingenden Achse handelt. Wer sich also über eine derartige Achse informieren möchte, lese einfach die gegenüberliegenden Häuser nacheinander. Die *Transite* des Schwarzen Mondes wirken ähnlich wie die Geburtsstellung und brauchen deshalb nicht für sich behandelt zu werden. Besonders der Transit Liliths über die Hauptachsen des Horoskops geht häufig mit gewaltigen Umwälzungen einher, so daß eine Beachtung dieser Zeiten unbedingt anzuraten ist.

Lilith im Ersten Haus

Unsere Reise durch den ersten Quadranten des Horoskops beginnen wir am Aszendenten, also mit dem Ersten Haus. Die *Eigenperson* – das Hauptanliegen dieses Quadranten – findet im Ersten Haus ihren reinsten Ausdruck. Deshalb ist auch der Aszendent nach dem Sonnenstand der wichtigste Faktor bei der ersten Annäherung an ein Horoskop. Wie wir auf die Mitwelt wirken, beziehungsweise wie wir auf sie reagieren, können wir am Aszendenten ablesen. Wir können ihn folglich mit einer Drehtür vergleichen, die sich zwischen Innenwelt und Außenwelt befindet; alles Äußere findet seinen Weg in uns hinein durch den Aszendenten, und umgekehrt müssen wir alles, was wir über uns selber ausdrücken möchten, durch den Aszendenten hindurchschleusen. In vielen Fällen ist der Aszendent von außen leichter wahrzunehmen als der eigentliche Sonnenstand. Dies liegt nicht zuletzt daran, daß das Erste Haus als Schwelle zwischen Innen und Außen für die vielen Masken steht – psychologisch ausgedrückt die „Persona" –, mit denen wir unsere Eigenperson zum Ausdruck bringen, die uns nicht selten aber auch vor dem Einbruch der Außenwelt in unseren Wesenskern zu schützen hat, mit der wir uns also verkleiden, um nicht erkannt oder verletzt zu werden.

Die Analogie des Ersten Hauses findet sich im Zeichen Widder. Damit ist die Spontaneität angedeutet, mit der wir direkt auf Umwelteinflüsse reagieren. Auch die Bedeutung der Eigenperson erklärt sich von daher, verfügt doch der Widder (in seiner reinen Form) über ein ungebrochenes Verhältnis zu sich selber. Im Handeln definiert sich sein selten hinterfragtes Selbstvertrauen und seine große Initiativkraft.

Das Erste Haus ist damit auch der Bereich des Neuanfangs, des Hinausgehens in die Welt, nachdem das Ich in der Verborgenheit des Zwölften Hauses geläutert wurde.

Wenn nun Lilith im Ersten Haus, vielleicht sogar in direkter Nähe des Aszendenten, zu stehen kommt, so müssen wir von einer starken Wirkung auf die oder den Betreffenden ausgehen. Wie diese Wirkung sich im konkreten Fall manifestieren wird – ob sie in schwieriger spiritueller Arbeit erlöst wird, oder aber im Unbewußten verbleibt –, können wir der Stellung allein nicht entnehmen. Dies hängt im wesentlichen von der Sozialisation und dem Reflexionsbedürfnis des betreffenden Menschen ab, natürlich auch von den weiteren Horoskopfaktoren. Folglich werden wir in jedem Fall mit unterschiedlichen Auswirkungen der Lilithstellung (auch in den anderen Häusern) rechnen müssen. Was sich indes eindeutig beschreiben läßt, ist die spezifische *Qualität*, die sich hier ausdrückt. Im Hinblick auf das Erste Haus ist die übergeordnete Energie darin zu sehen, daß sich bei einem solchen Menschen das alte spirituelle Wissen um weibliche Kraft in direkter Weise auf die Eigenperson auswirkt. Gleichberechtigung, Unabhängigkeit und das Ausleben von eigenen Ansprüchen drängt hier (über den Aszendenten) wie in kaum einer anderen Stellung nach außen. Bewußt oder unbewußt signalisiert dieser Mensch der Mitwelt die enge Verbundenheit mit weiblicher Stärke, was zu durchaus unterschiedlichen Reaktionen führen kann. Die Umwelt mag irritiert reagieren, besonders wenn sie es nicht gewohnt ist, mit einer derartigen Stärke und Radikalität konfrontiert zu werden. Wer Lilith in I hat, wird immer wieder die Erfahrung machen, daß andere Menschen mit der eigenen Ausstrahlung nicht fertig werden, aus Angst vor der übermächtigen Wirkung vielleicht auf Konfrontationskurs gehen, oder aber sich ganz zurückziehen. Lilith im Ersten Haus erinnert nämlich auch die Umwelt daran, daß Weiblichkeit nicht nur venusisch ist, sondern ebenso einen archaischen, ungezähmten und wandlungsorientierten Charakter haben kann. Nicht alle hören so etwas gerne.

Viele Menschen, denen von der Umwelt gespiegelt wird, sie seien in ihren Ansprüchen zu extrem, sie sollten mehr Rücksicht nehmen, sie würden Angst und Schrecken verbreiten durch ihre magische Ausstrahlung, haben im Laufe ihres Lebens gelernt, ihren eigenen Selbstausdruck zu disziplinieren. Dies gilt insbesondere für Frauen, denen in einer patriarchalen Gesellschaft von früh auf eingeimpft wird, sie dürften ihrem eigenen Wesen – besonders wenn es willensstark und kampfeslustig ist – nicht in offensiver Weise Ausdruck verleihen. Doch das widerspricht der Bedeutung und Aufgabe des Ersten Hauses von Grund auf! Und so werden Frauen in einen tiefen Konflikt gestürzt, der ihnen oftmals nur die Wahl läßt zwischen der Aufgabe der eigenen Ansprüche oder der Isolation und Ablehnung durch die Umwelt. Viele Frauen gehen den ersten Weg und opfern ihre Eigenperson den Interessen der Umwelt. Sie spüren zwar in sich ein gewaltiges Potential, das darauf wartet, entfaltet zu werden, doch sie wissen vielleicht gar nicht genau, wie sie sich diesem Potential öffnen können; auch fürchten sie sich vor der eigenen Courage, denn sie spüren sehr deutlich, daß Lilith in ihrer Unbedingtheit keine Kompromisse zulassen wird, wenn wir sie erst einmal ernstnehmen. Immer wenn Lilith im Transit diesen (oder einen damit aspektierten) Punkt im Horoskop berührt, wird der Konflikt zwischen Eigendurchsetzung und Unterordnung unter gesellschaftlich-familiäre „Zwänge" neu entfacht und das Wissen um die Möglichkeiten, die dort brach liegen, wird kurze Zeit schmerzlich bewußt. Bei Männern liegt das Problem etwas anders, denn ihnen wird der ungebremste Ausdruck der eigenen Person gewöhnlich wesentlich leichter gemacht. Dagegen haben sie niemals gelernt, ihre weibliche Energie in angemessener Weise zum Ausdruck zu bringen, wenn sie sie überhaupt wahrnehmen. Auch bei ihnen wird deshalb oft das weibliche Potential, das Lilith in I andeutet, als bedrohlich oder dunkel erlebt; in ihrer Umwelt leben sie dann vielleicht hauptsächlich die aggressiven Aspekte der Göttin aus, ohne zu wissen, daß dies nur einen Teil der Lilithstellung ausmacht. Möglicherweise suchen sie sich auch eine starke und selbstbewußte Partnerin, die stellvertretend das eigene weibliche Potential lebt. Natürlich ist auch das Gegenteil denkbar, wenn nämlich eine Partnerin angezogen wird, die nicht in der Lage ist, der Stärke des Partners etwas entgegenzusetzen, was den Mann darin bestätigen kann, daß das Weibliche „ja sowieso" untergeordnet ist. In beiden Fällen erkennen wir die Unfähigkeit, die eigene Lilithstellung zu erlösen und aus ihrer patriarchalen Umklammerung zu befreien. In der konkreten Deutung erfahren wir aus der Besetzung des Siebten Hauses – dem anderen Pol der *Begegnungsachse* – sowie aus der Zeichenstellung des Ersten Hauses Näheres über die zu vermutende Reaktion (s. u.).

Wir wollen uns nun dem *Erlösungsprozeß* der Lilithstellung zuwenden. Frauen mit dem Schwarzen Mond im Ersten Haus sind aufgefordert, ihrer weiblichen Spiritualität deutlichen Ausdruck zu verleihen. In einer patriarchalen Welt gehört hierzu viel Mut, doch eben diesen verleiht Lilith in I. Lassen Sie sich nicht einreden, sie müßten mehr leisten als ein Mann, um dieselbe Anerkennung zu verdienen, nehmen Sie sich das selbstverständliche Recht auf Gleichberechtigung heraus. Tief in Ihrem Innern wissen Sie, das es Ihnen zusteht. Lassen Sie sich keine Schuldgefühle aufladen, wenn Sie Ihre eigenen Interessen auf Kosten anderer (der Familie, des Partners o. a.) durchsetzen. Kosten Sie Ihre Stärke aus, genießen Sie sie. Sie sollten sich stark fühlen, *weil* Sie eine Frau sind und nicht, *obwohl* Sie eine Frau sind. Die Aggression, welche Sie vielleicht schon lange mit sich herumtragen, soll Sie nicht in Ihrem Innern quälen, sondern Ihre Aufgabe ist es, Veränderungen in Angriff zu nehmen. Das kann man schon dem Begriff „Aggression" entnehmen, leitet er sich doch vom lateinischen *aggredior* „Vorwärtsschreiten", „in Angriff nehmen", ab. Wir haben es hier also nicht mit einem moralischen Begriff zu tun, sondern mit der notwendigen Voraussetzung für Fortschritt und Bewegung. Gehen Sie vorwärts, und zwar nach außen! Lassen Sie die Welt teilhaben am großen Reichtum Ihrer weiblichen Kraft. Die zornige Göttin ist die vielleicht wichtigste Erscheinungsform von Lilith im Ersten Haus, denn zuerst gilt es bei dieser Stellung, sich das zu nehmen, was einem zusteht. Doch so wichtig dieser Prozeß ist, so wenig erschöpft sich darin die Herausforderung von Lilith. Denn das höhere Ziel besteht darin, *alle* Aspekte der Göttin zum Ausdruck zu bringen. Auf dem Wege dorthin gilt es zu erkennen, daß die zornige Göttin aus *Liebe* handelt. Blinder Haß – ob gegen sich selbst oder gegen andere – verschleiert das eigentliche Anliegen der Göttin, das wir in dem Bemühen erkennen, die kosmische Balance zwischen Werden und Vergehen, zwischen Geburt und Tod aufrechtzuerhalten. Fragen der Macht oder der Selbstbestätigung aus reinem Eigennutz haben hier keinen Platz. Man könnte sogar sagen: Solange Lilith im Ersten Haus noch dazu verwendet wird, die damit verbundene Ausstrahlung zum persönlichen Machtgewinn auszunutzen, ist der *patriarchale Diskurs* noch nicht überwunden. Wir können uns dies am Beispiel der Sexualität vergegenwärtigen. Frauen (auch Männer) mit Lilith in I, insbesondere am Aszendenten, verfügen

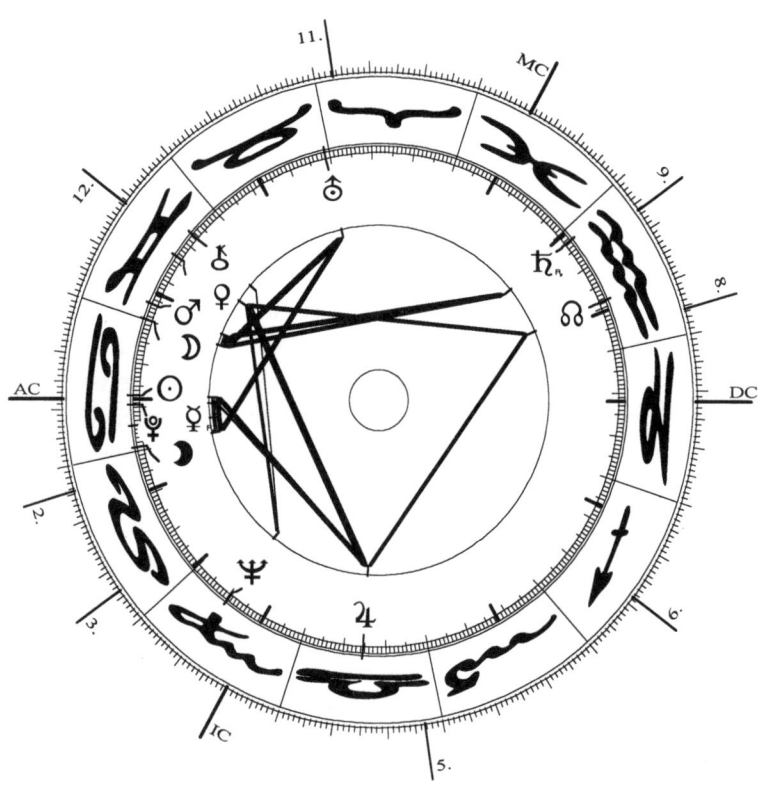

Biolek, Alfred

Radix
10.07.1934
04:00:00 Uhr (1h 0m 0s Ost)
Mährisch-Ostrau (CS)   018.16 Ost 49.51 Nord
Placidus

☉	17°	10′ 10″		♋
☽	29°	49′ 54″		♓
☿	19°	22′ 33″	R	♋
♀	13°	47′ 30″		♓
♂	26°	5′ 7″		♓
♃	14°	32′ 29″		♎
♄	27°	24′ 25″	R	♒
⚷	1°	8′ 14″		♑
♆	10°	14′ 26″		♍
♇	24°	6′ 0″		♋
☊	7°	30′ 42″		♓
☋	11°	30′ 39″		♒
☽	29°	1′ 59″		♋
AC	18°	4′ 50″		♋
MC	19°	47′ 16″		♓

nicht selten über eine ausgeprägte sexuelle Wirkung. Männer beeindruckt dabei die tief verwurzelte Weiblichkeit mehr als die oberflächliche Erotik, was dazu führen kann, daß sie sich in Abhängigkeit begeben, oder aber – in gänzlich unerlösten Formen – die Konfrontation suchen, um die Unterlegenheit der Frau zu „beweisen". Eine Frau mit Lilith am Aszendenten hat diese Macht über Männer, und die tiefer liegende Aufgabe besteht darin, sich nicht am patriarchalen Machtspiel zu beteiligen, sondern einer matriarchalen Sexualität zum Durchbruch zu verhelfen, die das Körperliche als sakralen Akt begreift, der für das energetische Gleichgewicht des Lebens von entscheidender Bedeutung ist. Die Frau kann in diesem Zusammenhang gleichsam eine *Initiatorin* für den Mann sein, da sie ihn nicht nur mit seiner eigenen Weiblichkeit in Kontakt bringt, sondern ihm auch die höheren, nicht-dualistischen und den Machtbedürfnissen entrückten Ebenen des Männlichen aufzuschließen vermag.

Auch Männer mit Lilith im Ersten Haus verfügen über ein großes weibliches Potential. Ihre Aufgabe können wir ebenfalls darin erkennen, sich nicht dafür zu schämen oder es gar abzulehnen, auch wenn ihnen dies im Laufe ihrer Sozialisation immer wieder eingehämmert worden ist. Eine tiefe Verbundenheit mit den Prozessen des Lebens, ob in der Natur oder im menschlichen Miteinander, kennzeichnet dieses Potential, das möglicherweise unter einer zur Schau gestellten Verachtung alles Weiblichen oder – darin drückt sich dieselbe Unsicherheit aus – der „Unterwerfung" unter den weiblichen Willen verborgen liegt. Entdecken Sie Ihre *eigene* weibliche Spiritualität! Lassen Sie sich nicht einreden, sie seien kein richtiger Mann, wenn Ihnen die gesellschaftlichen Rollenverteilungen und die Dominanz der patriarchalen Macht gegen den Strich gehen! Seien Sie ein *matriarchaler Mann* und bringen Sie dies zum Ausdruck! Indem Sie sich der Weiblichkeit öffnen, werden Sie auch die eigentliche Bedeutung der Männlichkeit erfahren.

Bekannte Persönlichkeiten mit Lilith in I[2]: Erstaunlich viele Persönlichkeiten weisen eine solche Lilithstellung auf. Sehr oft befindet sich der Schwarzmond herausgehoben am Aszendenten: Joan Baez (AC), Jean-Paul Belmondo (AC), Alfred Biolek, Adriano Celentano (AC), Steffanie Graf, Günter Grass, Erich Honecker, Mick Jagger, Harald Juhnke, Jiddu Krishnamurti, John Lennon, Norman Mailer, Marilyn Monroe, Jacqueline Onassis (AC), Pier Paulo Pasolini (AC), Pablo Picasso (AC), Patti Smith (AC), Sharon Tate.

Lilith im Zweiten Haus

Im Zweiten Haus haben wir es mit dem einen Pol der *Besitz- und Wertachse* II/VIII zu tun. In Analogie zum fixen Erdzeichen Stier geht es in diesem Bereich des Horoskops um das Materialisieren dessen, was im Ersten Haus entstanden ist. An der Rückbindung zum Ersten Haus können wir erkennen, daß sich die im Hinblick auf die Eigenperson gesammelten Erfahrungen nunmehr zu Fragen des Eigen*wertes* wandeln lassen. Diese können im Zweiten Haus nach außen projiziert werden, indem sich der Wert der Persönlichkeit nach den Dingen richtet, die wir *haben*. Das kann sich auf unterschiedlichen Ebenen manifestieren. Zum einen geht es tatsächlich häufig um das Ansammeln von Besitz, um Festhalten und Wertschätzen. Äußere Dinge werden zum Spiegelbild innerer Befindlichkeit, und im Gegenständlichen drückt sich die Wertschätzung auch der eigenen Person aus. Menschen mit einer Betonung des Zweiten Hauses neigen dazu, sich über Besitz und Sicherheit zu definieren (je nach Art der Betonung fällt auch die Definition unterschiedlich aus). Darüber hinaus führt dies zu einem stark pragmatischen Denken, demzufolge nur das wirklich zählt, was realisierbar und „tatsächlich vorhanden" ist. Da die materielle Ausprägung des Zweiten Hauses sehr weit verbreitet ist, kommt die, fast möchte man sagen, spirituelle Bedeutung jenes Feldes oftmals zu kurz. Diese Ebene läßt sich folgendermaßen beschreiben: Im Zweiten Haus geht es um *Erdung* transzendenter Kräfte. Überpersönlich-kosmische Energien, aber auch die Erkenntnisse des Höheren Selbstes wollen im Stierhaus Form annehmen. Das bedeutet, daß Menschen mit einer solchen Betonung aufgerufen sind, ihr spirituelles Wissen nicht im geistigen Bereich zu belassen, sondern ihm in ihrem *Körper* sowie der manifestierten Wirklichkeit eine Gestalt zu geben. Der Pragmatismus könnte demnach so aussehen, daß es für diese Menschen wenig Sinn hat, in abgehobenen geistigen Sphären zu schwelgen, ohne das dort erkannte Wissen in jeder Zelle ihres Körpers zu leben.

Diese unterschiedlichen Ebenen müssen wir auch auseinanderhalten, wenn wir den Schwarzmond im Zweiten Haus zu verstehen versuchen. Wie ja inzwischen deutlich geworden ist, fordert Lilith in erster Linie einen ganzheitlich-weiblichen und damit auch spirituellen Bewußtwerdungsprozeß heraus. Die Erdung dieses Prozesses findet in den Häusern II, VI und X statt, wobei das Zweite Haus das am stärksten materialisierte ist. Die Aufgabe Liliths besteht also darin, sich der weiblichen Kraft im eigenen Körper bewußt zu werden. Dies kann mit Hilfe von Meditation geschehen, wobei ganz im Sinne des Philosophen Satprem versucht wird, den „Neuen Menschen" durch einen Umwandlungsprozeß unserer Zellen zu schaffen.[3] Dahinter steht die Erkenntnis, daß erst die körperliche Umsetzung spirituellen Wissens einen wirklichen Transformationsprozeß auslösen kann. Für moderne Westeuropäer ist dies ein besonders schwieriges Kapitel, da die vom Christentum propagierte Leibfeindlichkeit eine gründliche Abspaltung der Menschen von ihrem Körper bewirkte. Dies ist Frauen und Männern mit Lilith im Zweiten, aber auch im Sechsten Haus, schmerzlich bewußt, und nicht selten machen sie „am eigenen Leib" die Erfahrung, was es heißt, den Körper zu mißachten. Der Sinn solcher Erlebnisse ist in einem Transformationsprozeß zu erkennen, der die Heiligkeit des Körperlichen wiederentdeckt. Als Frau sollten Sie wertschätzen, daß Ihr Körper ein Wohnort der Göttin ist. Nicht ein zufälliges Gehäuse für eine abgehobene Seele, sondern ein heiliger Ort, an dem sich die kosmischen Zyklen des Werdens und Vergehens, der Geburt und des Todes, manifestieren. Seien Sie stolz darauf und behandeln Sie Ihren Körper mit Respekt! Auch als Mann haben Sie teil am göttlichen Spiel der Kräfte. Treten Sie über Ihren Körper in Kontakt mit der großen weiblichen Energie, die die Prozesse der Natur zyklisch durchwaltet. Seien Sie der Göttin ein ehrwürdiger Partner! Lassen Sie sich zum Leben erwecken durch ihre Nähe! Lernen Sie, Ihren Körper zu lieben, so daß er dem Leben dient!

Wie sieht es nun mit der etwas profaneren Seite des Zweiten Hauses aus, auf die Lilith ja auch massiv einwirkt? Die gängige Lilith-Interpretation konstatiert hier den „häufigen Verlust materieller Güter", und tatsächlich läßt sich dies bei vielen Menschen immer wieder feststellen. Es kommt wiederholt zu extremen Infragestellungen der materiellen Sicherheit, teils selber durch Unachtsamkeit oder Desinteresse herbeigeführt, teils von außen „plötzlich geschehend". Eine Frau mit Lilith im Schützen/II. Haus auf dem absteigenden Mondknoten berichtete davon, daß ihr Umgang mit Geld und Besitz von einer ausgeprägten Ambivalenz geprägt sei. Immer wenn sie Geld besaß, brachte sie es binnen kurzer Zeit wieder durch, bis sie so zahlungsunfähig war, daß ihr das Konto gesperrt und die Wohnung gekündigt wurde. Sie war nicht in der Lage, sich der Verantwortung zu stellen, und trat die Flucht an. Erst über ein Jahr später fühlte sie sich – durch harte Arbeit – stark genug, zurückzukehren und die Rückzahlung in Angriff zu nehmen. Kurze Zeit später erbte sie genug Geld, um für einige Zeit ausgesorgt zu haben. Doch schon jetzt weiß sie, daß die nächste finanzielle Krise irgendwann auf sie zukommen wird. – Natürlich ließe sich zu dieser Lilith-Konstellation eine Menge sagen (großzügiges und optimistisches Denken des Schützen sowie eine starke karmische Prägung des Verhaltens infolge der Verbindung mit dem Mondknoten), aber für den Moment soll es genügen, uns die materielle Dimension der Lilithstellung im Zweiten Haus zu vergegenwärtigen. Offensichtlich haben wir es mit der Schwierigkeit zu tun, Besitz festzuhalten oder kontinuierlich wachsen zu lassen. Beinah hat man den Eindruck, es bestehe eine unbewußte Furcht vor Sicherheit und Kontrolle.

Auch wenn diese Diagnose zutreffen sollte, so muß man doch die eigentlich interessante Frage beantworten: Was ist der *Sinn* oder die *Bedeutung* solcher Vorkommnisse? An welche Energie werden wir geführt, wenn der Umgang mit Geld in dieser Weise „gestört" ist? Und wer bestimmt eigentlich, was im Kapitalismus als „gestörter Umgang mit Besitz" zu gelten hat? Lilith im Zweiten Haus geht über solche Zwänge einfach hinweg. Sie macht die betreffenden Menschen darauf aufmerksam, daß das Anhäufen von Geld keine Bedeutung hat und daß die gesellschaftlichen Ansprüche der eigenen Freiheit nichts entgegenzusetzen haben. Diese ist es nämlich, die es hier zu verwirklichen gilt. Und für das Erringen von Unabhängigkeit und Freiheit sind jene Menschen bereit, große Opfer zu bringen. Das ist richtig so. Bilden Sie sich nicht ein, Sie müßten – wie Ihre Nachbarn – schleunigst eine Lebensversicherung abschließen, sich für einen Bausparvertrag krummlegen oder sich einen Posten suchen, der Sie bis zur Rente ernähren wird. Lilith macht es Ihnen schwer, diesen Weg zu gehen. Sie haben sich mit Lilith in II auf einen Transformationsprozeß eingelassen, der Sie die Nichtigkeit gesellschaftlich-materieller Bedürfnisse erkennen läßt. Die Unfähigkeit zum Besitz hat *nichts* mit Scheitern zu tun, auch wenn Ihnen dies aus der Umwelt vielleicht immer wieder gespiegelt wird. Im Sinne der Lilith sind Sie – wenn überhaupt – erst dann gescheitert, wenn Sie die große Verantwortung leugnen, die Sie eingegangen sind, nämlich die Verwirklichung der intuitiven Gewißheit, daß nur die Freiheit, die Achtung und Selbstbestimmung des Menschen ein Wert ist, für den es sich zu leben lohnt. Wenn Sie hierfür Ihr Geld ausgeben, so kann man durchaus von einem Erlösungsprozeß der Lilith sprechen, auch wenn es Sie vielleicht eine gute Stellung kosten wird.

Lilith im Zweiten Haus bezieht sich also auf das Materielle und den Körper. Satprem hat die große Herausforderung der nächsten Zeit in klaren Worten beschrieben, und es liest sich wie eine Deutung der Lilith in II, wenn er schreibt:

> Weder die spirituelle Höhe noch die materielle Tiefe helfen uns, sondern das Innere unseres Körpers – und zwar ein so tiefes Inneres, daß es vielleicht zu einer Zeit vor den Trilobiten und der Lithosphäre zurückreicht. Wir haben nichts von den „Außerirdischen" zu erhoffen, sondern ein mächtiges Geheimnis eines unbekannten Innerirdischen.

Und weiter:

> Wir besitzen Telefon, Telex, Flugzeuge und was weiß ich – alle möglichen Mittel, um im Gefängnis zu sterben, wissenschaftlich verzeichnet und verriegelt, alles Nötige, um nicht den Schlüssel finden zu müssen. Dazu eine Medizin mit allen Mitteln, um an ihren Heilungen zu sterben.
> Wo aber ist *das* Leben?[4]

Berühmte Persönlichkeiten mit Lilith in II: Woody Allen, Uwe Barschel, Leonard Bernstein, Sean Connery, Hermann Hesse, Alfred Hitchcock, Werner Mauss, Antoine de Saint-Exupéry, Albert Schweitzer, Jules Verne.

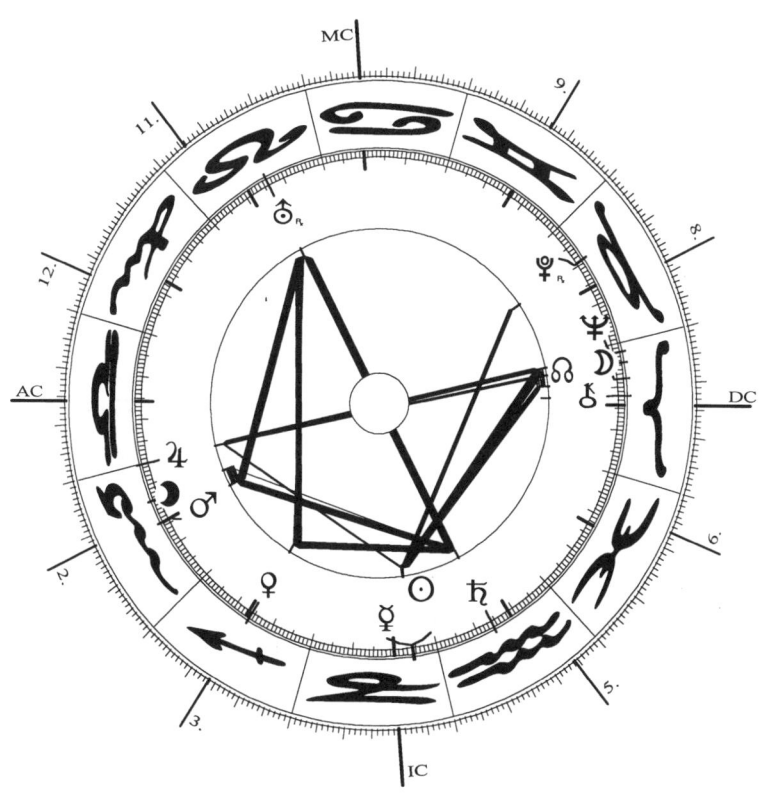

Schweitzer, Albert

Radix
14.01.1875
23:20:56 Uhr (0h 00m 00s Ost)
Kaysersberg (F) 007.16 Ost 48.09 Nord
Placidus

Innen Koch

2.	14°	7′ 11″	♑
3.	13°	21′ 2″	♐
11.	18°	51′ 22″	♌
12.	17°	13′ 9″	♍

Außen Placidus

2.	11°	58′ 44″	♑
3.	13°	43′ 29″	♐
11.	24°	21′ 6″	♌
12.	23°	0′ 26″	♍

☉	24° 27′ 33″	♑
☽	25° 31′ 59″	♈
☿	24° 5′ 56″	♑
♀	14° 11′ 38″	♐
♂	14° 0′ 33″	♑
♃	0° 8′ 54″	♒
♄	14° 8′ 11″	♒
⚷	14° 0′ 33″ R	♌
♆	28° 1′ 21″	♈
♇	20° 48′ 43″ R	♉
☊	18° 2′ 32″	♈
☊	21° 56′ 15″	♈
☽	8° 38′ 42″	♑
AC	15° 46′ 32″	♎
MC	19° 52′ 38″	♋

Mit dem Dritten Haus betreten wir die *Denk- und Kommunikationsachse*. In Analogie zu Zwillinge und Merkur, den ausgeprägtesten Repräsentanten blitzartiger Kommunikation, finden wir hier die Art und Weise, wie wir die Kommunikation und den Austausch von Gedanken mit anderen gestalten. Der Informationsaustausch des Dritten Hauses findet auf einer beinah unbewußten Ebene statt, automatisch-reaktive Verhaltensweisen überlagern den großen gedanklichen Zusammenhang, den wir im gegenüberliegenden Neunten Haus finden. Der Grund dafür liegt in der frühen Prägung unserer Denk- und Kommunikationsmechanismen, welche sich durch die Erfahrungen unserer familiären Strukturen weitgehend automatisch herausgebildet haben. Zusammen mit dem Vierten Haus sagt also das Dritte am meisten darüber aus, wie unser *Familienskript* – das Verhaltensmuster innerhalb der Familie – ausgesehen hat. Während das Vierte Haus aber die emotionale Seite spiegelt, drückt sich im Dritten die konkrete geistig-rationale Bewältigung von Kindheitserfahrungen aus. Deshalb spielen auch die Geschwister, mit denen wir kommunizieren, hier eine große Rolle. Im späteren Leben gewöhnen wir uns daran, die erlernte Alltagsbewältigung unreflektiert auf andere Bereiche zu übertragen. Wir wiederholen somit im Hinblick auf den gedanklichen Austausch mit anderen Menschen eben die Verhaltensmuster, die wir in der Kindheit erlernt haben. Erkennbar ist das besonders bei der „leichten Konversation" zwischen Nachbarn, auf Stehparties, beim Kaffeeklatsch usw. Das verbindende Element dieser unterschiedlichen Entsprechungen des Dritten Hauses (auch der berühmten „kurzen Reisen", die hier zugeordnet werden) können wir darin erkennen, daß der emotionale Zugang zur Kommunikation im Dritten Haus keine Rolle spielt. Die Oberflächlichkeit, welche meist im Vordergrund steht, erfüllt den Sinn, sich gegen eine bedrohliche Nähe oder ein seelisches Ausliefern der eigenen Person an andere zu schützen. Darüber hinaus ist hier unsere Fähigkeit angesiedelt, durch gedankliche Arbeit die mitunter komplexen Erfahrungen des Lebens zu systematisieren, in überschaubare Bahnen zu lenken und somit erst wirklich im Alltag zu verankern. Deshalb ordnet man auch unreflektierte Gewohnheiten, die unser Leben vereinfachen, da sie automatisch und ohne emotionale Anteilnahme ablaufen, dem Dritten Haus zu.

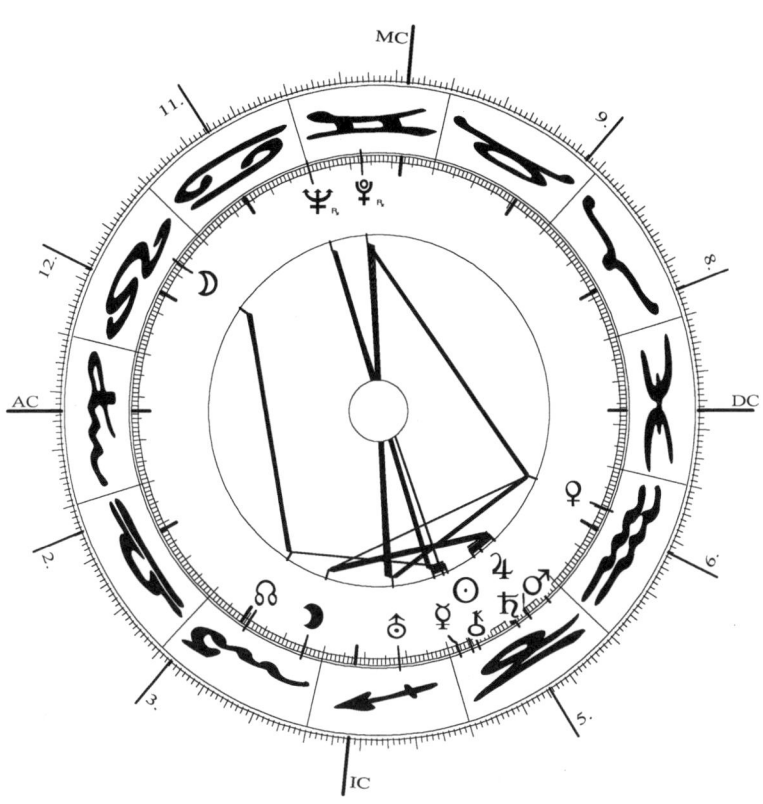

Dietrich, Marlene

Radix
27.12.1901
22:08:00 Uhr (1h 0m 0s Ost)
Berlin-Schöneberg (D)   013.22 Ost 52.28 Nord
Placidus

Innen Koch

2.	11°	23' 35"	♎
3.	9°	17' 1"	♏
11.	16°	26' 8"	♋
12.	15°	26' 19"	♌

Außen Placidus

2.	4°	45' 39"	♎
3.	2°	40' 10"	♏
11.	15°	35' 12"	♋
12.	17°	42' 27"	♌

☉	5°	27' 18"	♑
☽	7°	38' 12"	♌
☿	2°	20' 43"	♑
♀	20°	27' 04"	♒
♂	25°	59' 32"	♑
♃	20°	26' 15"	♑
♄	17°	12' 59"	♑
⚷	18°	11' 57"	♐
♆	29°	56' 4" R	♓
♇	17°	21' 12" R	♓
⚸	7°	3' 10"	♑
☊	10°	43' 18"	♏
☽	25°	11' 54"	♏
AC	13°	18' 48"	♍
MC	7°	47' 39"	♓

115

Menschen, bei denen Lilith im Dritten Haus steht, haben meist schon als Kinder einen leichten Zugang zu intuitiver weiblicher Weisheit besessen. Der Grund hierfür liegt nicht selten in karmischen Erinnerungen, die ein bestimmtes Verhaltens- und Kommunikationsmuster darstellen, das nun als gewohnt von den Kindern vorausgesetzt wird. In der Regel müssen sie aber erkennen, daß in diesem Leben für solches Wissen kein Platz ist. Sie sind verunsichert, fühlen sich kommunikationsunfähig, von den Geschwistern und Eltern unverstanden und oft mit ihrem Wissen allein(gelassen). Gelegentlich inkarnieren sich solche Seelen auch in Familien, die für das spirituelle Wissen dieser Kinder aufgeschlossen sind und es entsprechend fördern (dann weisen andere Horoskopfaktoren darauf hin). Doch in den meisten Fällen lernen die Kinder, ihre Intuitionen zu verbergen, wenn sie ihnen nicht sogar irgendwann selber mißtrauen. Vielleicht bewahren sie ihr Wissen auch an einem geheimen Ort der Seele auf, da sie von seiner Wahrheit völlig überzeugt sind. In beiden Fällen aber wird dies das spätere Verhalten prägen, denn eine oberflächliche und leichte Konversation ist solchen Menschen kaum möglich. Sie fühlen sich isoliert und „schwierig", was ihnen nicht selten auch aus der Umwelt gespiegelt wird. Ihre Kommunikation ist anspruchsvoller und schöpft aus einem tiefer liegenden Potential, als es die Bedingungen des Dritten Hauses eigentlich nahelegen. Um mit diesem Dilemma fertig zu werden, ziehen sich solche Menschen entweder aus den Belangen des Dritten Hauses zurück, was bis hin zu Sprachverlust oder Stottern führen kann, oder aber sie kontrollieren die Mechanismen der Kommunikation in einer Weise, die ihnen durch ihre intuitiven Antennen Macht über andere ermöglicht, was zugleich die eigene Verletzlichkeit kaschiert.

Der *Erlösungsprozeß* der Lilithstellung findet ebenfalls auf der Kommunikationsachse statt. So ist es für Menschen mit dem Schwarzmond im Dritten Haus zunächst einmal wichtig, die eigene spirituelle Begabung überhaupt zu erkennen und ernst zu nehmen. Die Verhaltensmuster, welche in der Kindheit erlernt wurden und im Glauben an die Wertlosigkeit der eigenen Meinung mündeten, gilt es gründlich zu überprüfen. Auch wenn Sie ins Gegenteil fallen und Ihre eigene Meinung als Nonplusultra proklamieren, wobei die Kommunikation so gestaltet wird, daß niemand die „Achillesferse" Ihrer Anschauung zu erkennen vermag, sollten Sie in sich gehen und sich der unverwechselbaren Qualität Ihres Wissens entsinnen. Dann werden Sie erkennen, daß Sie es gar nicht nötig haben, die Kommunikation zu manipulieren oder andere immer nur von der Falschheit ihrer Ansichten zu überzeugen. Erst wenn Sie Ihre innerste Wahrheit tatsächlich erkannt haben, können Sie neue Wege der Kommunikation erproben. Lilith verlangt von Ihnen im Dritten Haus nicht weniger, als daß Sie Ihr spirituelles Wissen um die zyklische Einheit allen Lebens, daß Sie die verschiedenen Erscheinungsweisen der Göttin – kriegerisch, erotisch, mütterlich usw. – in konkreter Kommunikation zum Ausdruck bringen. Fühlen Sie sich also nicht gleich „nicht gesellschaftsfähig", wenn Sie die Einladung zur nächsten Sommerparty schon zum drittenmal ausschlagen. Setzen Sie Ihre Umwelt davon in Kenntnis, wenn Sie sich andere Formen der Kommunikation wünschen, anstatt sich einfach zurückzuziehen. Denn mit Lilith in III sind Sie schließlich aufgefordert, Ihre Überzeugungen auch in konkretem Austausch zu leben. Um dies zu erreichen, kommunizieren Sie aus Ihrem Zentrum heraus. Wenn Sie ganz bei Ihrer Wahrheit sind, verfügen Sie über eine ungeheure Stärke, von der andere profitieren können. Aber achten Sie darauf, daß Sie *Stärke* nicht mit *Macht* verwechseln! Denn sonst bleiben Sie im patriarchalen Denken verhaftet und werden immer wieder mit der unangenehmen Seite dieser Lilithstellung konfrontiert. Vertrauen Sie vielmehr Ihrer Intuition, die Ihnen blitzschnell mitteilt, wie Sie zu reagieren haben. Vielleicht können Sie die nächste Sommerparty dann sogar genießen ...

Berühmte Persönlichkeiten mit Lilith in III: David Bowie, Marlene Dietrich, Wolfgang Döbereiner, Clint Eastwood, Heino, Jim Jones, Thomas Mann, Helmut Schmidt, Lino Ventura, Lech Walesa.

Lilith im Vierten Haus

Mit dem Vierten Haus, das vom Immum Coeli (IC) markiert wird, betreten wir den zweiten Quadranten des Horoskops und gleichzeitig die äußerst wichtige Achse der Häuser IV und X. Wenn wir am IC stehen, befinden wir uns (vom Horoskop her betrachtet) gleichsam genau über dem Mittelpunkt der Erde, senkrecht über uns erhebt sich das Medium Coeli (MC), also die Himmelsmitte. Schon aus diesem Bild lassen sich wichtige Anhaltspunkte gewinnen, welche Bedeutung den Häusern IV und X zukommt. Die Himmelstiefe (IC) verbindet uns mit der Erde, dort sind wir verwurzelt und mit den gefühlsmäßigen Kräften unserer Vergangenheit im Einklang. Wie ein Baum strecken wir uns am MC der Welt und dem Himmel entgegen; wie eine Pflanze müssen wir das, was wir aus unseren Wurzeln ziehen, in reifem Wachstum integrieren und umsetzen. Es liegt auf der Hand, daß das Vierte Haus in erster Linie mit unserer frühkindlichen Prägung und dem „Wurzelboden" zu tun hat, der unsere Gefühle, Sehnsüchte und Geborgenheitswünsche maßgeblich prägte. Die karmische Astrologie geht noch weiter und weist auch Erinnerungen früherer Inkarnationen jenem Horoskopbereich zu. Wenn wir nun bedenken, daß das Vierte Haus in Analogie zu Krebs und damit dem Mond gedeutet wird, so erkennen wir deutlich den Zusammenhang mit allem Emotionalen. Hier wurden unsere Gefühle geprägt, entweder in einem Klima der Geborgenheit, Nähe, Sicherheit und Freiheit, oder aber durch die Blockade unserer diesbezüglichen Bedürfnisse. Welche der beiden Varianten – zudem gibt es eine unendliche Zahl von Zwischenstufen – als wahrscheinlich gelten kann, läßt sich anhand der Zeichenstellung des Hauses, dem Ort seines Regenten sowie möglicherweise vorhandenen Planeten ablesen. Die in der astrologischen Literatur immer wieder diskutierte Frage, ob denn nun die Mutter oder der Vater dem Vierten Haus zuzuordnen sei, kann nicht allgemeingültig beantwortet werden. Entscheidend ist hier die *Qualität* der Bedürfnisse und deren Befriedigung, nicht aber die *Person*, von der wir uns eine Erfüllung erhoffen. Natürlich spielt die Mutter in den ersten Lebensphasen (erst recht im vorgeburtlichen Stadium) eine zentrale Rolle, und die nährenden Eigenschaften der Muttermilch sind geradezu eine Chiffre für die Geborgenheit des Vierten Hauses. Doch sobald das Kind abgestillt ist, tritt der Vater ebenso in die Verantwortung liebender Zuwendung wie die Mutter, und eine Trennung der Personen bei der Deutung des Horoskops ist mehr als fragwürdig. Dasselbe gilt für das Zehnte Haus, welches nicht selten dem Vater zugeschlagen wird, da hier Selbständigkeit und der Weg in die gesellschaftliche Repräsentation gesucht wird. In diesem Falle ist noch offensichtlicher, daß die Verbindung mit dem

Vater der heutigen Situation in keiner Weise mehr gerecht wird, zumal die entscheidenden Stärkungen unserer Persönlichkeit, unsereres Selbstvertrauens und der zuversichtliche Weg nach außen sehr oft durch die Mutter unterstützt (oder behindert) werden. Auch hier geht es also in erster Linie um die Art und Weise, *wie* wir unser Gefühlsleben ausgebildet haben, weniger, durch wen dies geschah. Als Erwachsene bleibt uns in jedem Falle nichts anderes übrig, als sozusagen das Beste aus unserer Vergangenheit zu machen. Wie wir dies anzustellen haben, können wir am MC erkennen. In vielen Fällen weichen wir der Lebensaufgabe (MC) indes aus und reproduzieren in einem fort die Erfahrungen, welche dem Vierten Haus angehören. Um tatsächlich das Familienskript zu bewältigen, müssen wir aber einen Bewußtwerdungsprozeß durchlaufen, der uns in Kontakt mit den im Vierten Haus erworbenen Verhaltensmustern und Gefühlen bringt und uns zu einem selbstbestimmten Menschen machen möchte.

Lilith im Vierten Haus kann ihre Kraft in ganz unterschiedlicher Weise entfalten. Immer aber ist sie als Hinweis darauf zu werten, daß die tiefsten emotionalen Schichten mit dem Mysterium der Großen Göttin verbunden sind. Durch die Wichtigkeit der familiären und nährenden Dimensionen ist es zudem nicht verwunderlich, im Vierten Haus vor allem die Aspekte der *Muttergöttin* wiederzufinden, und zwar sowohl im Hinblick auf die Bedürfnisse und deren Erfüllung während der Kindheit, als auch das eigene mütterlich-liebende Potential betreffend. Wir wollen nun mögliche Konkretisierungen im Leben betrachten. Menschen mit dem Schwarzmond in IV erleben ihr weibliches Wissen in erster Linie im Zusammenhang mit Familie und „Nestwärme". In der Kindheit dürfte das diesbezügliche Bedürfnis besonders ausgeprägt gewesen sein, zumal solche Kinder – ähnlich wie im Dritten Haus – eine karmische Erinnerung an die geborgenheitsspendende Rolle der Göttin mit ins Leben bringen. Sehr häufig aber finden wir bei Lilith in IV eine Familie vor, in der eben jene Bedürfnisse nicht adäquat erfüllt werden. Sei es, daß die Mutter ihre Freiheit und Selbstentfaltung (auch ein Aspekt der Göttin!) über die Bedürfnisse der Kinder stellt, sei es, daß der Vater nicht in der Lage ist, seinen Kindern ein Gefühl der Geborgenheit und Liebe zu vermitteln – Lilith in IV ist oft eine schwere Prüfung. Die Kinder müssen lernen, Geborgenheit aus sich selber zu schaffen, Gefühle von Wärme und Sicherheit stellen sich womöglich erst ein, wenn sie ganz bei sich sind. Im schlimmsten Fall kann dies zu innerer Emigration und der Unfähigkeit führen, mit den eigenen Gefühlen umzugehen. Als Erwachsene wiederholen solche Menschen dann die erworbenen Verhaltensweisen, ihre Gefühle bleiben ihnen unbekannt, und alles, was mit Familie und den damit verbundenen Bedürfnissen zu tun hat, gerät ihnen zu einem Feindbild, das die eigene Autonomie zu bedrohen scheint.

Wir wollen uns auch hier fragen, wie der *Erlösungsprozeß* der Lilithstellung aussehen kann. An erster Stelle muß die Bewußtwerdung der eigenen Gefühle stehen. Welche Gefühle stellen sich ein, wenn Sie mit Begriffen wie „Geborgenheit", „Nestwärme", „Wurzelboden" usw. konfrontiert werden? Gehen Sie in Ihre Kindheit zurück und erleben Sie noch einmal mögliche Enttäuschungen, Zurückweisungen und Isolationen. Und nun spüren Sie die Kraft, die Sie in sich haben. Erinnern Sie sich Ihrer Sicherheit, die Sie auch schon als Kind hatten, daß Sie tief im Innern Ihres Selbstes geborgen sind. Diese Kraft hat Sie erwachsen werden lassen, ohne von Ihrer Umwelt gedemütigt und zerstört zu werden. Die innere Emigration war ein Refugium, das Sie geschützt hat.

An Erwachsene stellt Lilith im Vierten Haus die Aufgabe, sich dieser Kraft wieder voll bewußt zu werden. Besonders wenn Geborgenheit während der Kindheit nur bei sich selber gefunden wurde, gilt es das verborgene Potential in liebende Zuwendung zu verwandeln. Die „Lektion" besteht darin, die Widersprüchlichkeit zwischen der eigenen Autonomie und der aufopferungsvollen Hingabe an andere als eine scheinbare zu erkennen. Prüfen Sie sich genau, ob Ihr Wunsch nach Unabhängigkeit und Freiheit nicht von Ihrer Unfähigkeit ablenkt, Situationen der Nähe und Geborgenheit zu erleben. Als Frau können Sie sich fragen, ob Ihre Emanzipation womöglich nur ein Trick ist, um sich ihrer Gefühle und Sehnsüchte zu entledigen? Wenn Sie Fragen wie diese mit nein beantworten, so sind Sie auf dem besten Weg, das andere Ufer der Lilithstellung zu erreichen, welches darin besteht, sich selber und anderen einen angstfreien und geborgenen Lebensraum zu schaffen, ohne die eigene Freiheit und Selbstbestimmtheit aufzugeben. Die vielen Aspekte der Göttin vergegenwärtigend erkennen wir, daß die mütterliche Erscheinungsform kein Widerspruch zur aggressiven und sich selbst behauptenden ist. Stärke und

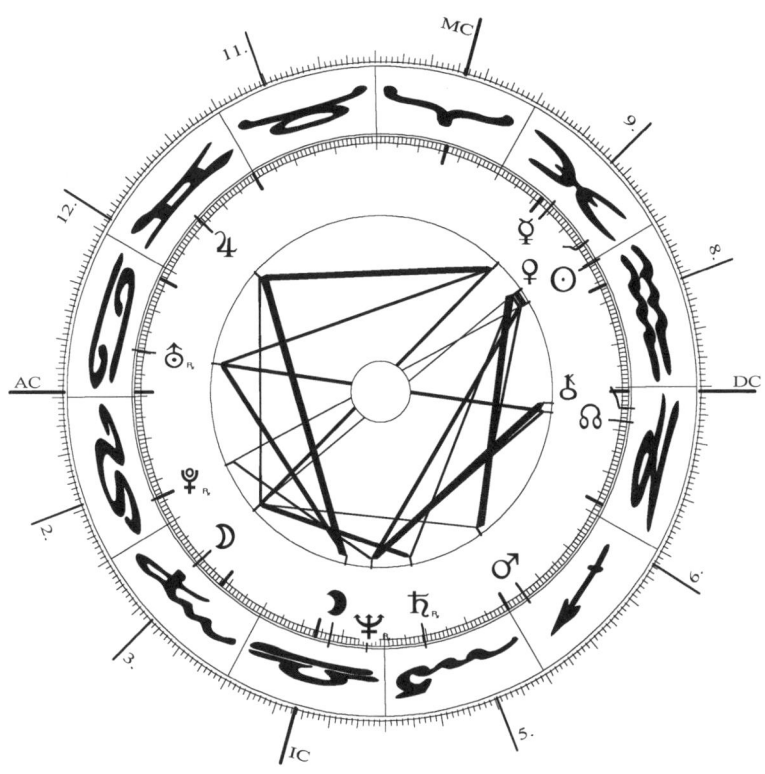

Travolta, John

Radix
18.02.1954
14:53:00 Uhr (5h 0m 0s West)
Englewood (NJ, USA)   073.59 West 40.54 Nord
Placidus

☉	29° 38′ 11″	♒		
☽	11° 10′ 54″	♍		
☿	15° 56′ 23″	♓		
♀	4° 25′ 37″	♓		
♂	4° 58′ 3″	♐		
♃	16° 31′ 55″	♓		
♄	9° 21′ 2″	♏	R
⚷	19° 34′ 59″	♋		
♆	25° 55′ 30″	♎	R
♇	23° 39′ 17″	♌	R
⚸	25° 19′ 16″	♑		
☊	22° 9′ 58″	♑		
☾	17° 1′ 43″	♎		
AC	29° 5′ 33″	♋		
MC	13° 35′ 8″	♈		

Durchsetzungsfähigkeit ist geradezu eine Voraussetzung dafür, den Verantwortungen mütterlicher Liebe überhaupt gerecht zu werden. Ob Sie eine Frau oder ein Mann sind, spielt keine Rolle; erst durch die Rückbindung an Ihre Gefühle sind Sie in der Lage, wirklich autonom und frei zu werden.

Berühmte Persönlichkeiten mit Lilith in IV: Charles Bukowski, Miles Davis, Julius Hackethal, Franz Kafka, Johannes Kepler, Heinrich von Kleist, Käthe Kollwitz, Karl Marx, Reinhold Messner, Jean-Paul Sartre, John Travolta.

Lilith im Fünften Haus

Ging es im Vierten Haus um die Bewältigung unserer Vergangenheit und die Integration der Erfahrungen im Zehnten Haus, so haben derartige Rücksichten auf äußere Bedingungen und persönliche Prägungen im Fünften Haus keine Bedeutung. Hier sind wir ganz bei unserem eigenen kreativen Potential, wie wir schon an der Analogie des Hauses zum Zeichen Löwe und zum Sonnengestirn erkennen können. Die Tradition weist diesem Horoskopfeld alle Dinge zu, die mit Vergnügen, Kreativität, Kunst, Sexualität, Spiel und Selbstausdruck zu tun haben. Zu beachten ist freilich, daß jene Dinge mögliche Manifestationen einer dahinterliegenden seelischen Qualität darstellen, die die eigentliche Bedeutung des Fünften Hauses kennzeichnet. Wie können wir diese umschreiben? Einen guten Zugang bekommen wir, wenn wir die Trigonstellung des Fünften zum Ersten Haus untersuchen. Auch das Erste ist ja bekanntlich ein Feuerhaus, und Themen des Selbstausdrucks spielen auch dort eine große Rolle. Der entscheidende Unterschied zum Löwehaus besteht aber darin, daß es auf der Begegnungsachse I/VII immer um die Darstellung der eigenen Person im Zusammenhang mit anderen Menschen geht. Dort müssen wir lernen, für unsere Person eine Ausdrucksmöglichkeit zu finden, die von anderen verstanden wird und mit der wir selber die Außenwelt bewältigen können. Ganz anders das Fünfte Haus. Hier fragen wir nicht danach, ob wir bei anderen ankommen oder nicht. Unser kreatives Potential drängt hier ungebremst nach Verwirklichung, so wie der ursprüngliche Impetus eines Kunstwerkes nicht in der Vermarktung, sondern in der Veräußerlichung innerer Vorgänge zu suchen ist. Wenn es anderen gefällt und sie es kaufen, umso besser, doch die Spontaneität und Kreativität des Fünften Hauses kann auf die eigene Freiheit schlechterdings nicht verzichten. Erst im Sechsten Haus werden die Ergebnisse unseres Selbstausdrucks in eine feste Form gegossen und im Alltag umgesetzt. Dieselbe Qualität läßt sich auch auf die Ebene der Sexualität übertragen. Hier wie dort finden wir das Bedürfnis nach ungebremster, kreativer und spielerischer Selbstverwirklichung; nicht das Gefallen einer anderen Person steht im Vordergrund (dies gehört wiederum zur Begegnungsachse I/VII), sondern die Liebe zur eigenen Kreativität. In unserer Gesellschaft, die vorgibt, keine Tabus zu kennen, und doch zu den verklemmtesten der Menschheitsgeschichte gehört, wird ein solches Bedürfnis viele Menschen in einen Konflikt stürzen, besonders wenn das Fünfte Haus mit entsprechenden Zeichen beziehungsweise Planeten besetzt ist. Doch das Löwehaus fordert uns auf, diese Herausforderungen anzunehmen und Spaß am Leben zu entwickeln.

Damit können wir die entscheidenden Themen des Fünften Hauses folgendermaßen benennen: Die Voraussetzung zum kreativen und ungefilterten Ausdruck unseres Wesens besteht zum einen darin, auf einem Zustand der *Selbstzentriertheit* aufzubauen. Damit ist kein Narzißmus gemeint, der immer die Spiegelung in der Meinung anderer benötigt, sondern ein gesundes Vertrauen auf den Wert der Eigenperson und die Richtigkeit innerer Entscheidungen. Die zweite Voraussetzung finden wir im *Mut zum Risiko*, denn erst wenn wir das Leben als Spiel auffassen und bereit sind, ohne Vorbedingung daran teilzunehmen, können wir die Qualität des Fünften Hauses wirklich verstehen und unsere Freiheit verwirklichen. Die Aufforderung „Lebe wild und gefährlich" gehört demnach eindeutig in dieses Feld. Für die individuelle Deutung ist natürlich zu beachten, in welcher Färbung das Fünfte Haus gelebt werden möchte, d. h. welches Zeichen sich dort findet. Denn wenn es sich dabei um Steinbock handelt, wird dem Sicherheits- und Strukturdenken größerer Raum zu schenken sein, als wenn das Haus von Widder, Löwe oder Schütze angeschnitten wird.

Wenn Lilith im Fünften Haus steht, finden wir den Schlüssel zur Energie der Göttin in unserer Kreativität. Wie in den anderen Häusern können wir wieder die unerlöste von der erlösten Seite abgrenzen und so den Entwicklungsprozeß beschreiben, zu dem Lilith uns auffordert. Mit dem Schwarzmond in V stehen die Aspekte der *Unbedingtheit*, ja *Rücksichtslosigkeit*, der *Freiheit* sowie der *Sexualität* im Brennpunkt des Interesses. Diese Menschen verfügen über einen sehr spontanen Kontakt zu weiblicher Stärke. Ohne darüber verstandesmäßig zu reflektieren, sind sie sich ihrer intuitiven Wahrheit voll bewußt. Diese drücken sie ungehemmt aus, ohne Rücksicht auf gesellschaftliche Schranken oder rationale Vorsichtsmaßnahmen. Auch ihre Sexualität ist von diesem Freiheitsdenken und Selbstvertrauen bestimmt, wobei die Verwirklichung spielerischen und phantasievollen Selbstausdrucks im Mittelpunkt des Erlebens steht. Dies ist zumindest die Anlage und das große Potential solcher Menschen. Was davon tatsächlich gelebt werden kann, hängt – wie so oft – vom eigenen Bewußtwerdungsprozeß ab. Denn dem ungebremsten Ausdruck der Persönlichkeit stehen erhebliche Widerstände sozialer oder familiärer Art gegenüber, und Menschen mit Lilith in V haben in dieser Hinsicht oftmals schwerwiegende Begrenzungen hinnehmen müssen. Besonders bei Frauen geschieht es häufig, daß sie sich für ihre Freiheitsbestrebungen, ihre Selbstzentriertheit und ihr kreatives Entfaltungspotential geradezu schämen, denn das patriarchale Denkmuster – Weiblichkeit als passives und reaktives Prinzip – läßt einen solchen Entfaltungsdrang einfach nicht zu. Nach diesem Denkmuster muß sich die Frau entweder in ihre (fremdbestimmte) Rolle einfügen, oder aber sie ist gar keine richtige Frau. Vielleicht ist sie auch eine Frau, die Männern den Kopf verdreht, um sie anschließend nur umso genußvoller zu quälen. – Sie merken schon, wir sind hier im sexuellsten Feld der Lilith-Dämonologie, und patriarchalen Projektionen sind keine Grenzen gesetzt. Auch die Reaktionen der betroffenen Frauen können vielfältig sein. Vielleicht haben sie es im Laufe der Zeit gelernt, die eigene Kreativität zu unterdrücken. Von der inneren Kraft abgeschnitten, wird dann oft mit Haß und Ablehnung auf die Einschränkungen der Umwelt, der Familie oder der Arbeitssituation, reagiert. Gleichzeitig fehlt der Mut, das Leben selbstbestimmt und frei in die eigenen Hände zu nehmen. Manche Frauen machen aus der Not eine Tugend und opfern ihre Autonomie scheinbar bereitwillig fremden (männlichen) Interessen; die angestaute Wut richtet sich nunmehr nach innen, sie fühlen sich

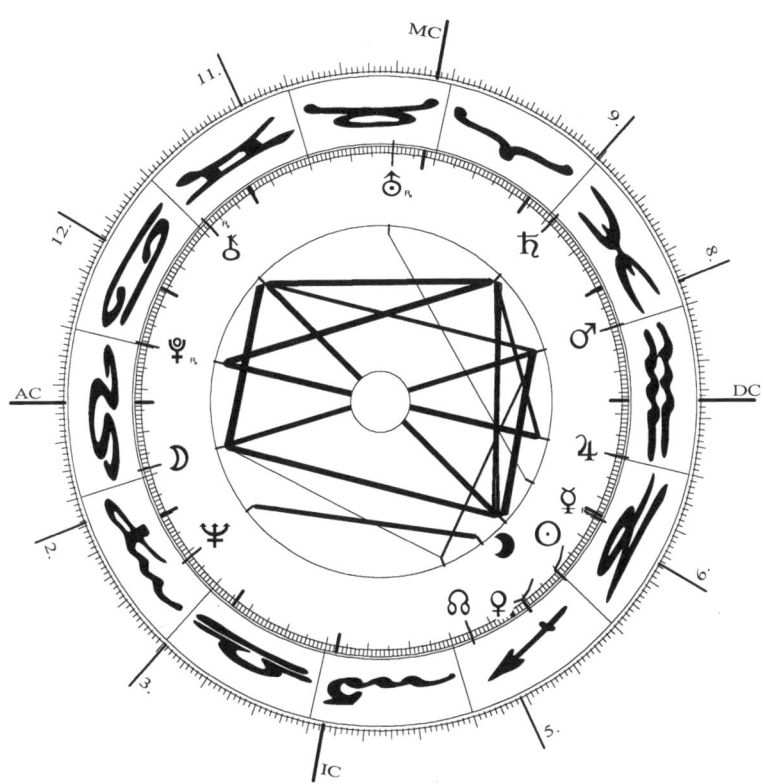

Fonda, Jane

Radix
21.12.1937
19:57:00 Uhr (5h 0m 0s West)
New York (NY, USA)   073.57 West   40.45 Nord
Placidus

Innen Koch

2.	9°	30' 11"	♍
3.	6°	8' 46"	♎
11.	15°	30' 32"	♓
12.	16°	18' 14"	♋

Außen Placidus

2.	4°	21' 57"	♍
3.	0°	27' 6"	♎
11.	8°	53' 39"	♓
12.	13°	26' 25"	♋

☉	29°	46'	13"	♐
☽	28°	15'	43"	♌
☿	15°	28'	46" ℞	♐
♀	19°	12'	53"	♐
♂	0°	13'	35"	♓
♃	0°	24'	31"	♒
♄	28°	42'	47"	♓
⚷	10°	1'	37" ℞	♉
♅	21°	9'	10"	♉
♆	29°	36'	18" ℞	♋
⚸	28°	15'	5" ℞	♓
☊	4°	44'	29"	♐
☽	19°	23'	56"	♐
AC	13°	9'	3"	♌
MC	2°	40'	3"	♑

125

wertlos, phantasielos, unattraktiv oder lieblos. Eine Rabenmutter sind sie ja ohnehin. – Wachen Sie auf! Erkennen Sie, daß all diese Scheußlichkeiten dem kranken patriarchal-dualistischen Denk- und Machtsystem entstammen, das endlich überwunden werden muß! Schütteln Sie es ab und erheben Sie sich selbstbewußt in die Lüfte! Wenn es um den Ausdruck Ihrer ureigensten Kreativität geht, sollten Sie keine Kompromisse machen, sondern bereit sein, Opfer zu bringen für Ihre Unabhängigkeit. Lilith fordert dies von Ihnen, auch wenn die Interessen anderer dabei übergangen werden müssen. Es gibt keinen Grund, sich für das Bedürfnis nach Selbstverwirklichung zu schämen. Das gilt auch für den sexuellen Bereich. Gleichberechtigung und Genuß sollten für Sie eine Selbstverständlichkeit sein, und wenn Ihr Partner dies nicht akzeptieren möchte, vergessen Sie ihn. Lieben Sie wie Anat: wild, genußvoll, fröhlich, uneingeschränkt und spielerisch, im vollen Wissen um die grenzenlose Energie der Göttin.

Männern mit Lilith in V dürfte die Erfahrung der Einschränkung eigener Kreativität ebenfalls vertraut sein, denn hier zeigt sich nicht bloße Selbstdarstellung – was bei Männern ja sogar gern gesehen wird –, sondern weibliche Stärke. Was ihre eigene Schöpfungskraft angeht, so fühlen sie sich mit dem zyklischen, ganzheitlichen, intuitiven und nichtdualistischen Prinzip verbunden, was sie unter Umständen als wenig „männlich" erscheinen läßt. Auch bei Männern löst Lilith einen unbändigen Drang nach Freiheit und Selbstverwirklichung aus, was wiederum unterschiedliche Reaktionen möglich macht. Denkbar ist die Verleugnung der weiblichen Impulsivität, was zu Abgrenzungsbemühungen und Aggression führen mag. Nach innen kann diese Aggression ebenfalls gerichtet werden, und dann finden wir Männer, die ihre Autonomie vollends aufgeben, da sie aus sich selber heraus nichts zuwege zu bringen glauben. Natürlich kann sich eine solche Haltung – gerade im Fünften Haus – nachhaltig auf die Sexualität auswirken. Lilith verlangt von Ihnen nicht mehr und nicht weniger, als daß Sie sich Ihrer weiblichen Kreativität bewußt werden. Wenn Ihnen das engstirnige Machtspiel dualistischer Provenienz gegen den Strich geht, freuen Sie sich über das in Ihnen schlummernde Potential, anstatt sich zu schämen, daß Sie in diesem System nicht bestehen können. Bekennen Sie sich dazu, weiblich zu fühlen, und entdecken Sie die große Stärke, die darin ruht. Bringen Sie Opfer für Ihre individuelle Art des

Selbstausdrucks, machen Sie keine Kompromisse! In der Sexualität gilt ebenso, daß Sie Ihr Bedürfnis nach Freiheit und Selbstverwirklichung über den weiblichen Weg erfahren müssen. Das kann bedeuten, daß Sie Ihrem Hang zur Homosexualität nachgeben sollten, wenn Sie einen solchen verspüren. Beachten Sie aber die Notwendigkeit der Überwindung der Machtfrage, d.h. opfern Sie nicht einfach Ihre Männlichkeit, weil sie „nichts wert ist", sondern erleben Sie Weiblichkeit mit einem anderen Mann. Den feinen Unterschied zwischen diesen beiden Haltungen zu erkennen, fordert Lilith Sie auf. Der weibliche Weg der Sexualität kann für einen Mann aber auch bedeuten, gleichsam ein *matriarchaler Liebhaber* zu werden. Seien Sie der gehörnte Gefährte der Göttin, lieben Sie wie Baal, der seine Fruchtbarkeit und Zeugungskraft in den Dienst des Lebens stellt. Indem er der Göttin dient, wird er von ihr belebt.

Für alle Menschen mit Lilith im Fünften Haus gilt: Sie haben sich in diesem Leben dazu entschieden, weiblicher Stärke zu kreativem Ausdruck zu verhelfen. Dies ist Ihr Potential und Ihre Verantwortung, allen Infragestellungen zum Trotz. Nehmen Sie Ihre Freiheit in die eigenen Hände und überlassen Sie das Mittelmaß getrost den anderen.

Berühmte Persönlichkeiten mit Lilith in V: Alfred Adler, Franz Beckenbauer, Boris Becker, Harry Belafonte, Alice Cooper, Aleister Crowley, Bob Dylan, Jane Fonda, Charles Manson, Wladimir I. Lenin, Rudolf Steiner.

Lilith im Sechsten Haus

Auf unserer Reise durch das Horoskop gelangen wir nunmehr zur letzten Achse, die treffend als „Existenz- und Transzendenzachse" bezeichnet wurde. Das überschwengliche Selbstvertrauen des Fünften Hauses wird hier einer Überprüfung unterzogen, es muß sich in den Dienst an einer höheren Sache stellen und wird seiner spielerischen Leichtigkeit beraubt. Doch erst das Sechste Haus mit seinen strengen Kriterien ermöglicht die Konkretisierung unserer Ideen im Alltag und in der Gemeinschaft mit einem Partner, somit das Siebte Haus vorbereitend. Die spirituelle Bedeutung dieser Horoskopachse findet sich in der sinnstiftenden Dimension des Zwölften Hauses, das die alltäglichen Bemühungen des Sechsten in einen größeren Zusammenhang einzubetten vermag. In Analogie zum Erdzeichen Jungfrau verbindet die Tradition dieses Haus mit zwei unterschiedlichen Bereichen. Zum einen ist alles angesprochen, was mit der praktischen Bewältigung des Alltags, mit Nützlichkeit, Gründlichkeit und Zuverlässigkeit zu tun hat. Auch auf den Bereich des beruflichen Lebens wirken sich diese Belange aus, so daß das Verhältnis zu Mitarbeiterinnen und Mitarbeitern ebenfalls aus dem Sechsten Haus (in Verbindung mit dem Zehnten) abgelesen werden kann. Der zweite Bereich des Jungfrauhauses betrifft das Verhältnis zum eigenen Körper, doch nicht in der Form des Zweiten Hauses, das als Erdhaus in Trigonstellung eine enge Verbindung zum Sechsten aufweist, sondern in einer gewissermaßen potenzierten Weise. Hier geht es nämlich um die Pflege des Körpers, um Gesundheit, Heilung und Medizin. Damit ist bereits angedeutet, daß auch die heilerische Zuwendung zu anderen Menschen einen Aspekt dieses Hauses darstellt. Gerade in der *Heilung* zeigt sich der Zusammenhang zum Zwölften Haus, wo wir spirituell den Brennpunkt der *Heiligung* erkennen können, der sich sinnstiftend auf das Sechste Haus zurückbezieht.

Auf diesen unterschiedlichen Ebenen entfaltet sich die Energie Liliths, wenn sie im Sechsten Haus steht. Betrachten wir zunächst die Alltags- und Berufsebene. Die Energie der Großen Göttin sucht sich hier nicht in grenzenloser Kreativität auszudrücken, sondern im konkreten Erleben und praktischen Miteinander. Ähnlich wie im Zweiten Haus finden wir auch hier eine gehörige Portion Pragmatismus, allerdings nicht im Sinne von Machbarkeit, sondern von Nützlichkeit und Realismus. Menschen mit dieser Lilithstellung verfügen über eine sehr gute Beobachtungsgabe, kritische Intelligenz, die jedoch nicht spaltet, sondern vereint. Ihr Rat wird ebenso gesucht wie ihre Kritik mitunter gefürchtet. Was sie machen, ist von einer außerordentlichen Gründlichkeit. Je nach Ausprägung kann dies zu einem Perfektionismus führen, der für die Umwelt kaum noch zu ertragen ist. Doch wenn diese Menschen ihr Wissen und ihre Fähigkeiten in den Dienst einer höheren Sache stellen, beginnt ein unendlicher Reichtum alter Erkenntnisse zu sprudeln, von dem die Umwelt großen Gewinn hat. – Auch im beruflichen Miteinander können wir diese Zusammenhänge beobachten. Jene Menschen sind in der Lage, für ihre Kolleginnen und Kollegen so etwas wie „die Göttin" zu verkörpern, und zwar in ihren mütterlichen, aggressiven wie auch erotischen Dimensionen. Von entscheidender Bedeutung bei der Suche nach einem angemessenen Betätigungsfeld ist die Möglichkeit, die unterschiedlichen Dimensionen weiblicher Kraft tatsächlich verwirklichen zu können. Die Arbeit in einer gleichberechtigten Teamsituation, wo Machtfragen hinter der Effektivität der gemeinsamen Arbeit hintanstehen, wird in jedem Falle eine Grundvoraussetzung dafür sein. Als Frau sind Sie vermutlich von Ihrer eigenen Stärke so überzeugt – zumindest sollten Sie das sein –, daß eine Arbeitsweise, die sie als Frau abqualifiziert oder in Abhängigkeit stürzt, überhaupt nicht in Frage kommt. Auch als Mann ist Ihnen die eigene Unabhängigkeit wichtig, und der Hang zu (matriarchaler) gleichberechtigter Arbeitsweise führt möglicherweise dazu, daß Sie bevorzugt mit Frauen zusammenarbeiten. In einem *Netzwerk* fühlen Sie sich wohler als in einer Hierarchie. Doch auch hier müssen wir uns wieder auf erheblichen, nicht zuletzt gesellschaftlichen, Widerstand gefaßt machen. Patriarchal-hierarchische Strukturen dominieren nach wie vor die Alltags- wie auch die Arbeitswelt, so daß Menschen mit Lilith in VI immer wieder Frustrationen im Hinblick auf ihre Vorstellungen erleben. Das sollte Sie aber nicht dazu veranlassen, die Suche aufzugeben oder sich selbst zu zwingen, ein Rädchen im Getriebe der Macht zu werden. Dies würde nur zu weiterer Frustration, zu verdrängten Aggressionen und Widerständen führen, die immer dann ausbrechen können, wenn Lilith das Sechste Haus oder damit verbundene Horoskopfaktoren transitiert. Nehmen Sie die Unbedingtheit Liliths ernst! Lilith fordert uns auf, die spießbürgerlichen Vorstellungen über Bord zu werfen, die einer spirituellen Entwicklung so oft im Wege stehen. Wenn das dazu führt, daß Sie immer wieder Ihre Arbeitsstelle wechseln, weil Sie erkennen, daß Lilith sich nur in einem Klima der Gleichberechtigung oder im Dienst an einer höheren – beinah religiösen – Sache verwirklichen läßt, so ist das nicht verwerflich. Sehen Sie darin keine Niederlage, wie so oft geschrieben wird, sondern die ehrliche Suche nach dem richtigen Platz, einen Prozeß der Erlösung Liliths. Wenn Sie natürlich bei jeder Auseinandersetzung gleich das Handtuch werfen, ohne Kompromisse eingehen zu können oder auf die anderen Ebenen dieser Auseinandersetzung zu reflektieren, so würde man wohl von der unerlösten Form des Schwarzen Mondes sprechen, der dann auch zu extremen Infragestellungen des beruflichen Weiterkommens führen kann. Doch noch einmal: Dies ist nicht Lilith zuzuschreiben, sondern der fehlenden Auseinandersetzung mit ihr.

Damit kommen wir zur körperlichen Seite des Sechsten Hauses. In der einschlägigen Literatur zu Lilith finden sich furchterregende Beschreibungen dieser Stellung. Wenn man ihnen Glauben schenkt, so haben wir hier einen Menschen vor uns, der von Unfällen, Schnittverletzungen und ähnlichem geplagt wird.[5] Gerade an solchen drastischen Beispielen, die sich zudem mit der untersten Entwicklungsebene begnügen, läßt sich die Unhaltbarkeit der einseitigen Negativdeutung des Schwarzen Mondes klar aufzeigen. Denn die entscheidende Frage, die freilich selten gestellt und noch seltener beantwortet wird, besteht doch darin, *warum* manche Frauen das Verhältnis zu ihrem Körper, das im Sechsten Haus schließlich von großer Bedeutung ist, verloren haben. Dies kann doch nicht ernsthaft als vom Schwarzen Mond angezeigtes unausweichliches Merkmal des Sechsten Hauses bezeichnet werden, sondern lediglich als nicht angenommene Herausforderung Liliths oder als unerlöste Lilithstellung, die sich zum Vollstrecker patriarchaler Verachtung gegenüber dem Körper – dem weiblichen wie dem männlichen – macht. Betrachten wir lieber das *Potential*, auf das Lilith in VI hinweist. Es besteht nämlich darin, daß die oder der Betreffende in der Lage ist, sich an tiefe und häufig verschüttete Wissensbereiche anzubinden. Sie spüren ein altes Wissen in sich, das darauf wartet, entdeckt und gelebt zu werden. Dieses Wissen ist weiblicher Art, eng mit den Prozessen des Lebens und der Natur verbunden. Da das Sechste Haus durch die Verbindung zum transzendenten Zwölften Haus die Dimension des *Heilens* in den Blick rückt, verfügen Sie auch in dieser Hinsicht über eine besondere Begabung. Mehr noch: Die religiösen und rituellen Dimensionen der Großen Göttin lassen geradezu von einer stark ausgeprägten *schamanistischen Berufung* sprechen. Das Schlüsselwort für Lilith in VI wäre demnach: *Heilungsenergie durch die Kraft des Weiblichen.* Wenn wir von der schamanistischen Dimension ausgehen, so müssen wir auch von Initiation und z. T. unerhörten körperlichen Krisen sprechen, die die Schamanen- oder die Heilungskraft erst freisetzen können; dies kommt in den meisten Biographien von Schamaninnen und Schamanen deutlich

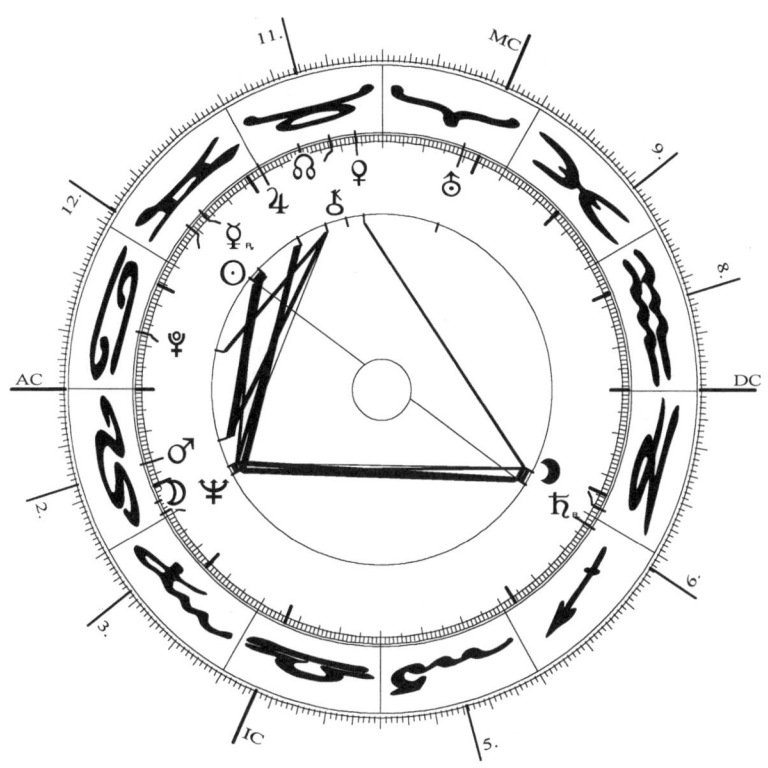

Frank, Anne

Radix
12.06.1929
07:30:00 Uhr (1h 0m 0s Ost)
Frankfurt am Main (D)   008.41 Ost 50.07 Nord
Placidus

Innen Koch

2. 22° 25' 45" ♌
3. 14° 33' 39" ♍
11.   3° 11' 42" ♓
12.   5° 44' 52" ♋

Außen Placidus

2. 16° 59' 2" ♌
3.   8° 4' 49" ♍
11. 15° 41' 42" ♉
12. 27° 20' 27" ♓

☉	20° 47' 30"		♓	☉												
☽	26° 0' 4"		♌	☽	✳	☽										
☿	16° 34' 11" ᴿ		♓	☿	☌		☿									
♀	6° 25' 9"		♉	♀	∟			♀								
♂	16° 57' 32"		♌	♂	✳		✳		♂							
♃	29° 56' 40"		♉	♃		□				♃						
♄	27° 42' 57" ᴿ		♐	♄	☍	△			⊼		♄					
⚷	10° 53' 36"		♈	⚷								⚷				
♆	28° 53' 14"		♌	♆		☌			□	△	⚹	♆				
♇	17° 11' 27"		♋	♇			✓	✓∟				♇				
☊	12° 25' 5"		♉	☊						⚹✓			☊			
☋	19° 40' 21"		♉	☋	✓	□		□			⚹		☋			
☾	2° 20' 6"		♎	☾		△		△ ⚹⊼	♂		△		⚹	☾		
AC	0° 7' 8"		♌	AC		∟			✳		✓				AC	
MC	6° 50' 47"		♈	MC			✓									MC

131

zum Ausdruck. Wenn solche Menschen also von heftigen Krankheiten heimgesucht werden, so darf man nicht einfach annehmen, sie hätten eben kein Verhältnis zu ihrem Körper oder würden irgend etwas damit kompensieren, sondern wir müssen mit der Möglichkeit rechnen, daß sich in dieser Krise ein bereits ablaufender Bewußtseinsschub zeigt, der den eigenen Schmerz in Heilungspotential verwandelt. Falls Sie sich in einer spirituellen Arbeit befinden, tun Sie gut daran, solche Herausforderungen ernst zu nehmen, denn darin finden Sie einen Schlüssel zu grenzenloser Kraft. Sollten Sie solchen Prozessen indes aus dem Wege gehen, könnte es passieren, daß Sie in regelmäßigen Abständen, wenn nämlich Lilith die entsprechenden Horoskopbereiche transitiert, mit weiteren massiven Infragestellungen körperlicher Art konfrontiert werden. Die erlöste Form der Lilith erkennen Sie daran, daß mit jenen Transiten ein großer Wissensschub und eine enge Verbundenheit mit der Natur und den Menschen einhergeht.

Berühmte Persönlichkeiten mit Lilith in VI: John Cage, James Dean, Anne Frank, Walter Koch, Henry Miller, Paul Newman, Prince, Cat Stevens, Horst Tappert.

Lilith im Siebten Haus

Das Siebte Haus markiert den zweiten Pol der Begegnungsachse I/VII. So wie die Waage mit ihrer ausgleichenden Tendenz dem Selbstentfaltungsdrang des Widders gegenübertritt, so stellt auch das Siebte Haus einen Bereich im Horoskop dar, welcher die Eigenperson einem konkreten Gegenüber begegnen läßt. Das bedeutet zweierlei. Sehr häufig findet sich im Siebten Haus genau das wieder, was wir psychologisch den *Schatten* unserer Eigenperson nennen können. Damit bezeichnen wir die ungeliebten, oft verdrängten und wenig bewußten Anteile unserer Seele, die wir nun auf eine andere Person projizieren. Die Partnerin oder der Partner lebt auf diese Weise stellvertretend die Wesenszüge aus, die wir aus eigener Kraft entweder nicht leben zu können glauben, oder aber unbewußt als negativ einstufen. Deshalb hat das Siebte Haus sowohl mit Liebe als auch mit Haß zu tun. Und nicht nur Partnerschaft wird hier gelebt, sondern die Begegnung mit einer ande-

132

ren Person im allgemeinen. Natürlich ist die intime Beziehung zu einem einzelnen Menschen die intensivste Möglichkeit, sich der „anderen Seite" unserer Persönlichkeit bewußt zu werden. Welchen Weg wir auch jeweils wählen, eines sollte immer beachtet werden: Im Siebten Haus geht es um *Ganzwerdung* durch die Integration der vielfältigen Personen in uns, um *Selbsterkenntnis im Spiegel unseres Gegenübers*. Damit tritt der notwendige Zusammenhang zum Ersten Haus deutlich zutage, denn ging es dort um den Ausdruck der Eigenperson gegenüber der Außenwelt und damit einer Vielzahl von Menschen, so findet nun eine Engführung unserer Selbsterfahrung auf eine einzige Person statt, die uns Vollkommenheit und Ganzheit schenken soll. Auf diese Weise wird die Spaltung der beiden Häuser überwunden, denn das Ziel ist der Einklang zwischen der Eigenwahrnehmung und der Fremdwahrnehmung, zwischen unserer inneren Wahrheit und der Spiegelung jener Wahrheit im Gegenüber.

In diesem Zusammenhang ist es sinnvoll, das Siebte nicht nur als „Partnerschaftshaus" zu deuten, auch wenn dies sicherlich die am häufigsten begegnende Ebene ist. Wenn wir allerdings die Dimension der Selbsterkenntnis durch Begegnung mit einem Gegenüber in den Vordergrund rücken, läßt sich beispielsweise auch das Verhältnis zwischen Beraterin/Berater und Klientin/Klient als Thema des Siebten Hauses auffassen. Das gilt umso mehr, als die sexuelle Begegnung hier keine besondere Rolle spielen muß (diese wird insbesondere dem Fünften und Achten Haus zu entnehmen sein, beziehungsweise der Zeichen- und Planetenbetonung des Siebten). Die Therapeutin oder der Therapeut kann für die Ratsuchenden gleichsam einen Spiegel darstellen, in dem diese sich selber besser kennenlernen und mit ihren Schattenseiten konfrontiert werden.

Wenn Lilith im Siebten Haus steht, so führt der Kontakt zur spirituellen Weiblichkeit über die Begegnung mit einer Partnerin oder einem Partner. Das bedeutet, daß wir aus der Schwarzmondstellung allein nicht entnehmen können, ob die Betreffenden nun selber die Rolle der Lilith übernehmen oder dieselbe an ihr Gegenüber delegieren. Weitere Deutungsfaktoren müssen hinzukommen, um hier eine Wahrscheinlichkeitsaussage treffen zu können. In vielen Fällen schwankt das Verhalten auch sehr stark, und die Trennung zwischen Projektion und eigenem Ausleben erscheint durchaus künstlich. Wenn wir also nun die beiden Möglichkeiten nacheinander durchgehen, so sollte immer im Auge behalten werden, daß das entscheidende Moment darin besteht, durch Partnerschaft den Weg zur Göttin in uns zu finden.

Betrachten wir zunächst den Fall, daß Lilith im Siebten Haus selber gelebt wird. Wie können wir uns das vorstellen? Solche Menschen fühlen sich im Einklang mit ihrer Kraft. Sie sind stark, selbstbewußt, autonom und freizügig, ihre Ausstrahlung beinhaltet häufig eine geradezu magisch-sexuelle Dimension. Wenn dies in die Partnerschaft eingebracht wird, so können wir uns vorstellen, daß eine Beziehung nicht ohne Auseinandersetzungen ablaufen wird, es sei denn – und das ist gar nicht so selten –, das Gegenüber kann einer solchen geballten Kraft nichts entgegensetzen und wird in eine Abhängigkeitssituation gebracht. Lilith in VII dürfte eine solche Rollenverteilung allerdings bald langweilig werden, und die Suche nach einer neuen Partnerschaft beginnt. Von längerem Bestand sind bei dieser Stellung Beziehungen, in denen Lilith zeigen kann, welches Potential sie hat; sei es, daß es immer wieder zu Herausforderungen und Auseinandersetzungen kommt, bei denen Fragen nach Macht und Abhängigkeit im Vordergrund stehen, sei es, daß in der Partnerschaft ein Weg gefunden wird, wie beide an der Lilithenergie teilhaben können – immer geht es um die Erweckung und Verwirklichung des mitunter verschütteten weiblichen Kraftpotentials. Damit ist bereits angedeutet, wie die *Erlösung* der Lilith hier aussehen kann. Den ersten Schritt erkennen wir darin, daß im Vertrauen auf die eigene Ausstrahlung und voller Entschlossenheit der Anspruch auf die Führungsposition in der Partnerschaft geltend gemacht wird. Solchen Menschen wird es selten passieren, daß sie verlassen werden, denn in den meisten Fällen wird eine Trennung von ihrer Seite radikal vollzogen. Das ist gut so, und es besteht keine Veranlassung zu Schuldgefühlen. Wenn Ihr Partner oder Ihre Partnerin Ihnen die benötigte Freiheit nicht zuerkennt, machen Sie von Ihrer Stärke Gebrauch und suchen Sie sich ein neues Betätigungsfeld. Vergessen Sie aber nicht den zweiten Schritt. Fragen Sie sich (ehrlich!), ob Sie möglicherweise patriarchalen Machtfragen aufgesessen sind, d. h. ob sich hinter der zur Schau gestellten Stärke vielleicht die Angst vor dem Verlust der Macht über Ihr Gegenüber verbergen könnte. In diesem Falle sind Sie sich Ihrer wahren Stärke noch gar nicht bewußt geworden und überspielen Ihre Unsicherheit mit oberflächlicher Koketterie. Das haben Sie gar nicht nötig, denn Lilith schenkt Ihnen den Mut, andere zu lieben, ohne sich selber aufzugeben. Erinnern Sie sich daran, daß die Göttin nicht aus Selbstzweck tötet, sondern aus Liebe zur Welt. Dasselbe wird von Ihnen verlangt. Nicht aus bloßem Eigennutz sollten Sie Ihre Stärke ausspielen, sondern aus Respekt und Liebe für Ihr Gegenüber. Als Frau könnten Sie in die Rolle der Ischtar oder Anat schlüpfen; sich ihrer Stärke bewußt vollzieht sie die notwendige Trennung vom Gott, der im Herbst den Weg in die Unterwelt antritt. Sie tötet den Sonnenkönig, weil seine Zeit gekommen ist. Doch sie wird ihn wieder zum Leben erwecken, weil die Wiedergeburt der Natur in ihrer Verantwortung liegt. Auch Sie können Ihren Partner in die Mysterien der Göttin initiieren. Werden Sie sich der Verantwortung bewußt, ihn in Kontakt mit seiner eigenen Weiblichkeit zu bringen, vielleicht wird er dann zum ebenbürtigen Gefährten für Sie. Erst jetzt entfaltet sich das ganze Panorama Ihrer Beziehung, denn Ihr Partner kann Ihnen nun den Weg zu Ihrer eigenen Männlichkeit weisen.

Als Mann ist Ihnen die Rolle der Ischtar oder Anat möglicherweise etwas suspekt, aber Sie sollten sich nicht abhalten lassen, mit Ihrem Potential zu experimentieren. Ihre Verantwortung besteht nämlich nicht nur darin, die eigene Weiblichkeit kennenzulernen, sondern auch Ihrer Partnerin zur Bewußtwerdung weiblicher Kraft zu verhelfen. Da in unserer Gesellschaft die meisten Männer völlig ungeübt im Umgang mit jener Kraft sind, findet man bei ihnen häufig eine Ablehnung dieser Form von Weiblichkeit, und sie leben lediglich die zerstörerische Seite der Lilith. Sehr häufig begegnet man bei ihnen auch der zweiten Variante, nämlich der Projektion des Schwarzmondes in die Partnerin. Auch dies wollen wir uns kurz vergegenwärtigen.

Vielen Menschen gelingt es nicht, das aggressive, sich selbst behauptende und stolze Potential der Lilith selber zu leben. Sie entscheiden sich (meist unbewußt) für Partnerinnen oder Partner, die diese Rolle stellvertretend für sie übernehmen. So verständlich eine solche Projektion ist, so gefährlich ist sie, denn nun werden wir einzig *durch* unser Gegenüber stark, selbstbewußt und unabhängig. Aufgrund der starken Prägung durch patriarchale Vorstellungen kann dies bei Frauen dazu führen, daß sie ihre Autonomie vollends aufgeben und sich dem Partner unterwerfen. In diesem Fall sollten Sie folgendes bedenken:

Abgesehen davon, daß Sie so den Kontakt zu Ihrer inneren Kraft leicht verlieren können und der Aufgabe, welche Lilith an Sie stellt, aus dem Weg gehen, funktioniert ein derartiges Verhalten auch nicht im Hinblick auf Ihren Partner; der hat sich nämlich höchstwahrscheinlich für Sie interessiert, weil er Ihre Lilith in VII als Kraftpotential spürt. Ihm ist nicht damit „gedient", wenn Sie sich in Abhängigkeit begeben, vielmehr möchte er von Ihnen initiiert werden. Wenn Sie diesen Wunsch ablehnen, wird er sich möglicherweise enttäuscht von Ihnen abwenden. Es kann also durchaus sein, daß Erlebnisse des Verlassen- oder Fallengelassenwerdens mit der Ablehnung der eigenen Stärke in Zusammenhang stehen.

Auch bei Männern kann die Projektion dazu führen, daß sie sich der Partnerin unterwerfen. Mitunter wird sogar die eigene Männlichkeit in Frage gestellt oder als wertlos erachtet. Erst die Existenz der Partnerin garantiert die eigene Überlebensfähigkeit; ist sie verschwunden, bricht Leere und Einsamkeit aus. Solche Männer fühlen sich von starken Frauen angezogen, die ihrem Gefühl der Unvollkommenheit und Wertlosigkeit abhelfen können. Sie sollten sich bewußt machen, daß die weibliche Stärke *in Ihnen selbst* vorhanden ist. Gehen Sie selbstbewußt damit um, und das umso mehr, als Ihre Partnerin wesentlich durch das Potential Ihrer Lilith dazu veranlaßt wurde, sich auf die Beziehung einzulassen. Sie sollten sich fragen, ob Ihre Partnerin möglicherweise das Lilithpotential benutzt, um sich selber stark zu fühlen, indem sie Sie von sich abhängig macht. Vielleicht ist sie aber auch schon viel weiter und hat erkannt, daß sie in einem starken Partner ihre eigene Weiblichkeit kennenlernen möchte. In diesem Falle wird sie sich bald wieder von Ihnen abwenden, wenn Sie Lilith nur projektiv zu leben vermögen. Und Sie sind mehr denn je davon überzeugt, daß Sie eben nichts taugen. Aus solchen Erlebnismustern können Sie erst dann ausbrechen, wenn Sie das Heft selber in die Hand nehmen und Ihrer Partnerin ein autonomes Gegenüber werden. Der in die Unterwelt gestiegene Baal ist ebenso von der Wiederbelebung durch Anat abhängig, wie er auch Anat in Kontakt mit ihrer unermeßlichen Schöpfungskraft bringt. Wenn man also überhaupt von „Abhängigkeit" sprechen kann, dann nur von beiderseitiger. Erst in der *Begegnung* entfaltet sich die schöpferische und lebenserhaltende Dimension Liliths. Sie sollten Ihre Rolle in diesem Ge-

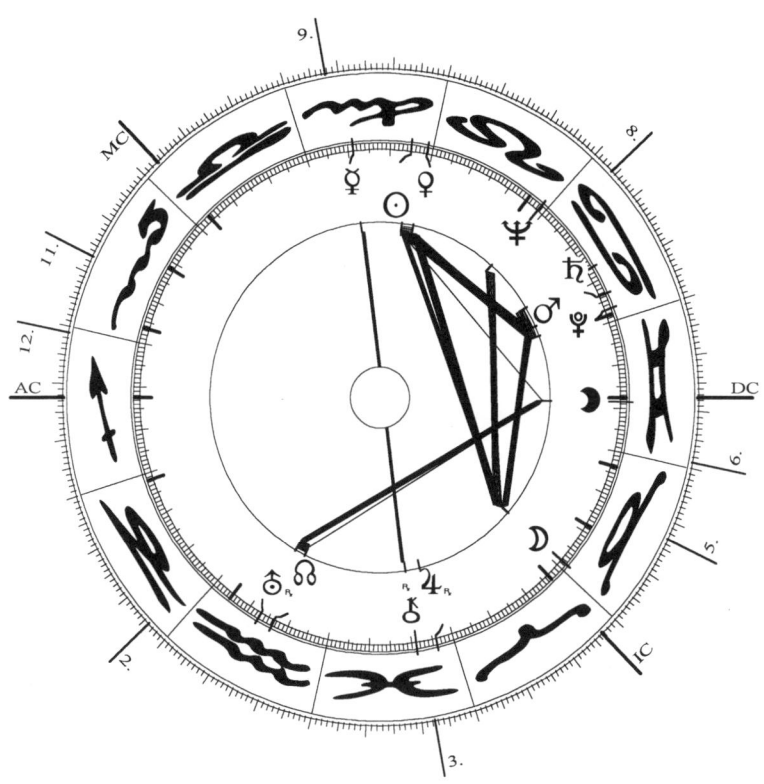

Bergman, Ingrid

Radix
29.08.1915
15:00:00 Uhr (1h 0m 0s West)
Stockholm (S)   018.03 Ost 59.20 Nord
Placidus

Innen Koch

2.	1° 39′ 48″	♑
3.	4° 53′ 1″	♒
11.	11° 34′ 1″	♏
12.	26° 33′ 57″	♏

Außen Placidus

2.	25° 53′ 28″	♑
3.	22° 25′ 39″	♓
11.	16° 55′ 59″	♏
12.	1° 1′ 40″	♐

☉	5°	8′	12″		♍
☽	1°	28′	37″		♉
☿	18°	54′	8″		♍
♀	1°	17′	6″		♍
♂	6°	32′	56″		♋
♃	25°	54′	57″	℞	♓
♄	13°	16′	58″		♋
⚷	12°	50′	1″	℞	♒
♆	1°	27′	37″		♌
♇	3°	4′	41″		♋
☊	21°	4′	37″	℞	♓
☊	16°	20′	19″		♒
☽	11°	33′	3″		♓
AC	12°	27′	10″		♐
MC	26°	40′	11″		♎

schehen selbstbewußt und mit Freude übernehmen. – Wenn der Schlüsselsatz für Lilith in VII somit *Kontakt zur spirituellen Weiblichkeit über die Partnerschaft* lautet, können wir den Erlösungsweg dieser Stellung erkennen, indem wir die eigene Weiblichkeit nicht mehr *durch* die Partnerin/den Partner leben, sondern *in* ihr/ihm. Ersteres führt zu Abhängigkeit und zur Wiederholung von Trennungsängsten, letzteres aber zur Verwirklichung des eigenen Potentials in einer liebevollen Begegnung.

Berühmte Persönlichkeiten mit Lilith in VII: Ingrid Bergman, Marlon Brando, Bertold Brecht, Albert Camus, Jimi Hendrix, Terence Hill, Jack London, Maria Theresia, Friedrich Nietzsche, Edgar Allan Poe, Robert Schumann, Günter Wallraff.

Lilith im Achten Haus

Das Achte Haus hat in der astrologischen Tradition einen ausgesprochen schlechten Ruf. Ähnlich wie Skorpion und Pluto scheint es mit Kräften zu tun zu haben, die den meisten Menschen angst machen, von denen sie nichts wissen wollen und vor welchen man sich „zu schützen hat". In Astrologiebüchern wird das Achte Haus oft in erstaunlicher Kürze abgehandelt, als wenn dieser okkulte Bereich des Horoskops sich einer Beschreibung oder Bewältigung entziehen würde. Man beschränkt sich dann auf die traditionellen Entsprechungen wie Tod, Erbe, Zwanghaftigkeit usw. Zu einem wirklichen Verständnis dringt man allerdings erst vor, wenn die Verbindung mit dem Zweiten Haus sowie die esoterische oder auch transpersonale Dimension in den Vordergrund der Betrachtung rückt.

Im Zweiten Haus – dem anderen Pol der Besitz- und Wertachse – haben wir die Bedeutung der Materialisierung unserer Eigenperson, entweder in Form von tatsächlichem Besitz oder durch den pragmatischen, ja körperlichen Prozeß der „Wirklichmachung", erkannt. Im spirituellen Sinne ging es dort um die Erdung kosmischer Energien. Diese Thematik wird im Achten Haus wieder aufgegriffen, nun jedoch unter geänderten Vorzeichen. Jetzt sind wir nämlich aufgefordert, die Bindungen an materielle oder ideelle Besitztümer zu überprüfen und gegebenenfalls zu beenden. Das Achte Haus möchte uns *verwandeln*, und für diesen *Transformationsprozeß* ist es unumgänglich, alte, vielleicht liebgewonnene, unserer Weiterentwicklung aber inzwischen entgegenwirkende Gewohnheiten und Bindungen abzustreifen. Wie eine Schlange, deren Haut alt und abgenutzt ist, sich häutet und damit eine Art Wiedergeburt einleitet, müssen wir uns gemäß der Energie des Achten Hauses immer wieder die Frage nach der *Echtheit* unserer Gefühle, Handlungen und Überzeugungen stellen. Hier finden wir den Mut zu einschneidenden Veränderungen, womit wir die Wachstumsprozesse des folgenden Neunten Hauses erst wirklich vorbereiten. Menschen mit einem starken Achten Haus oder sonstwie betonter Skorpionthematik ist dieser Prozeß gewöhnlich gut vertraut und wenig angstbesetzt. Nur für Außenstehende – die „Nichtplutonier" – erscheint solches Denken und Handeln bisweilen als dunkel, radikal, verwegen oder rücksichtslos. Die Thematik der Aufhebung unserer Bindungen können wir, entsprechend dem Zweiten Haus, wieder auf zwei Ebenen nachvollziehen. Zunächst geht es tatsächlich um die Unabhängigkeit von Besitz. Das Skorpionhaus verlangt von uns einen Bewußtwerdungsprozeß, der uns das Haften am Gegenständlichen und Materiellen als Illusion erkennen läßt. Das Wesentliche im Leben verbirgt sich hinter den Dingen (deshalb gehört die Metaphysik zu den Belangen dieses Hauses). Um eine solche Erkenntnis reifen zu lassen, ist es mitunter nötig, alles zu verlieren, völlig mittellos dazustehen und sich auf das „Eigentliche" im Leben zu konzentrieren. Die zweite Ebene bezieht sich auf den Körper. Hatten wir im Zweiten Haus die Aufgabe, kosmische Dimensionen in unserem Leben und im Körper einfließen und wirklich werden zu lassen – wir können auch sagen: *einzuatmen* –, so vollzieht sich nun der gegenteilige Prozeß, nämlich die Loslösung vom Körperlichen beziehungsweise dessen Auflösung im Überpersönlichen, Ganzen, anders gesagt: seiner *Ausatmung*. Erst wenn wir beide Pole durchlaufen, verstehen wir die Bedeutung dieser Achse. Jetzt erkennen wir, daß unsere Inkarnation keinen Wert aus sich selbst hat, sondern Teil eines gesamtkosmischen Geschehens ist. Wir erkennen, daß der Tod notwendiger Begleiter des Lebens ist, ja dieses überhaupt erst möglich macht. Wir empfinden keine Angst, sondern Respekt vor den großen Wandlungen des Lebens, zu denen auch der leibliche Tod gehört. Wir erheben somit unser Ego in *trans-*

personale Bereiche. Dies können wir uns auch im Zusammenhang mit den anderen wässerigen Häusern – IV und XII – klarmachen. Ging es im Vierten um die Herausbildung eines emotionalen Kerns unserer Persönlichkeit aufgrund kindheitlicher Prägungen, so wird das daraus entstandene Ego nun mit der Vergänglichkeit seiner Substanz und seines Körpers konfrontiert, mit der Notwendigkeit des Abschiednehmens und Reifens. Erst jetzt kann der letzte Schritt zur Überwindung der Eigenperson – im Zwölften Haus – wirklich vollzogen werden, um uns in kosmische Dimensionen aufzulösen.

Was bedeutet dies alles im Hinblick auf Lilith? Vielleicht läßt sich der Schwarze Mond in VIII am besten mit dem *Wandlungsaspekt* der Göttin in Verbindung bringen, denn darin finden wir den deutlichsten Ausdruck der hier begegnenden Kräfte. Die „Schwarze Göttin", wie der Wandlungsaspekt auch gern genannt wird, schenkt uns die Kraft und den Mut, durch Transformationsprozesse hindurchzugehen. Sie schenkt uns das fast schon naive Vertrauen in die eigene Wiedergeburt. Doch damit sind wir nicht der Schmerzen ledig, die mit einer Transformation gewöhnlich verbunden sind. Die Schwarze Göttin ist nämlich auch die Zerstörende und Todbringende, die ohne moralische Skrupel all das hinwegfegt, was zur Weiterentwicklung des Lebens nichts mehr beizutragen vermag. Menschen mit Lilith in VIII haben auch hier die Möglichkeit, das Potential selber zu leben oder projektiv von anderen leben zu lassen. Im ersten Fall umgibt solche Menschen für Außenstehende ein Nimbus geheimnisvoller Kraft. Sie wirken selbstsicher und kampfbereit, doch Sie sind ein Ritter, der sein Gesicht hinter dem Visier verbirgt (anders der Widder, der mit offenem Visier kämpft). In Ihrer Umgebung sind Sie für Ihre Radikalität bekannt, und Freunde wundern sich mitunter, wie „leichtfertig" Sie Abschied nehmen können. Wenn Sie den Eindruck haben, eine Sache habe sich überlebt, sind Sie schnell bereit, sie zu beenden. Oft führen Sie sogar selber den entscheidenden Schritt aus, um sich von solchen Dingen oder Personen zu trennen. Übrigens begegnet uns auch das Gegenteil, das ja lediglich eine andere Reaktion auf dieselbe Energie darstellt. Dann klammern Sie sich an vermeintlichen Sicherheiten fest, obwohl Sie intuitiv schon lange wissen, daß diese keinen Bestand haben können. In einem solchen Fall wird Lilith Ihnen von außen begegnen und Ihnen alles nehmen, was Ihnen wertvoll erscheint. Auf diese projektive Ebene werden wir gleich zurückkommen. Betrachten wir zuvor noch weitere Auswirkungen der selber gelebten Lilith. Möglicherweise werden Sie die Erfahrung machen, daß Sie von Menschen gemieden werden, denen Ihre Entschlossenheit suspekt ist. Nicht jedem gefällt es (eigentlich kann man das von den wenigsten sagen), auf die Schwächen und festgefahrenen Verhaltensweisen des eigenen Lebens hingewiesen zu werden. Diese Menschen werden sich von Ihnen herausgefordert fühlen, oder aber den Rückzug antreten. Ein solcher Prozeß kann in Haß, Auseinandersetzung und Streit enden, der oft unter die Gürtellinie gehen wird (die Sexualität ist eine weitere Entsprechung des Achten Hauses). Es ist dann wichtig, sich auf die eigentliche Bedeutung der Wandlungsenergie zu besinnen. Tod und Zerstörung sind nur ein *Mittel*, um Transformation einzuleiten. Wenn Sie es zum Selbstzweck erheben oder einsetzen, um Ihre eigene Position zu stärken und sich selber unangreifbar zu machen, indem Sie sich vorsorglich aller Gegner entledigen, so drücken Sie sich um die hohe Verantwortung, mit der Lilith Sie betraut. Die besteht nämlich darin, mit Hilfe Ihres Wissens um den weiblichen, zyklischen Prozeß des Werdens und Vergehens ein Wachstum zu ermöglichen, dessen Triebfeder die Liebe zum Leben ist. Das klingt etwas mysteriös, wie das Achte Haus überhaupt. Doch die praktische Bedeutung wird uns schnell klar, wenn wir erkennen, daß solchen Menschen eine Vorreiterrolle zukommt im Hinblick auf Transformationsprozesse. Sie haben mehr Mut als andere, den Wandel zu wagen. Setzen Sie diesen Mut nicht *gegen* die anderen ein, sondern machen Sie sich selbst zum Katalysator transformatorischer Energie. Helfen Sie anderen, sich ebenfalls von alten Verhaltensmustern zu trennen, dann haben Sie die *therapeutische Dimension* des Achten Hauses verwirklicht. In diesem Zusammenhang gilt es noch auf eine weitere Gefahr hinzuweisen, die mit dem fixen Zeichen Skorpion und damit auch dem Achten Haus zusammenhängt. Nicht selten besteht nämlich die Neigung, sich an einmal gefundenen Meinungen und Handlungsmaximen geradezu zwanghaft festzuhalten. Beachten Sie folgendes: Lilith erwartet von Ihnen nicht nur, andere auf den Weg der Transformation zu bringen, sondern auch Ihr eigenes Konzept immer wieder zu überprüfen. Wenn Sie merken, daß Ihre Lebensstrategie nicht mehr taugt, werfen Sie sie über Bord. Das ist besser, als irgendwann durch äußere Umstände in einen (dann viel schmerzhafteren) Prozeß der Selbstkritik gestürzt zu werden. Damit sind wir bei der Möglichkeit angelangt, die Energie des Schwarzmondes auf andere zu veräußern.

Die projektive Seite der Lilith in VIII wird insbesondere von Menschen gelebt, denen im Laufe Ihres Lebens vermittelt worden ist, daß Veränderungen etwas Gefährliches oder gar Schlechtes sind. Zu jenen „schlechten Angewohnheiten" gehörten vielleicht auch Entschlossenheit, Radikalität, Kritiksucht und Kampfeswillen, und so lernten Sie früh, Ihr Wissen und Ihre Wünsche zu unterdrücken. Sie haben die Pille geschluckt, daß die Triebe, die Sie in sich fühlen, schmutzig und unanständig sind, daß man den eigenen Willen – schon gar nicht als Frau und schon gar nicht so radikal! – hübsch für sich zu behalten hat. Vielleicht haben Sie sich zurückgezogen und tragen nur nach außen hin die anpassungsfähige Maske zur Schau, die man von Ihnen verlangt. Innerlich wissen Sie, Sie haben alle Fäden in der Hand, Sie können die anderen manipulieren, ohne daß diese es überhaupt merken. Doch – und das wissen Sie auch – eine wirkliche Lösung ist darin nicht zu sehen. Ihre grenzenlose Kraft, durch den Verdrängungsapparat zu einem guten Teil in Wut verwandelt, wartet noch immer darauf, befreit zu werden. Bis es soweit ist und Sie selber die Leinen kappen, werden Sie – vor allem wenn Lilith das Achte Haus transitiert – von außen in krisenhafte Situationen gebracht, sei es, daß Sie Ihr ganzes Geld durch einen dummen „Zufall" verlieren, sei es, daß eine schwere Krankheit Sie dazu zwingt, bisherige Lebensumstände radikal zu verändern. An Lilith können Sie sich nicht vorbeimogeln, und im Achten Haus verlangt sie von Ihnen Transformationsschritte, die der Rolle des Pluto in der Astrologie sehr nahe kommen, nur viel plötzlicher. Erkennen Sie dann die hintergründige Bedeutung solcher oft als „Schicksalsschläge" abgetaner Ereignisse: Sie selber sind es, die derartige Krisen in Ihr Leben ziehen, denn Sie wollen wachsen und sich verändern. Sie wollen nicht mehr das kleine Kind sein, das sich von allen unwidersprochen den Willen aufdrängen läßt, das sich schwach und schmutzig fühlt, sie wollen frei sein und sich mit Ihrer Kraft vereinen. Wenn Sie dies erkannt haben, werden Sie die „Schicksalsschläge" nicht mehr nötig haben, denn nun transformieren Sie sich in der vollen Kraft Ihrer *Autonomie*.

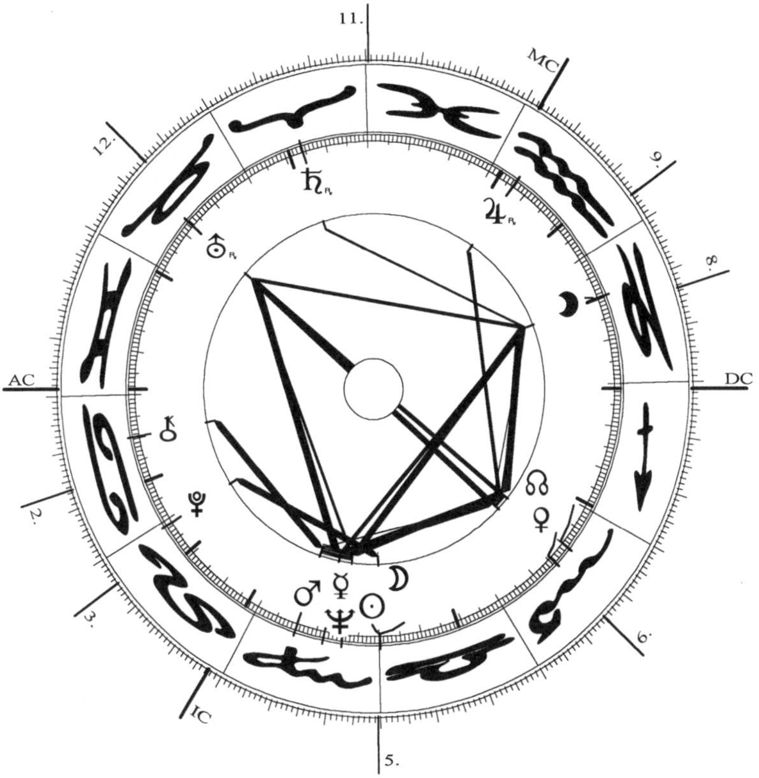

Schneider, Romy

Radix
23.09.1938
21:45:00 Uhr (1h 0m 0s Ost)
Wien (A) 016.20 Ost 48.13 Nord
Placidus

Innen Koch

2.	20°	2′	40″	♋
3.	9°	2′	3″	♌
11.	18°	55′	51″	♈
12.	1°	3′	7″	♊

Außen Placidus

2.	16°	33′	4″	♋
3.	4°	50′	57″	♌
11.	29°	30′	0″	♓
12.	14°	48′	1″	♉

☉	0°	9′	12″		♎	☉	☉														
☽	0°	15′	27″		♎	☽	☌	☽													
☿	16°	52′	33″		♍	☿			☿												
♀	15°	40′	4″		♏	♀	∠	∠	⚹	♀											
♂	10°	9′	20″		♍	♂			☌	⚹	♂										
♃	23°	26′	33″	R	♒	♃						♃									
♄	15°	44′	3″	R	♈	♄			⚻	⚻			♄								
♅	17°	26′	2″	R	♉	♅	⚼	⚼	△	☍			⚺	♅							
♆	21°	14′	8″		♍	♆			☌			⚻		△	♆						
♇	1°	10′	38″		♌	♇	⚹	⚹	∠							♇					
⚷	9°	32′	44″		♋	⚷					⚹	⚼					⚷				
☊	20°	8′	5″		♏	☊			⚹	☌		□		☍	⚹			☊			
⚸	20°	4′	58″		♑	⚸			△	⚹			□	△	△			⚹	⚸		
AC	28°	45′	19″		♊	AC	□	□		⚼										AC	
MC	27°	25′	1″		♒	MC															MC

Zusammenfassend kann man sagen, daß das Achte Haus mit dem *Mut zu Häutungen* und dem Leben nach eigenem Gesetz, *Autonomie*, verbunden ist, womit sowohl die körperliche als auch die spirituell-seelische Dimension gemeint ist. Dieses Bild macht auch verständlich, warum dem Achten Haus karmische Bedeutung zukommt, ist der körperliche Tod doch nichts anderes als eine Häutung der Seele, die sich damit von Erfahrungen und materiellen Bedingungen löst, um sie in Form einer neuen Inkarnation weiterzuentwickeln. Für die Transformation des Achten Hauses ist es demnach durchaus möglich, daß eine einzige Inkarnation nicht ausreicht. Zu tief sind die seelischen Prozesse, die dort ablaufen. Doch in jedem Falle schenkt Ihnen diese Lilithstellung ein Vertrauen in die kosmische Gerechtigkeit des Werdens und Vergehens, des unaufhörlichen Pulsierens allen Lebens, das Sie möglicherweise erst wieder in sich entdecken müssen.

Berühmte Persönlichkeiten mit Lilith in VIII: Brigitte Bardot, Simone de Beauvoir (nach Placidus), Charlie Chaplin, Cathérine Deneuve, Rainer Werner Fassbinder, Madonna, Ida Rolf, Romy Schneider, Franz Schubert, William Butler Yeats.

Lilith im Neunten Haus

Im Neunten Haus geht es um die Einbindung der im Dritten Haus gesammelten Erfahrungen und Informationen in einen größeren Zusammenhang. Wir können dies mit der theoretischen Physik vergleichen, der es genügt festzustellen, daß ein Problem lösbar ist, während sie das eigentliche Ausrechnen der angewandten Physik überläßt. Ersteres gehört zum Neunten, letzteres dagegen zum Dritten Haus. In ähnlicher Weise lassen sich alle traditionellen Entsprechungen des in Analogie zum Zeichen Schütze und zum Planeten Jupiter zu deutenden Neunten Hauses aus dem anderen Pol der Achse gewinnen. Es sind dies Entsprechungen wie Bewußtseinserweiterung, Wachstum, Philosophie, Religion oder Weltanschauung. Allen diesen Begriffen ist gemeinsam, daß sie eine *Horizonterweiterung* beinhalten. Als weiteres zentrales Thema des Neunten Hauses ist die *Suche nach Sinn* zu nennen. Wir begnügen uns hier nicht mehr mit der Verwertung von Informationen, sondern wollen mit Hilfe der Erfahrung zu einem Verständnis des dahinterliegenden Sinns gelangen. Die konkrete Alltagsrationalität geht nun im „großen Weltentwurf" auf, der unseren Standpunkt innerhalb des menschlichen Wertesystems, ja innerhalb des kosmisch-religiösen Gebäudes festlegt. Die Suche nach dem Sinn des Lebens möchte im Neunten Haus nicht nur rational verankert, sondern tatsächlich *erfahren* werden. Deshalb ist es hier außerordentlich wichtig, über das Ansammeln von Informationen hinaus die konkrete Umsetzung und die Orientierung an höheren Idealen zum entscheidenden Bezugspunkt unseres Handelns zu machen. Die ausgeprägte Suche nach Horizonterweiterung kann dazu führen, daß wir immer wieder den Kontakt zu neuen Kulturkreisen, fremdem Gedankengut oder faszinierenden Lebensentwürfen suchen. Dies mit den berühmten „weiten Reisen" des Neunten Hauses in Verbindung zu bringen, dürfte im Zeitalter des Internet wohl ein allzu antiquierter Standpunkt sein. Heute ist es möglich, sich binnen Sekunden die unterschiedlichsten Kulturkreise auf den PC herunterzuladen, und eine praktizierende Vereinigung tibetischer Buddhisten oder nordamerikanischer Schamanen ist in der Regel nicht weiter als die nächste größere Stadt.

Bevor wir uns Lilith zuwenden, sei noch auf eine weitere wichtige Dimension des Neunten Hauses verwiesen. In bezug auf das Dritte Haus konstatierten wir die frühkindliche Prägung unserer Kommunikationsmöglichkeiten, unserer Reaktion auf die Bedingungen der Familie, der Geschwister und Lebensumstände allgemein. Aus diesen Prägungen bilden wir die Verhaltensmuster, denen wir in der Regel auch als Erwachsene folgen, da sie zu einem beträchtlichen Teil unbewußt ablaufen. Im Neunten Haus nun sind wir aufgerufen, uns der eingeschliffenen Verhaltens- und Kommunikationsmuster bewußt zu werden. Wir wollen sie verstehen, um den dahinterliegenden Sinn für unser Leben zu durchschauen. In diesem Zusammenhang bedeutet die Horizonterweiterung des Neunten Hauses also, daß wir hier die Freiheit haben, neue Verhaltensweisen zu erproben, die sich aus einer veränderten Sichtweise ergeben. Wir folgen nicht mehr unkritisch und gleichsam reaktiv eingeübten Kommunikationsmustern, sondern nutzen unsere Freiheit und Flexibilität zu einem vertieften Verständnis unserer Rolle innerhalb der Familie und der Gesellschaft allgemein. Erst wenn wir beide Pole der Denk- und Kommunikationsachse begriffen und in eine Synthese gebracht haben, können wir die Aufgabe des Zehnten Hauses, nämlich die selbstbewußte Verwirklichung unseres Lebensentwurfes, bewerkstelligen.

Wenn wir Lilith vor diesem Hintergrund deuten, so kommen wir zu der Einschätzung, daß es im Neunten Haus um die *Verankerung weiblichen Wissens im religiös-philosophischen Wertesystem* geht. Das kann sich wiederum auf unterschiedlichen Ebenen manifestieren. Nicht nur die gedankliche Untermauerung emanzipatorischer oder sonstwie mit den Geschlechterrollen zusammenhängender Anschauungen gehört hierhin, sondern auch die Suche nach einer ganzheitlichen Philosophie, welche die engen Grenzen unseres kausal-dualistischen Paradigmas überschreitet. Lilith schenkt in diesem Bereich den Mut, revolutionäre Ansichten zu vertreten. Ihre Kompromißlosigkeit sorgt dafür, daß wir respektlos mit überkommenen Wertsystemen verfahren und uns einzig von der Frage leiten lassen, ob die Moral, Philosophie oder Religion, die wir zur Maxime unseres Handelns erklären können, mit dem zyklischen und ganzheitlichen Anspruch unseres weiblichen Wissens sowie mit dem Recht auf Autonomie und Selbstentfaltung in Einklang zu bringen ist. Besonders auf dem Gebiet der Religion wird jene Frage in vielen Fällen zu verneinen sein, so daß Menschen mit Lilith in IX sich häufig in Auseinandersetzung mit patriarchaler Religiosität und deren Machtstrukturen befinden. Sie sind auf der Suche nach dem weiblichen Aspekt der Gottheit, der vor allem im Christentum, aber auch in Judentum und Islam im Laufe der Zeit immer weiter ins Abseits gedrängt worden ist. Nehmen Sie diese Suche ernst! Finden Sie den Mut zu entschiedenem Handeln, beispielsweise zu einem Kirchenaustritt, wenn Ihre religiösen Ansprüche in dieser Institution nicht angemessen erfüllt werden können. Oder engagieren Sie sich in den kirchlichen Gruppen, die an einer Aufwertung des Weiblichen innerhalb des Christentums arbeiten, und solidarisieren Sie sich mit ihnen. Wie Sie sich auch entscheiden, fühlen Sie sich nicht schuldig! Einen Gott, der Sie wegen Ihrer Suche nach seinem weiblichen Antlitz richten würde, gibt es nicht, und Menschen, die das behaupten, können Sie der wohlverdienten Vergessenheit anheimgeben. Lilith im Schützehaus befähigt Sie überdies zu priesterlichen Funktionen. Allerdings sind Sie dann eine Priesterin oder ein Priester der Göttin. Sie fühlen sich vielleicht berufen, Ihr Sendungsbewußtsein nach außen zu

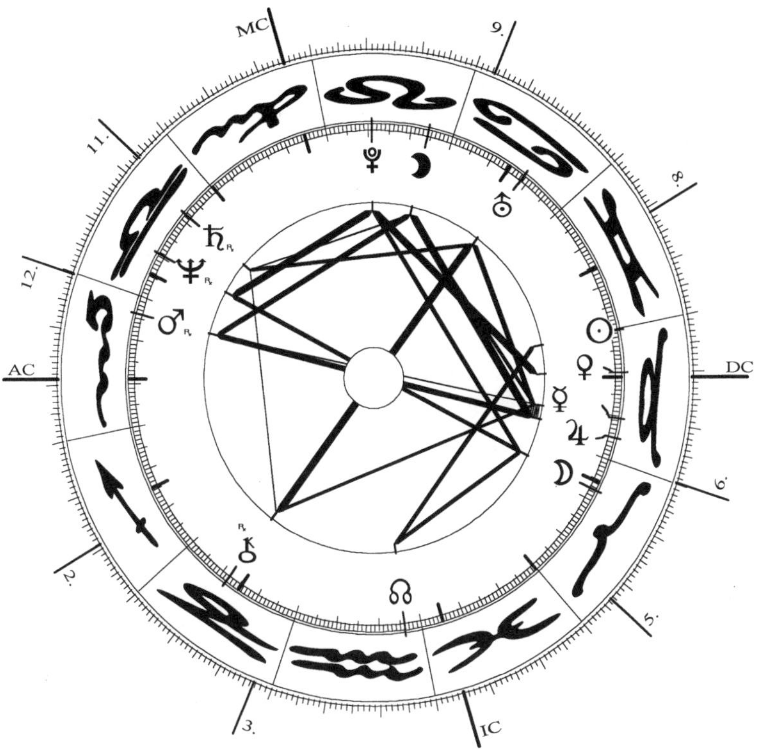

Klar, Christian

Radix
20.05.1952
19:03:00 Uhr (1h 0m 0s Ost)
Freiburg im Breisgau (D) 007.51 Ost 47.59 Nord
Placidus

Innen Koch

2.	14°	26′	55″	♐
3.	15°	24′	51″	♑
11.	29°	45′	57″	♍
12.	24°	26′	17″	♎

Außen Placidus

2.	19°	8′	26″	♐
3.	26°	34′	15″	♑
11.	6°	30′	22″	♎
12.	0°	16′	32″	♏

						☉	☽	☿	♀	♂	♃	♄	♅	♆	♇	⚷	☊	⚸	AC	MC
☉	29°	38′	19″		♉															
☽	22°	31′	37″		♈															
☿	9°	36′	5″		♉															
♀	20°	6′	49″		♉		⚺													
♂	3°	57′	19″	R	♏			☍												
♃	5°	8′	24″		♉			☌		☍										
♄	8°	33′	5″	R	♎			⚻												
♅	11°	34′	31″		♋			⚹				□								
♆	19°	20′	48″	R	♎		☍		⚻											
♇	19°	10′	58″		♌		△		□					⚹						
⚷	11°	50′	56″	R	♑	⚼		△				□	☍							
☊	26°	0′	19″		♒	□	⚹					⚼	⚼			∠				
⚸	5°	55′	34″		♌			□		□	□	⚹								
AC	18°	57′	6″		♏				☍					⚺	□					
MC	5°	5′	50″		♍					⚹	△			∠				⚺		

tragen und für die Anerkennung weiblicher Kraft und Göttlichkeit in unserer patriarchalen Gesellschaft auch aktiv einzutreten. Sie sind in höchstem Maße idealistisch, und Sie fühlen sich stark genug, Ihren Idealen Geltung zu verschaffen.

Natürlich dient diese philosophisch-religiöse Suche in erster Linie dazu, Ihrem Leben *Sinn* zu verleihen und einen persönlichen *Wachstumsprozeß* in Gang zu setzen. Das ethische System, in dem Gerechtigkeit, Gleichberechtigung, Autonomie und Freiheit an oberster Stelle rangieren, dient Ihnen als Richtschnur Ihres Handelns. Das kann Ihnen unter Umständen die Kritik einbringen, Sie seien allzu freizügig oder am Laissez-faire orientiert, vielleicht wirft man Ihnen sogar einen Hang zu dionysischen Exzessen oder anderen schlimmen Dingen vor. Gehen Sie über derlei kleinbürgerliche Anfeindungen hinweg. Die Lilith in Ihnen möchte mehr vom Leben! Dies gilt insbesondere dann, wenn Sie aufgrund anderer Faktoren Ihres Horoskops oder durch Ihre Sozialisation dazu neigen, jene „Schere im Kopf" selber anzusetzen. Dann werden entsprechende Auslösungen der Lilith dafür sorgen, daß die Gedankengebäude, welche Ihrem Leben bislang gute Dienste geleistet haben, plötzlich unhaltbar werden. Sie brechen aus den engstirnigen Lebensentwürfen der Vergangenheit aus und erproben Ihre Autonomie. Dieser Kraft sollten Sie unbedingt nachgeben, denn erst wenn Sie sich ihrer bewußt werden, können Sie die Herausforderungen des Zehnten Hauses, also des selbstbestimmten Weges in die Gesellschaft, tatsächlich meistern. Eines sollten Sie jedoch immer im Auge behalten: Die Forderung nach Freiheit und Autonomie, die die Richtschnur Ihrer Philosophie bildet, gilt nicht nur für Sie, sondern auch für andere. Das Recht, welches Sie sich herausnehmen, sollten Sie auch Ihrer Umwelt einräumen, sonst fallen Sie erneut in patriarchale Machtstrukturen zurück und verleugnen die eigentliche Aufgabe des Schwarzen Mondes im Neunten Haus.

Für alle Entsprechungen der Lilithstellung in IX gilt, daß wir hier die Kommunikationsmechanismen, welche in der Kindheit erworben wurden (Drittes Haus), in einen größeren Zusammenhang einordnen müssen. Wenn Sie beispielsweise in Ihrer Kindheit das „kleine Mädchen" waren, dem man nichts zutraute und das oft zurückstecken mußte, so wollen Sie sich als Erwachsene mit einer solchen Rolle nicht mehr abfinden. Ihr Kampf nach Gleichberechtigung speist sein

Feuer aus den Erfahrungen kindheitlicher Kommunikation. Zudem suchen Sie den Sinn jener Prägungen zu erkennen und in Ihr Weltbild zu integrieren. Als Mann kann Ihnen durchaus Ähnliches widerfahren sein, und man versuchte damals, Ihren Willen zu brechen. Nun finden Sie ihn wieder und erwerben sich eine neue Stärke, die vom intuitiven Wissen um die Kraft Ihrer Selbstbestimmung geprägt ist. Sie haben jeden Respekt vor Dogmen verloren. Genießen Sie Ihre Freiheit!

Berühmte Persönlichkeiten mit Lilith in IX: Marianne Bachmeier, Prinz Charles, Salvador Dali, Adolf Hitler, Christian Klar, Gustav Meyrink, Wolfgang Amadeus Mozart, Elvis Presley, Bertrand Russell, Georges Sand, Sylvester Stallone, Margaret Thatcher.

Lilith im Zehnten Haus

Am MC, der Himmelsmitte und damit der Spitze des Zehnten Hauses, treten wir den Weg in die Welt an. Der vierte Quadrant insgesamt ist geprägt von der Öffentlichkeit, der wir uns zuwenden – beladen mit allen Erfahrungen, die wir auf der Reise durch die Häuser sammelten. Im Zehnten Haus betrifft die Konfrontation die Gesellschaft insgesamt, im Elften die Gemeinschaft in Gruppen, im Zwölften aber die Aufhebung unserer Eigenperson in transzendenten, überpersönlichen Dimensionen. Dem MC kommt natürlich besondere Bedeutung zu, markiert es doch die höchste Stellung im Horoskop. Gedeutet wird es in Analogie zum Zeichen Steinbock und zum Planeten Saturn. Wir können uns ein Bild vom Zehnten Haus machen, wenn wir es als Bewältigung und Ergänzung des Vierten betrachten, also unserer frühkindlichen emotionalen Prägung. Dort stand die „Nestwärme", die Suche nach Geborgenheit, Sicherheit und mütterlicher Liebe – gemeint ist eine Liebe ohne Vorbedingung, nicht die Liebe der Mutter! – im Vordergrund. Die Art und Weise, wie wir zu unseren tiefsten Gefühlen stehen, ob wir uns ihrer bewußt sind oder sie in unserm Innern verborgen liegen, bildete sich im Laufe unserer Kindheit anhand der familiären Bedingungen heraus. Im Zehnten Haus finden wir nun die Verwirklichung des Planes, der in der Vergangenheit entworfen wurde. Erinnern Sie sich an das Bild, welches wir zur Beschreibung der Eltern- und Skriptachse verwendeten: Wie ein Baum strecken wir uns der Himmelsmitte entgegen, und zum Wachstum bleibt uns nichts anderes übrig, als das zu verwenden, was unser Wurzelboden hergibt. Damit ist bereits klar ausgesagt, daß wir das Lebensziel, welches sich im Zehnten Haus manifestiert, nicht isoliert betrachten können, sondern immer die Rückbindung zum IC und damit zum emotionalen Anlagegefüge für ein angemessenes Verständnis benötigen. Der Zusammenhang läßt sich auch so formulieren: Das Vierte Haus nährt uns, das Zehnte entläßt uns in die Selbständigkeit.

Im Zehnten Haus finden wir also die Formulierung unseres individuellen Lebenszieles. Damit ist nicht nur das gemeint, was wir uns von unserem Leben erhoffen, sondern auch die spezifische Aufgabe, der wir uns widmen *sollten*. In vielen Fällen wird nämlich das MC gar nicht wirklich zu leben versucht, sondern man fällt immer wieder in die Belange des Vierten Hauses zurück, bleibt somit in kindhaften Sehnsüchten gefangen. Das Zehnte Haus fordert von uns den mutigen Schritt in die Gesellschaft. Hier gilt es zu repräsentieren. Wir müssen lernen, für unser Leben und vor der Öffentlichkeit Verantwortung zu übernehmen. Diese Verantwortung muß sich im Einklang befinden mit der Zeichenfärbung und Planetenbesetzung des Zehnten Hauses, sonst werden wir immer wieder Frustrationen erleben. Am MC können wir nämlich die *Berufung* ablesen, die wir in uns fühlen und die nach Verwirklichung drängt. Dies ist nicht zu verwechseln mit dem eigentlichen Beruf, der – als Sicherung des Lebensunterhaltes – eher dem Sechsten Haus zuzuordnen ist. Wenn freilich Berufung und gesellschaftlicher Stand dem Broterwerb zuträglich sind, finden wir darin eine glückliche Verwirklichung des Zehnten Hauses.

Die Analogie zum Zeichen Steinbock deutet im übrigen darauf hin, daß wir im Zehnten Haus unserem Leben eine *Struktur* verleihen. Aus den vielen Mosaiksteinchen unserer Lebenserfahrung setzen wir uns ein Bild darüber zusammen, wie wir uns der Gesellschaft gegenüber verhalten wollen, als welche Person wir uns Respekt zu verschaffen suchen durch öffentliche Anerkennung. Die Fähigkeit zur Übernahme einer gesellschaftlichen Verantwortung setzt die Existenz einer solchen Struktur voraus, und unser äußerer Erfolg wird nicht zuletzt davon abhängen, wie wir die mitunter schmerzlichen Erlebnisse unseres Lebens in einen Gesamtzusammenhang zu integrieren verstehen. In diesem Sinne hat das MC – wie alle saturninen Prozesse – mit harter Arbeit und ständiger kritischer Suche nach Selbsterkenntnis zu tun.

Wir können uns vor diesem Hintergrund leicht ausmalen, daß Lilith im Zehnten Haus, besonders im Bereich der Himmelsmitte, eine ausgesprochene Radikalität ins Spiel bringt. Die Erinnerung an altes Wissen, an matriarchale Weisheit und die Verehrung allumfassender kosmischer Dimensionen drängt hier in ausgeprägter Weise nach Verwirklichung. Solche Menschen haben mitunter große Schwierigkeiten, ihren Platz in einer patriarchal-dualistischen Gesellschaft zu finden. Denn genau diese Attribute der modernen Welt sind es ja, die Lilith zum Ziel ihres Widerstandes macht. Lassen Sie sich nicht durch Konventionen einschüchtern! Es drängt Sie mehr als andere Menschen, Ihren Traum von einer ganzheitlichen, gleichberechtigten und im Wissen um die Einheit aller Gegensätze solidarischen Gesellschaft in die Praxis umzusetzen. Wenn dies dazu führt, daß Sie unter Umständen jahre- oder jahrzehntelang auf der Suche nach einem adäquaten Verwirklichungsfeld sind, so ist hierin erneut ein Erlösungsprozeß der Lilithenergie zu sehen, keineswegs aber ein Scheitern, wie Ihnen mitunter eingeredet wird. Ihre Aufgabe besteht nicht zuletzt darin, sich von bürgerlichen Konventionen wie einem Job, an dem man bis zur Rente festhält, auch wenn eine spirituelle oder ganzheitlich-ökologische Verwirklichung dort nicht möglich ist, freizumachen. Das ist mit Herausforderung, Verzicht und manchmal auch mit Schmerzen verbunden. Doch es bleibt Ihnen nichts anderes übrig, denn wenn Sie sich in das von außen an Sie herangetragene Lebensprogramm einfügen, werden Sie früher oder später feststellen, daß es durch irgendwelche unvorhersehbaren Entwicklungen immer wieder zu einem Scheitern Ihres Lebensentwurfes kommt. Daran ist nicht Lilith schuld, sondern Ihre Angst vor der eigenen Courage. Nehmen Sie das ernst, was Sie vermutlich ohnehin schon lange in sich fühlen, nämlich das unvergleichliche Potential, das Ihnen die Göttin im Zehnten Haus schenkt: Vorreiterin oder Vorreiter für gesellschaftliche Prozesse zu werden, die gleichsam den „göttlichen Funken" oder spirituelle Dimensionen weiblicher Erfahrung auch für andere im Leben verfügbar machen. Wird diese Herausforderung angenommen, so ist von Verzicht oder Opfer nicht mehr die Rede, sondern von einem Weg, den

Sie *notwendigerweise* einschlagen müssen und der zur Befreiung der verschütteten spirituellen Dimensionen beizutragen vermag.

Wenn das Zehnte Haus die Integration des Familienskriptes, besonders seiner emotionalen Komponenten, verkörpert, so deutet Lilith in diesem Haus darauf hin, daß die Betreffenden sich die Freiheit des eigenen Standpunktes schwer zu erkämpfen hatten. In der Kindheit wurde von Seiten der Eltern wenig dafür getan, ein Klima des Vertrauens und der angstfreien Entwicklung der kindlichen Seele zu schaffen. Vielleicht mußten Sie erfahren, daß Ihrem Willen und Ihren Empfindungen keine Beachtung geschenkt wurde, daß Sie somit keinen Bezugspunkt fanden, an dem Sie den Wert der eigenen Person und das Vertrauen in die Richtigkeit Ihrer Gefühle entwickeln konnten. Sie lernten auf diese Weise, Ihren Gefühlen zu mißtrauen oder sie für sich zu behalten, damit die Umwelt Sie nicht erneut verletzen könne. Was macht ein Mensch, der auf diesem Boden erwachsen geworden ist, wenn er sich der Welt und der Gesellschaft zuwendet? Nun, er könnte die Situation, die ihm zwar nicht angenehm, aber immerhin vertraut ist, in einem fort wiederholen. Dieser Mensch hat die Zuschreibungen seiner Kindheit so weit verinnerlicht, daß er tatsächlich der Meinung ist, er dürfe seinen Willen nicht zeigen, geschweige denn durchsetzen. Jede Enttäuschung im äußeren, gesellschaftlichen Leben wirkt zurück auf die Gefühlswelt, die dann eine tiefe Verletzung durchmacht, gleich jener, die aus der Kindheit vertraut ist. Vielleicht ziehen Sie es in einem solchen Falle vor, sich erst gar nicht hinaus zu wagen in die feindliche Welt, da Sie von vornherein ein Scheitern erwarten. – Bevor wir uns mit der möglichen Lösung dieses Problems befassen, wollen wir noch zwei weitere Reaktionen auf eine Kindheit betrachten, die die Entwicklung selbständiger Gefühle unterdrückte. Denkbar ist nämlich auch ein Verhalten, welches den Eltern zu beweisen trachtet, daß Selbständigkeit und Erfolg doch erreicht werden können. Ihr Lebensziel ist in einem solchen Fall eigentlich das Ihrer Eltern, dem Sie nachrennen und das Sie doch nie wirklich erfüllen werden, da es nicht das Ihre ist. Und selbst wenn Sie äußeren Erfolg verbuchen, werden Sie sich vielleicht innerlich leer und beschmutzt fühlen, da Sie Ihre eigenen Wünsche und Ziele verraten haben. Abschließend ist auch die Möglichkeit zu beachten, daß Sie gegen die Begrenzungen durch Ihre Eltern aufbegehren. Eine un-

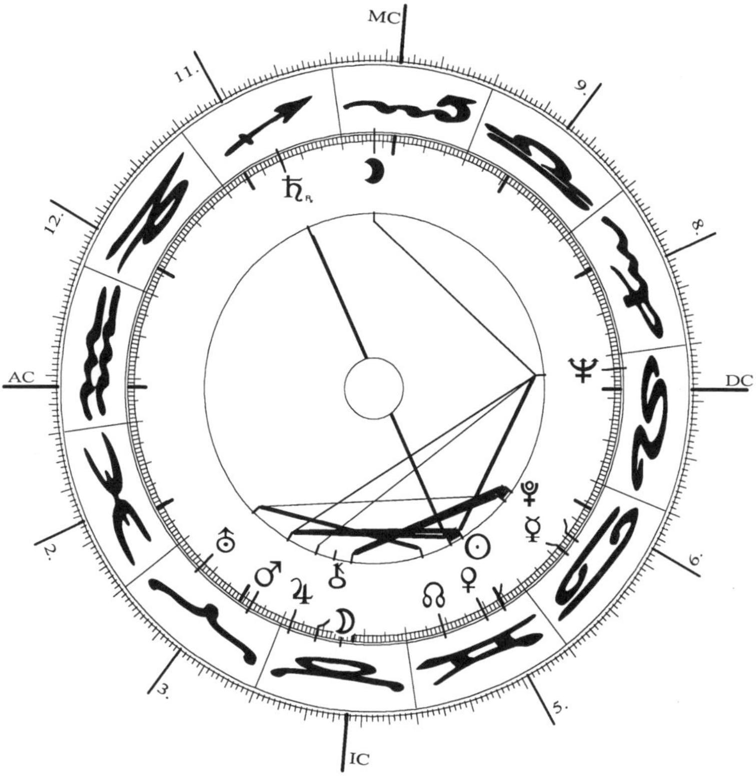

Che Guevara, Ernesto

Radix
14.06.1928
21:30:00 Uhr (4h 0m 0s West)
Rosario (AR) 060.40 West 32.57 Süd
Placidus

Innen Koch

2.	20° 25′ 44″	♓
3.	19° 8′ 41″	♈
11.	24° 2′ 39″	♐
12.	23° 53′ 33″	♑

Außen Placidus

2.	16° 11′ 17″	♓
3.	14° 50′ 4″	♈
11.	21° 4′ 37″	♐
12.	22° 57′ 28″	♑

☉	23° 41′ 24″	♊
☽	14° 32′ 34″	♉
☿	12° 24′ 11″	♋
♀	19° 8′ 34″	♊
♂	21° 46′ 13″	♈
♃	2° 9′ 32″	♉
♄	15° 13′ 53″ R	♐
♅	7° 5′ 1″	♈
♆	26° 47′ 11″	♌
♇	16° 3′ 55″	♋
⚷	8° 35′ 34″	♉
☊	8° 51′ 6″	♊
☽	22° 9′ 42″	♏
AC	21° 59′ 12″	♒
MC	17° 23′ 32″	♏

	☉	☽	☿	♀	♂	♃	♄	♅	♆	♇	⚷	☊	☽	AC	MC
☉	☉														
☽		☽													
☿		⚹	☿												
♀	☌			♀											
♂	⚹			⚹	♂										
♃				∠		♃									
♄		⚻	⚻	☍		Q	♄								
♅			□					♅							
♆	⚹		∠		△	△			♆						
♇		⚹	☌				⚻			♇					
⚷	∠							⚺			⚷				
☊					∠			⚹			⚺	☊			
☽	⚻				⚻			Q	□				☽		
AC	△			△	⚹			∠					□	AC	
MC		☍		⚻						△					MC

beschreibliche Aggression gegen all jene, die Ihnen so viele Entwicklungschancen in der Kindheit gestohlen haben, kann die Folge sein. Wenn Sie an dieser Wut sind, haben Sie den ersten wichtigen Schritt zur Erlösung der Lilith in Ihrem Horoskop getan.

Lilith stattet Sie im Zehnten Haus nämlich mit einem gewaltigen Freiheits- und Selbstbehauptungsdrang aus, den zu unterdrücken niemandem gut bekommt. Richten Sie diese Kraft nicht gegen sich selber, sondern gegen die Umstände, die Ihnen im Wege stehen! Rechnen Sie unerbittlich ab mit Ihrer Kindheit und genießen Sie das Selbstvertrauen, das Ihnen plötzlich zufließt. Lassen Sie das kleine verletzliche Kind zurück und werden Sie erwachsen. Sie haben das Recht, Ansprüche an das Leben zu stellen, und Sie haben die Kraft, für diese Ansprüche zu kämpfen. Geben Sie sich nicht mit Kompromissen zufrieden, wenn es um die Verwirklichung Ihres als Berufung empfundenen Lebensentwurfes geht. Setzen Sie ihn in die Tat um!

Das große Potential, zugleich auch die unerhörte Verantwortung, die wir in Lilith im Zehnten Haus und damit an der Himmelsmitte erkennen, läßt sich schließlich aus der Mythologie der altorientalischen Göttin ablesen, ist doch die *Himmelskönigin* die eindeutige Entsprechung dieser Stellung. Erinnern Sie sich – wie Lilith – Ihrer göttlichen Kraft und erheben Sie sich mit allem Stolz, den Sie in sich fühlen, in die Lüfte. Wenn Sie sich in dieser Kraft befinden, können Sie *alles* erreichen. Betrachten Sie Ihre Suche nach einem Ihnen angemessenen Platz in der Gesellschaft, auch wenn Sie oft enttäuscht wurden, als notwendige Stationen der Befreiung Ihrer weiblichen Energie. Suchen Sie weiter, bis Sie ein Umfeld gefunden haben, welches den Ansprüchen nach Gleichberechtigung, Respekt, matriarchaler Selbstbestimmung und Freiheit von Machtsystemen genügt. Nun können Sie der Verantwortung Folge leisten, die Ihnen mit Lilith in X zukommt: eine neue Form des Zusammenlebens, das am Respekt vor dem Leben orientiert ist und in dem weibliche Stärke ihren angestammten Platz zurückerhält, in dieser Gesellschaft zu verwirklichen.

Berühmte Persönlichkeiten mit Lilith in X: Konrad Adenauer (MC), Charles Bronson, Frédéric Chopin, Johann Wolfgang von Goethe (MC konj. Sonne), Che Guevara (MC), Carl Gustav Jung (MC), Isaac Newton, Diana Ross.

Die Bedeutung des Elften Hauses, das eine Analogie zum Zeichen Wassermann und zum Planeten Uranus ist, können wir aus dem Zusammenhang mit dem Fünften, also der Freiheits- und Kreativitätsachse, und dem Trigon der luftigen Kommunikationshäuser III und VII gewinnen. Auch das vorhergehende Zehnte Haus kann uns einen Hinweis auf die Deutung geben, denn wir verlassen nun die gesellschaftlich-repräsentativen Lebensbereiche und wenden uns jenen Verwirklichungen unserer Ziele zu, die mit dem Erleben der Individualität in selbst gewählten Gruppen zusammenhängen. Wie Sie sich erinnern, sagte das Fünfte Haus etwas darüber, wie wir zu unserer ureigenen Kreativität stehen, die wir ohne Rücksicht auf äußere Hindernisse zum Ausdruck zu bringen wünschen. Im gegenüberliegenden Haus nun ist das Bedürfnis ähnlich gelagert, allerdings wird dort die Kreativität in einen Gruppenprozeß integriert, der uns helfen soll, unsere Individualität besser zur Geltung zu bringen. Deshalb finden wir im Elften Haus all jene Gruppen, die man als *Wahlgemeinschaft* bezeichnen kann. Im Vordergrund steht das freiwillige Einlassen auf gemeinsame Aktivitäten, weil die Interessenlage der einzelnen Mitglieder mehr oder weniger gleichen Zielen folgt. Gruppenzwänge sind hier fehl am Platze, Freiheit, Phantasie und Individualität wird großgeschrieben. Je nach Zeichenfärbung des Hauses kann das der Gruppe entgegengebrachte Interesse unterschiedlich ausgerichtet sein, doch in der Regel kann man davon ausgehen, daß auftretende Schwierigkeiten, Zwänge, Machtstreitigkeiten und dergleichen auf unbewältigte andere Bereiche des Horoskops hinweisen (beispielsweise das Zehnte oder Siebte Haus). Im Wassermannhaus sollte die lockere Struktur des Zusammenseins an erster Stelle stehen. Welche Gruppe zur Verwirklichung der eigenen Individualität gesucht wird, können wir aus dem Horoskop nicht ersehen; es kann sich um einen Verein handeln, um eine politische Vereinigung, eine Bürgerinitiative oder Arbeitsgemeinschaft. Die häufigste Entsprechung ist natürlich der Freundeskreis, den wir uns wählen, um in gemeinsamer Aktivität an der Kreativität anderer teilzuhaben und uns am eigenen Tun zu freuen.

Daß sich das Elfte Haus nicht in oberflächlicher Gruppenaktivität erschöpft – wie in vielen Astrologiebüchern beschrieben –, können wir dem Zusammenhang mit den Häusern III und VII entnehmen. In allen drei Lufthäusern steht die Kommunikation im Mittelpunkt des Interesses, allerdings in ganz unterschiedlicher Ausprägung. Im Dritten Haus finden wir zunächst die Art und Weise, wie wir als Kinder die Kommunikation aufnahmen, welche uns im familiären Rahmen prägte. Dies verlief in weiten Teilen unbewußt und geradezu passiv-automatisch. Im Siebten Haus müssen wir lernen, mit einem konkreten Gegenüber zu kommunizieren. Wir haben es nun mit der Notwendigkeit zu tun, unsere Eigenperson im Austausch mit einer Partnerin oder einem Partner auszudrücken. Wir vollziehen damit einen Schritt von der familiär-kindlichen Situation hin zur Bewußtmachung unserer Kommunikationsstrukturen, die wir im Rahmen einer Partnerschaft bearbeiten können. Im Elften Haus wiederum öffnet sich die Perspektive noch weiter und schließt eine größere Gruppe mit ein. Damit können wir drei Stufen der Entwicklung unserer Kommunikation unterscheiden: (a) die familiäre Struktur, in der das Ego im Vordergrund steht, (b) die Begegnung des Egos mit dem Du, was zu Auseinandersetzung und Ergänzung führt, und (c) das Aufgehen des Egos in einem größeren Zusammenhang, das zwar der Individualität zum Ausdruck verhilft, sie aber gleichzeitig in gesellschaftliche, bisweilen auch kosmische Dimensionen einzubinden hat. In dieser letzten Entsprechung finden wir die esoterische Komponente des Elften Hauses, denn schließlich sollen wir ja dort auf die Spiritualität des Zwölften Hauses vorbereitet werden. Zwischen dem Denken in Begriffen des sozialen Status (X) und der Auflösung des Egos in kosmischen Dimensionen (XII) finden wir somit im Elften Haus die Läuterung unserer Individualität im Rahmen gemeinsamer Aktivitäten mit Gleichgesinnten.

Wenn Lilith im Elften Haus steht, verleiht sie dem Vermögen, sich in der beschriebenen Weise in Gruppen zu engagieren, eine gewisse Ernsthaftigkeit. Solchen Menschen ist es beinah unmöglich, sich an oberflächlichen Vergnügungen aller Art zu beteiligen. Wenn sie es dennoch tun, fühlen sie sich schnell isoliert, wundern sich, warum sie selber an solchen Aktivitäten keine Freude empfinden. Oftmals gelten diese Menschen auch im Freundeskreis als schwierig, unkommunikativ oder als „Spielverderber". Wenn Ihnen so etwas immer wieder gesagt wird, glauben Sie es mit der Zeit vielleicht selber. Ihnen mag das Alleinsein oder das sorgfältige Aussuchen Ihrer Freunde als selbstver-

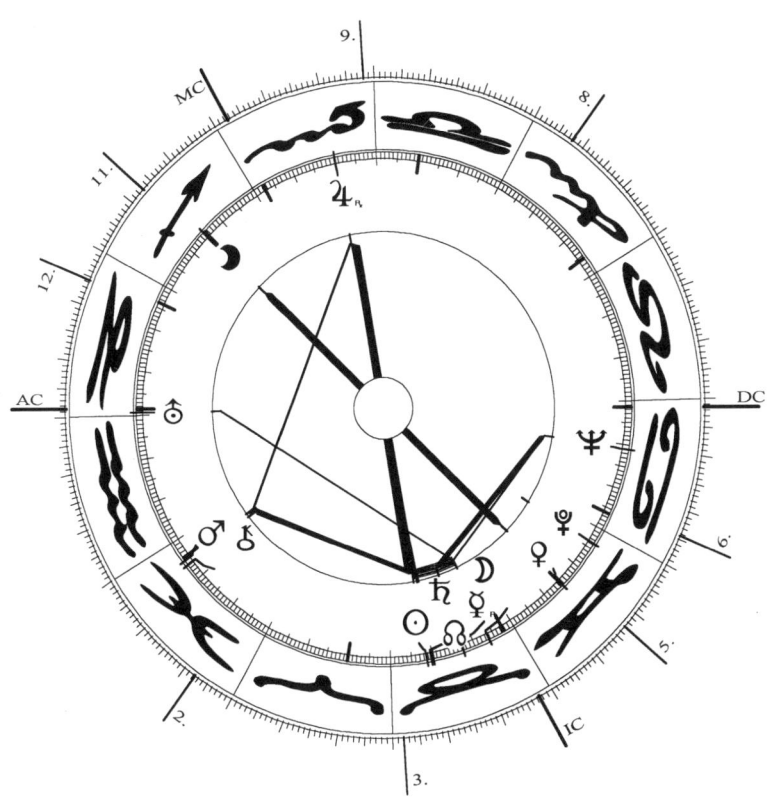

Rinser, Luise

Radix
30.04.1911
01:30:00 Uhr (1h 0m 0s Ost)
Landsberg am Lech (D) 010.52 Ost 48.03 Nord
Placidus

Innen Koch
2. 4° 18' 46" ♓
3. 19° 56' 22" ♈
11. 14° 33' 51" ♐
12. 3° 52' 23" ♑

Außen Placidus
2. 22° 18' 49" ♓
3. 2° 1' 1" ♉
11. 17° 1' 41" ♐
12. 5° 35' 22" ♑

☉	8° 33' 19"	♉		
☽	23° 40' 43"	♉		
☿	17° 13' 47" ʀ	♉		
♀	14° 32' 9"	♈		
♂	4° 58' 15"	♓		
♃	9° 49' 58" ʀ	♏		
♄	9° 35' 12"	♉		
⚷	29° 20' 35"	♑		
♆	19° 0' 40"	♋		
♇	26° 20' 17"	♋		
☊	6° 11' 57"	♓		
☋	10° 8' 5"	♉		
☽	15° 2' 33"	♐		
AC	28° 33' 53"	♑		
MC	27° 29' 10"	♏		

ständlich und somit unkompliziert erscheinen, trotzdem fühlen Sie sich irgendwie verrückt, da die ganze Welt um Sie herum offensichtlich an Vergnügungen Gefallen findet, die Ihnen überhaupt nichts bedeuten. Vielleicht geht es Ihnen wie J. Neo, der dieses Gefühl so ausdrückt:

> *Forgive me if I find your customs puzzling*
> *I come from a planet where there are no sports.*
> *Pardon my lack of enthusiasm*
> *If I refuse a bite of your hot dog*
> *Oh God I've blown it again*
> *I can't seem to play this man game right.*[6]

Was hinter diesen Gefühlen steckt und wie Sie lernen können, die negativen Entsprechungen zu überwinden, erkennen Sie sehr schnell, wenn Sie das Potential der Lilith im Elften Haus ernstnehmen. Ihre Ansprüche an Freundschaft und Zusammensein mit Gleichgesinnten geht weit über den Durchschnitt hinaus. Sie sind bereit, auf oberflächliche Formen der Kommunikation zu verzichten, was eine Opferbereitschaft von Ihnen verlangt, die Sie gerne aufbringen, denn Ihnen ist es – hier stoßen wir wieder auf die Unbedingtheit der Lilith – nicht möglich, die Miene der oder des Unbeteiligten aufzusetzen. Doch schließen Sie daraus nicht, Sie seien eben nicht kommunikativ! Im Gegenteil: Sie haben ein starkes Interesse am Austausch mit anderen, aber bitte mit Tiefgang. Ihre Wünsche an die Gruppe richten sich auf die Verwirklichung individueller Freiheit, auf Selbstbestimmung sowie auf Dimensionen des Weiblichen und Religiösen. Was bedeutet das? Wer seine Lilith im Elften Haus stehen hat, fühlt sich von Gruppen angezogen, die intensiv miteinander arbeiten, sei es nun in psychischer, therapeutischer oder religiöser Art. Das Gemeinsame und Entscheidende daran ist der *Dienst an einem höheren Wissen*, welches sich in einer Gruppe erfahren läßt. Vielleicht schließen Sie sich einer Religionsgemeinschaft an, in der das Weibliche seinen angestammten Platz zurückerhält. Besonders ausgeprägt ist dies natürlich in den vielen neuheidnischen Strömungen möglich, wo Sie Ihr Potential zur Hohenpriesterin oder zum Hohenpriester hervorragend einbringen können. Lassen Sie sich deshalb nicht einreden, wie dies in vielen

Lilithbüchern geschieht, der Kontakt mit religiösen Gruppen, die den christlichen Bereich überschreiten, sei etwas Gefährliches. Solche Warnungen vor „Sekten", „Kulten" und dergleichen – über die die Autorinnen und Autoren in der Regel nichts genaues wissen – können Sie getrost ignorieren, denn eine solche Deutung macht sich zum Weggefährten konservativer, christlicher und patriarchaler Sichtweisen und widerspricht deshalb von vornherein dem Anliegen Liliths. Verlassen Sie sich auf Ihre eigene Intuition, die wird Ihnen sehr deutlich sagen, ob ein Kontakt Ihre spirituelle Weiblichkeit fördert oder nicht.

Damit soll nicht gesagt sein, daß Lilith in XI in der Regel mit religiösen Dimensionen zu tun haben muß. Das Entscheidende ist vielmehr die große Kluft zwischen dem hier angestrebten Charakter des Zusammenseins in Gruppen und dem traditionell-gesellschaftlichen. Wenn Sie sich beispielsweise in Frauen- beziehungsweise Männergruppen engagieren, denen es um eine Neubewertung der Geschlechterrollen geht, so ist darin eine hervorragende Entsprechung der Lilith zu sehen. Auch eine politische Arbeit kann der Lilith entsprechen, wenn Sie zum Beispiel für emanzipatorische Forderungen oder die Verwirklichung der Selbstbestimmung des einzelnen kämpfen. Angesprochen sind demnach all jene Bereiche, die Ihnen – als Frau wie als Mann – die kreative Verwirklichung Ihres weiblichen Potentials im Zusammenwirken mit anderen Menschen ermöglichen.

Berühmte Persönlichkeiten mit Lilith in XI: Norbert Blüm, Bo Derek, Albert Einstein, Sigmund Freud, Vincent van Gogh, John F. Kennedy, Helmut Kohl, Jack Lemmon, Luise Rinser.

Lilith im Zwölften Haus

Auf unserer Reise durch das Horoskop nähern wir uns dem Ende und zugleich dem Beginn eines neuen Zyklus. Wenn Sie die traditionellen Bedeutungen des Zwölften Hauses betrachten, stellen Sie fest, daß es sich hier offensichtlich um einen der dunkelsten Bereiche des Horoskopes handeln muß, denn „geheime Feinde", „Gefängnis", „geschlossene Anstalten" oder auch „Opfer" sind die Begriffe, mit denen man in der Vergangenheit versuchte, sich dem Fischehaus zu nähern.

Glücklicherweise hat eine solche Einschätzung mittlerweile – doch durchaus nicht überall – einer realistischeren und zeitgemäßeren Betrachtung Platz gemacht. Tatsächlich ist es nämlich so, daß die Probleme, welche uns häufig im Zwölften Haus begegnen, in erster Linie mit den gesellschaftlichen Bedingungen zu tun haben, die eine ungestörte Verwirklichung der hier angezeigten Wünsche und Notwendigkeiten kaum erlauben. Wie können wir das verstehen?

Wie das Zeichen Fische den astrologischen Jahreszyklus abschließt, indem sich die Natur in sich selber zurückzieht, um die Wiedergeburt des Frühlings vorzubereiten, so können wir auch das Zwölfte Haus als einen Abschnitt betrachten, der eine Wiedergeburt der Persönlichkeit im Aszendenten in die Wege zu leiten hat. Hierfür ist es notwendig, ganz bei sich zu sein, beziehungsweise sich selber als Teil eines kosmischen und überpersönlichen Geschehens zu begreifen. Die Gruppenprozesse, die im Elften Haus erlebt wurden, erfahren nun eine Überprüfung und Krise. Wir erkennen, daß wir nicht nur in Verbindung mit anderen Menschen stehen, sondern darüber hinaus auch mit höheren Mächten, seien dies nun transpersonale Dimensionen oder spirituell-religiöse Bereiche. Um jene Ebenen kennenzulernen, muß sich unser Ego aller Bindungen entkleiden. Es muß sich gleichsam in höheren Dimensionen auflösen, um neue Kraft aufzunehmen und sich im Anschluß daran – am Aszendenten – neu zu definieren. Zu einer ähnlichen Feststellung kommen wir auch, wenn wir den Zusammenhang mit dem Sechsten Haus betrachten, denn nun erleben wir unsere Anbindung an transpersonale Bereiche als notwendigen Rückhalt unserer alltäglichen Arbeit. Erst die spirituelle Überwindung enger persönlicher Grenzen gibt der Konkretisierung in unserem Leben ihren Sinn. Deshalb kann das Zwölfte Haus auch dafür sorgen, daß wir im therapeutischen Dienst des Sechsten Hauses eine übergeordnete Aufgabe, eine Berufung erkennen. Aus ihr schöpfen wir unsere Kraft, die wir nun unserer Umwelt zur Verfügung stellen. Während das Jungfrauhaus also mit dem therapeutischen und heilerischen Dienst am anderen Menschen zu tun hat, findet im Fischehaus eine Erweiterung der Perspektive statt. Hier ist unser Dienst an hohen spirituellen Werten orientiert, er schöpft seine Kraft aus einer allumfassenden Menschenliebe, die die Bereiche des Egos weit hinter sich läßt. So sieht jedenfalls das Idealbild aus. In der Wirklichkeit finden wir

160

häufig die Tendenz, sich mit einfachen Entsprechungen zu begnügen, beispielsweise der Stärkung unseres Egos durch die Hilfsbereitschaft gegenüber anderen (Helfersyndrom). Dazu kommt, daß Menschen der westlichen Gesellschaften mit der besonderen Qualität des Zwölften Hauses nicht umzugehen lernen. Der Rückzug ins Innere, zur Sammlung der eigenen Kraft unentbehrlich, gilt als Scheitern, als gefährlicher Affront gegenüber gesellschaftlichen Konventionen. Solche Menschen trauen sich häufig nicht, die Zeit der Isolation und des Rückzugs in einem positiven und selbstbewußten Stil zu beanspruchen, weshalb sie mitunter die einzige Möglichkeit ergreifen, die sich hierzu im Westen bietet: Sie gehen ins Gefängnis, ins Krankenhaus oder ins Kloster. Damit landen wir tatsächlich bei der traditionellen Deutung, allerdings verstehen wir nun, daß es sich in diesem Fall um ein unerlöstes Zwölftes Haus handelt. Die eigentliche Qualität des so wichtigen Regenerationsbereiches im Horoskop wird überhaupt nicht erkannt.

Was die Regenerationskraft des Zwölften Hauses anbelangt, so können wir sie auch im Zusammenhang mit den anderen wässerigen Häusern verstehen. Im Vierten Haus finden wir den Kontakt zu unserer Gefühlswelt, zur tiefsten Schicht emotionaler Wärme, des Vertrauens, aber auch der Verletzlichkeit, wie sie in der Kindheit geprägt worden ist. Im Achten Haus lernen wir loszulassen, durch gründliche Transformationsprozesse erkennen wir die Strukturen unserer Gefühle, denen wir bislang blind folgten, lösen uns von ihnen und werden aufgefordert, die Schattenbereiche unserer Seele zu erforschen und zu integrieren. Die sich hieraus ergebende Grenzüberschreitung wird im Zwölften Haus ins Kosmische erweitert. Nun gehen wir jeder Sicherheit im Äußeren verlustig und finden die Grundlage unserer emotionalen Kraft tief in unserem Innern, doch nicht in der Isolation, sondern in der Erkenntnis, daß wir niemals den Kontakt zu spirituellen Bereichen verlieren können. In diesen Bereichen wissen wir uns mit der ganzen Menschheit verbunden, unsere privaten Gefühle haben keine Bedeutung mehr, sie gehen im Ganzen des Kosmos auf.

Wie alle Planeten im Zwölften Haus, so stellt auch Lilith die Deutung vor eine schwierige Aufgabe. Denn aus dem bisher Gesagten dürfte klar geworden sein, daß wir es hier mit einem kaum „ding-fest" zu machenden Bereich des Horoskops zu tun haben, in dem es mehr um Auflösung als um Manifestation geht. Versuchen wir es dennoch! Wenn Sie Lilith im Zwölften Haus stehen haben, so finden Sie – ob Frau oder Mann – immer dann den Kontakt zu Ihrem weiblichen Wissen, wenn Sie *ganz bei sich* sind. Sie fühlen sich mit einer höheren Instanz verbunden, einer Kraftquelle, die Ihnen über emotionale Kanäle permanent zur Verfügung steht. In diesen Genuß kommen Sie allerdings nur in der Zurückgezogenheit. Da unsere Gesellschaft diese Form des Kräftesammelns nicht vorsieht, reagieren viele Menschen mit einer Verschiebung, Projektion oder Verdrängung solcher Bedürfnisse. Vielleicht nehmen Sie sie gar nicht mehr wahr und wundern sich, warum Sie immer wieder, vorzugsweise bei der Auslösung Ihrer Lilith in XII, durch plötzliche Widrigkeiten in die Isolation getrieben werden. Ein Krankenhaus- oder Gefängnisaufenthalt ist ein untrügliches Zeichen dafür, daß Sie von Ihrer Lilith-Stellung gelebt *werden*, anstatt das sich dort zeigende Potential aktiv zu verwirklichen. Ein solcher aktiver Umgang mit der Lilith-Herausforderung findet sich – und das ist die vielleicht am weitesten entwickelte Entsprechung dieser Qualität – in schamanistischem Zusammenhang. Denn in Gesellschaftsformen, die wir als schamanistisch geprägt bezeichnen können, gilt es als selbstverständlich, daß sich die Schamanin oder der Schamane in regelmäßigen Abständen aus der Gesellschaft zurückzieht, um den Kontakt mit den individuellen Hilfsgeistern, beziehungsweise der göttlichen Ebene allgemein, zu erneuern. Dieser Kontakt ist die notwendige Voraussetzung, um nach der Rückkehr in die Gemeinschaft – wir können auch sagen: ins Sechste Haus – das ganze heilerische Potential entfalten zu können. Die beiden Pole der Existenz- und Transzendenzachse bedingen sich somit gegenseitig. – Sie dürfen die Zeit der Regeneration nicht an den Rand drängen. Räumen Sie dem Bedürfnis nach Zurückgezogenheit einen Platz in Ihrem Leben ein, suchen Sie den regelmäßigen Kontakt zu Ihren ganz persönlichen Hilfsgeistern. Sie werden gestärkt aus einem solchen Prozeß hervorgehen. Wenn es Ihnen schwerfällt, Kontakt zu den verborgenen Quellen Ihres spirituellen Wissens zu bekommen, so versuchen Sie sich in Ihre Kindheit zurückzuversetzen, denn mit hoher Wahrscheinlichkeit waren die Verbindungen zu jener Zeit noch nicht unterbrochen. Erst die wiederholte Zurückweisung Ihrer transzendenten Bedürfnisse hat Sie zu der Überzeugung gebracht, dies alles sei wertlose Illusion. Vertrau-

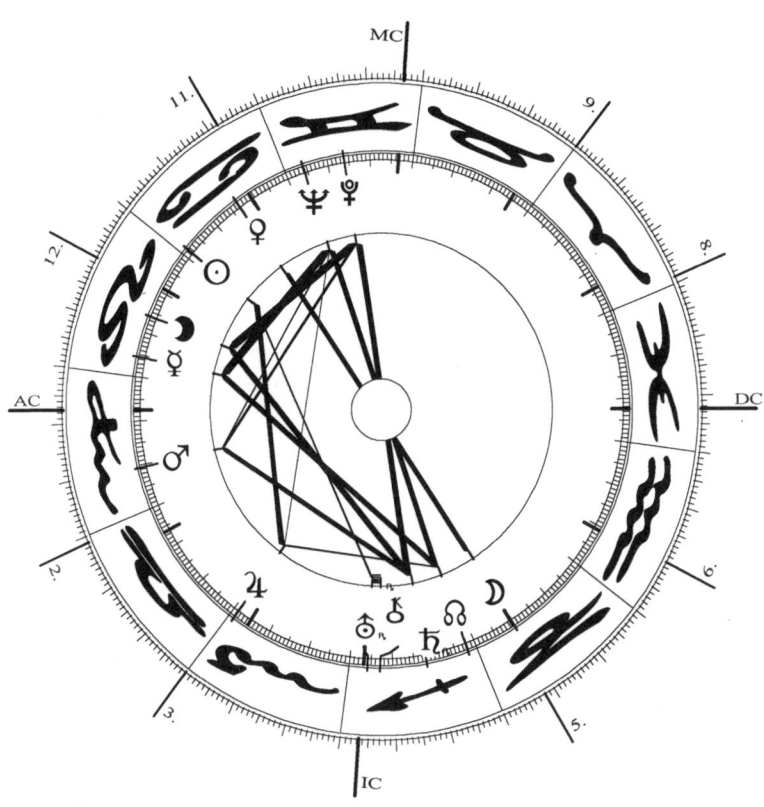

Hemingway, Ernest

Radix	
21.07.1899	
08:00:00 Uhr (6h 0m 0s West)	
Oak Park (IL, USA) 087.47 West 41.53 Nord	
Placidus	

Innen Koch
2. 6° 15' 44" ♎
3. 4° 49' 52" ♏
11. 9° 39' 39" ♋
12. 9° 9' 15" ♌

Außen Placidus
2. 1° 9' 2" ♎
3. 29° 55' 43" ♎
11. 8° 8' 31" ♋
12. 10° 0' 7" ♌

					☉	☽	☿	♀	♂	♃	♄	⚷	♆	♇	☊	☋	☽	AC	MC
☉	28°	32'	23"	♋	☉														
☽	9°	55'	32"	♑		☽													
☿	25°	30'	0"	♌			☿												
♀	13°	8'	26"	♋			⚹	♀											
♂	20°	33'	55"	♍					♂										
♃	1°	9'	49"	♏						♃									
♄	17°	49'	19" ʀ	♐							♄								
⚷	4°	11'	58" ʀ	♐		△						⚷							
♆	25°	45'	22"	♊			✶						♆						
♇	16°	9'	36"	♊									⚹	♇					
☋	7°	4'	12" ʀ	♐		✕						⚹			☋				
☊	27°	48'	55"	♐	⚼		△						✕			☊			
☽	16°	4'	12"	♌			✓							⚹			☽		
AC	7°	33'	40"	♍	△													AC	
MC	3°	21'	34"	♓									⚼						MC

en Sie Ihrer Intuition aufs neue! Sie verfügen über ein tiefes Wissen um weibliche Mysterien, welches Sie auf emotionaler und meditativer Ebene erreichen. Die eigentliche Verankerung im Leben, ebenso wie die rationale Durchdringung seiner Strukturen, findet nicht mehr im Zwölften Haus statt, sondern im Sechsten, wo es in den Alltag zurückgebunden wird. Dieses Wissen kreist um zyklische Lebensprozesse, die Ihnen nicht nur theoretisch etwas bedeuten, sondern die auch in der Dynamik des Rückzugs und der Öffnung gelebt werden wollen. Nutzen Sie die Einkehr des Zwölften Hauses, dann erleben Sie den Aszendenten als eine großartige Wiedergeburt.

Die weibliche Kraft, mit der Sie in Verbindung stehen, entzieht sich dem direkten Einflußbereich Ihrer Umgebung. Vielleicht ist sie sogar für Sie selber mit Angst besetzt, so daß Sie lieber darüber hinweg gehen und sich in Aktionismus stürzen. Ihre Umwelt indes spürt die verborgene Entschlossenheit, den unbezwingbaren Willen, der nach außen so harmlos wirkt und doch den Eindruck hinterläßt, es verberge sich dahinter ein unergründlich tiefes Wasser. Nicht wenige Menschen fühlen sich von dieser Energie herausgefordert, suchen sich gegen den vermuteten „Angriff" Ihrerseits zu wehren, womit wir wieder bei den klassischen Entsprechungen des Zwölften Hauses wären, nämlich den „geheimen Feinden". Fassen Sie solche Verhaltensweise als Hinweis darauf auf, Ihrer Lilith stärkeren Ausdruck verleihen zu sollen. Bekennen Sie sich zu Ihrer weiblichen Kraft, anstatt sie zu verstecken, dann wird niemand in Ihrer Umgebung es nötig haben, sich gegen Sie zur Wehr zu setzen. Denn in dieser Auseinandersetzung zwischen spirituellen Werten und dem Widerstand der materialisierten Welt können wir ein Kernthema des Zwölften Hauses ausmachen. Lilith macht Sie durch die Hindernisse, welche Ihnen in den Weg gelegt werden, darauf aufmerksam, daß nicht die Verhaftung im Materiellen den Weg zur weiblichen Kraft darstellt, sondern die Rückbesinnung auf transzendente Ebenen der Wirklichkeit. *Hier* finden Sie die für Ihr alltägliches Leben nötigen Reserven. Nutzen Sie sie, und bekennen Sie sich gegenüber anderen dazu. Erst jetzt können Sie die Machtspielchen, welche Sie vielleicht immer wieder in Ihr Leben ziehen, überwinden und Ihr Handeln in den Dienst an einem höheren Wissen stellen. Nicht die Durchsetzung Ihrer Ego-Interessen steht im Mittelpunkt des Geschehens, sondern das Aufgehen im kosmischen Geschehen des Werdens

164

und Vergehens. Die damit angedeutete mystische Dimension ist die wohl höchste Verwirklichungsebene des Zwölften Hauses. Sie entzieht sich letztlich der Beschreibung.

Schließlich ist noch eine weitere Entsprechung des Zwölften Hauses zu beachten. Da sich hier ein Kreislauf schließt, die zyklische Eigenschaft allen Lebens also wie in keinem anderen Haus hervortritt, nimmt es nicht wunder, daß auch karmische Entsprechungen in diesem Bereich angedeutet sind. Lilith weist also darauf hin, daß Sie aus dem Zeichen, welches das Zwölfte Haus färbt, Erinnerungen ablesen können, die Sie in diese Inkarnation mitgebracht haben. In der Kindheit mußten Sie vielleicht erfahren, daß jene Gewohnheiten nun nicht mehr zum Überleben zu taugen scheinen, und Sie haben Sie verdrängt oder aber durch Übereifer – auch das findet sich häufig im Zwölften Haus! – zu kompensieren gesucht. Bei allen karmischen Entsprechungen der Lilith müssen wir festhalten, daß es sich nicht um eine weibliche oder männliche frühere Verkörperung handeln muß, sondern daß lediglich der Kontakt zur spirituellen weiblichen Kraft besonders ausgeprägt gewesen war. Die Konkretisierungen dieses Kontaktes können vielfältig sein und überschreiten die Aussagemöglichkeit der Astrologie, die sich darauf beschränken muß, die vorherrschenden *Energien* oder *Qualitäten* in ihrem Verhältnis zueinander zu ergründen.

Berühmte Persönlichkeiten mit Lilith in XII: Agatha Christie, Marie Curie, Alain Delon, Thorwald Dethlefsen, Ernest Hemingway, Oskar Lafontaine, Marie Antoinette (nach Placidus), Benito Mussolini, Heinz Rühmann, Friedrich von Schiller, Elizabeth Teissier, Simon Wiesenthal.

Lilith in den Zeichen

Nachdem wir uns einen Überblick über die Häuserstellung der Lilith verschafft haben, gilt es nun, die besondere Färbung jener Qualität näher zu bestimmen. Wenn wir also die Zeichenstellung hinzunehmen, haben wir bereits ein gutes Grundgerüst der Deutung erarbeitet, das zum Abschluß und zur weiteren Individualisierung in das Aspektgefüge des Horoskops eingeordnet wird. Daraus ergibt sich, daß die folgenden Bemerkungen auf das Haus bezogen werden müssen, in welchem sich die Energie der Lilith manifestiert. Da die Zeichen zu den Häusern – wie gesagt – eine Analogie bilden, kann hier auf eine ausführliche Betrachtung verzichtet werden.

Lilith im Widder

Wenn Lilith im Widder steht, dann ist in dem Haus, in dem Lilith sich befindet, sozusagen *Feuer unterm Dach*. Die Kompromißlosigkeit und die Entschlossenheit, ohnehin Kennzeichen des Schwarzen Mondes, verbinden sich hier mit dem Tatendrang des Widders. Die Energie der Göttin drängt demnach in starkem Maße nach Verwirklichung. Sollten sich (wider Erwarten) Hindernisse in den Weg stellen, werden sie kurzentschlossen aus dem Weg geräumt. Natürlich bleibt der „gute Ton" und die Diplomatie dabei mitunter auf der Strecke, doch das gehört eben zu dieser Stellung. Viel wichtiger als sich in den Belangen des betroffenen Hauses zu bremsen, ist für die Betreffenden, sich den Herausforderungen zu stellen und den Kampf, der oftmals gesucht wird, als Bestandteil des eigenen Lebens anzunehmen. Erst dann ist die Voraussetzung geschaffen, sich selber auch aktiv zum Ausdruck zu bringen und nicht immer nur das Opfer der Umwelt und ihrer scheinbaren Feindseligkeit zu werden. Lilith im Widder ist die Kriegerin, die sich selbstbewußt für die Belange der Göttin einsetzt, die die Initiative übernimmt, wenn Erlahmen und Ermüdung die Situation kennzeichnen. Damit ist bereits die esoterische oder auch spirituelle Dimension des Widders angedeutet, die mitunter durch die Attribute des „Krieges", des „Kampfes" usw. viel zu wenig Beachtung findet. Der Widder ist nämlich auch der furchtlose Erkunder neuer Wege, er verleiht die Kraft, trotz widriger Umstände den Mut nicht zu verlieren und sich für das einzusetzen, was wirklich wichtig ist. Manchmal schießt er über das Ziel hinaus, doch das ist allemal besser, als die Hände in den Schoß zu legen! Werden Sie sich dieses Mutes bewußt und erlauben Sie sich, auch Fehler zu machen oder andere Menschen zu verletzen. Sie werden feststellen, daß Sie mit Ihrer eigenen Würde ganz anders umgehen als bisher, was Sie dann auch von der Umwelt deutlich gespiegelt bekommen. Sie sind die spirituelle Kriegerin beziehungsweise der spirituelle Krieger, Sie haben die Kraft, im Einklang mit Ihrem weiblichen Wissen an der aktiven Umgestaltung unserer Welt hin zu einem echten Lebensraum mitzuwirken, in dem allen Wesen gleichermaßen das Recht zur Entfaltung der eigenen Möglichkeiten zuerkannt wird, einem Lebensraum also, der patriarchale Machtmuster überwindet. Durch Ihre Initiativkraft können Sie darüber hinaus andere Menschen in Bewegung setzen, Bewußtseinsschübe auslösen und den „zündenden Funken" zur Überwindung überalterter Denkgebäude beitragen. Gehen Sie mit dieser Fähigkeit verantwortungsvoll um.

Lilith im Stier

Verbindet sich die Energie der Göttin mit dem fixen Erdzeichen Stier, so tendiert die Qualität des angesprochenen Hauses deutlich in Richtung Verfestigung. Dies kann als Oberbegriff für die unterschiedlichen Manifestationen dienen, welche hier denkbar sind. Denn Verfestigung bedeutet ebenso ein starkes Verwurzeltsein in den eigenen Anschauungen und dem Boden, aus dem wir unsere Kraft schöpfen, wie auch eine gewisse Starrheit damit angezeigt sein kann, eine Unbeweglichkeit, die bis zur Sturheit reicht. Es liegt auf der Hand, daß die Aufgabe einer solchen Stellung Liliths darin zu suchen ist, aus dem Gefühl der Stärke und der sicheren Erdung unseres Wissens heraus zu handeln. Der Kontakt zur Göttinenergie verläuft über die Prozesse der Natur, die intensiv erlebt werden können, sowie über den eigenen Körper, der als heiliges Abbild der Göttin aufgefaßt wird. Nehmen Sie Ihre Körperlichkeit also ernst und gehen Sie in die Natur, genießen Sie den Wechsel der Jahreszeiten und lassen Sie sich mitreißen von der unerschöpflichen Kraft der Großen Göttin. Im Umgang mit anderen Menschen haben Sie dank dieser Erdung die Möglichkeit, Ruhe zu schenken, Zuversicht und Geborgenheit zu vermitteln, was wiederum Ihrem eigenen Bedürfnis nach vertrauensvollen Freundschaften entgegenkommt. Wenn Sie diesen Prozeß durchleben, haben Sie es nicht mehr nötig, auf alten Positionen zu beharren, die einer neuen Entwicklung vielleicht nicht mehr angemessen sind. Sie können aus Ihrem inneren Zentrum heraus der Welt mit Vertrauen begegnen. Es ist in diesem Zusammenhang durchaus möglich, daß Sie Ihr Potential zur Priesterin oder zum Priester der Göttin entdecken, denn auch dies ist eine Entsprechung der vorhandenen Energien.

In der Ruhe liegt die Kraft kann also als ein Schlüsselsatz für Lilith im Stier betrachtet werden. Stiergeprägte Menschen müssen sich bisweilen nur daran erinnern, vor lauter Ruhe die Kraft nicht zu vergessen.

Lilith in den Zwillingen

Zwillinge ist sicherlich das kommunikativste Zeichen des Tierkreises. Informationsaustausch, das Sammeln von Neuigkeiten und die kreative Kommunikation mit anderen Menschen darüber stehen im Mittelpunkt des Interesses. Dementsprechend wird auch der Kontakt zur Göttin, den Lilith anzeigt, auf diese Weise gesucht. Stärker als andere haben Sie den Wunsch, Themen, die mit der Dimension des Weiblichen zusammenhängen, aber auch Fragen der Emanzipation, der Autonomie des Menschen usw., verstandesmäßig zu durchdringen. Damit nicht genug, sind Sie auch von dem Bedürfnis erfüllt, sich über die so gewonnenen Meinungen mit Ihren Mitmenschen auszutauschen, neue Ansichten kennenzulernen und zu verstehen. Dies macht Sie zu einem überaus interessierten und interessanten Gesprächspartner. Einzuschränken ist dieser Satz indes aus dem Grunde, weil Ihre Ansprüche an die Art der Kommunikation über das oberflächliche Austauschen von Standpunkten hinausgehen. Das stört die reine Zwillingenergie bisweilen, die sich bei so viel Tiefe abwendet und neuen Betätigungsfeldern widmet. Das Gegeneinander der beiden Kräfte kann sogar dazu führen, daß Sie sich kurzerhand von der Kommunikation mit anderen abschneiden. Dann besteht die Aufgabe für Sie darin, eine Synthese der unterschiedlichen Energien zu versuchen. Diese kann beispielsweise darin bestehen, das tief verwurzelte Gefühl für die Unabhängigkeit der eigenen Person, aber auch Ihre spirituellen Gewißheiten mit den Mitteln des Verstandes zu durchdringen. Suchen Sie sich Austauschmöglichkeiten mit anderen Menschen, die der Tiefe Ihrer Reflektion Rechnung tragen. Vielleicht finden Sie ja noch andere Wege, um Ihre Beschäftigung mit dem Thema der Göttin „unter die Leute zu bringen".

Das Zeichen Krebs bringt dem Haus, welches Lilith beherbergt, eine große emotionale Tiefe. Die Sensibilität für Einflüsse der Umwelt ist besonders stark ausgeprägt, was in der passiven wie auch der aktiven Form gelebt werden kann. Passiv macht sich die Lilith in der Weise bemerkbar, daß Sie sich veränderten Bedingungen sehr leicht anpassen können. Möglicherweise ist Ihre Gefühlswelt von einem einzigen Auf und Ab geprägt, Stimmungsschwankungen kennzeichnen Ihr Innenleben. Außenstehende – besonders wenn sie eher pragmatisch eingestellt sind – verlieren bisweilen den Überblick, in welchen Regionen Ihres Innern Sie sich momentan aufhalten. Jener Rückzug in die Innerlichkeit ist für Sie zum Überleben notwendig, die Deckung, in jahrelanger Erfahrung eingeübt, sichert die Unverletzlichkeit Ihrer Seele. Dies alles will Lilith Ihnen nicht nehmen, im Gegenteil: Wenn Sie in Ihren Gefühlen zu Hause sind, begegnen Sie der Kraft der Göttin.

Das sollte Sie jedoch nicht davon abhalten, sich Ihrer Verantwortung bewußt zu werden, die in der aktiven Form der Krebsstellung zu erkennen ist. Daß das Zeichen Krebs zum kardinalen Kreuz gehört, wird nämlich häufig übersehen, weil die seelische Energie diesen Sachverhalt geradezu „verwässert". Doch das ändert nichts an der Tatsache, daß Krebse in vielen Fällen ausgesprochen mächtige Positionen innerhalb ihrer Familie oder ihres sozialen Umfeldes innehaben. Die kardinale Kraft ihres Zeichens ist sogar den Krebsen selber nicht immer bewußt. Lilith fordert Sie in dieser Hinsicht zu einem Bewußtwerdungsprozeß auf. Nutzen Sie Ihre feinen Antennen und Ihr Einfühlungsvermögen, um weibliches Wissen und matriarchales zyklisches Denken in dem Haus zu verwirklichen, in dem Ihre Lilith steht. Verstecken Sie sich nicht hinter falscher Bescheidenheit, die doch oft nur von Ihrem tatsächlichen Einfluß auf andere Menschen ablenkt. Bekennen Sie sich zu diesem Einfluß und übernehmen Sie Verantwortung. Dabei können Sie aus dem reichen Schatz Ihrer Gefühlswelt schöpfen, deren Nähe zur Göttin Ihnen immer Geborgenheit und Vertrauen schenken kann.

Lilith im Löwen

Lilith im Löwen ist eine äußerst königliche Stellung. In bezug auf das angesprochene Haus gilt: Sie haben sich nicht inkarniert, um hier die zweite Geige zu spielen. Sie betreten einen Saal und fragen den nächsten Bediensteten: „Wo ist der Thron?" Möglicherweise ist es gar nicht so einfach, diese Rolle mit Überzeugung zu spielen, besonders wenn andere Horoskopfaktoren ein bescheideneres Auftreten nahelegen. Dazu kommt, daß vor allem Frauen die Pose der Königin, die im Rampenlicht steht und sich feiern läßt, systematisch aberzogen worden ist. Mit Lilith im Löwen können und sollen Sie sich das Ihnen zustehende Recht herausnehmen. Ob Frau oder Mann, Sie repräsentieren die Göttin, die sich inkarniert hat, um dem eigenen kreativen Potential zu vollem Ausdruck zu verhelfen. Genießen Sie das Gefühl, bewundert zu werden.

Natürlich bringt auch diese Lilithstellung eine gewisse Verantwortung mit sich. So muß Ihre Herrschaft dazu dienen, Gerechtigkeit für alle Lebewesen zu schaffen. In der höchsten Entwicklungsstufe sind Sie nicht mehr vom Applaus der Menschen abhängig, da Ihnen Ihre eigene Stärke ohnehin vollständig bewußt ist. Sie setzen diese Stärke nicht ein, um bewundert zu werden, sondern um der Sache der Göttin zum Durchbruch zu verhelfen.

Lilith in der Jungfrau

Ähnlich wie das Sechste Haus können wir auch das Zeichen Jungfrau unterschiedlichen Entsprechungen zuordnen. Einerseits deutet Lilith hier darauf hin, daß in bezug auf das Haus, welches von Jungfrau gefärbt wird, eine große Gründlichkeit angestrebt wird. Die Beobachtungsgabe ist besonders stark ausgeprägt, so daß die betreffenden Sachverhalte gut analysiert und durchdacht werden. Mitunter kann dies geradezu besserwisserische oder oberlehrerhafte Ausmaße bekommen, besonders dann, wenn sich die eigene Beobachtungsgabe ausschließlich auf die Schwächen und Fehler anderer Menschen bezieht. Nicht weniger angenehm ist die Alternative, die Kritikfreudigkeit und den Perfektionismus gegen sich selber zu wenden. In beiden Fällen liegt das Potential der Jungfrau-Lilith mehr oder weniger brach, denn die Herausforderung besteht darin, die Fähigkeit zu Beobachtung und Analyse in den Dienst der Göttin zu stellen und damit der ganzen Schöpfung zugänglich zu machen. Setzen Sie Ihren Perfektionismus daran, andere Menschen auf ihrem Weg zu begleiten und dabei eine wirkliche Hilfe zu sein. Und stellen Sie Ihr Licht nicht unter den Scheffel. In welchem Lebenszusammenhang es dies zu verwirklichen gilt, entnehmen Sie der Häuserstellung. Das Moment des Dienens, welches beim Zeichen Jungfrau immer mit angesprochen wird, sollte nicht als „Knechtschaft" mißverstanden werden, sondern als die Erkenntnis, daß wir uns den Gesetzen und der Liebe des Kosmos einfügen müssen, um wirkliche Autonomie zu erlangen.

Ähnlich sieht es mit der zweiten Entsprechung der Jungfrau aus, dem Bereich der Körperlichkeit. Das betroffene Haus erhält also eine geerdete und auf den Körper bezogene Färbung, was ein Abheben in transzendente Sphären sehr unwahrscheinlich macht. Viel eher geht es darum, überpersönliche Erfahrungen in den eigenen Körper aufzunehmen und damit lebbar zu machen. Lilith in der Jungfrau bedeutet in diesem Zusammenhang ein starkes Interesse für heilkundliche und therapeutische Belange, in denen das vorhandene weibliche Wissen in die praktische Arbeit am Menschen einfließen kann.

Lilith in der Waage

Mit Lilith in der Waage treffen sich zwei Energieformen, die auf den ersten Blick gar nicht so gut zusammen passen. Während Lilith nämlich in unbeirrbarer Weise ihre eigene Freiheit durchkämpft, strebt die Waage Harmonie, Frieden und den Ausgleich von Gegensätzen an. Menschen mit dieser Stellung werden demnach in dem angesprochenen Haus unterschiedliche Gefühle durchmachen. Man sollte dabei allerdings nicht verkennen, daß es sich bei Waage um ein kardinales Zeichen handelt. Das übergeordnete Ziel ist also nicht im bescheidenen Zurückstecken zu suchen, auch wenn waagegeprägte Menschen sehr geschickt eben dieses vorgeben können, sondern vielmehr im aktiven Gestalten der inneren und äußeren Harmonie. Hierfür wird mitunter sogar der Kampf gesucht.

Dies berücksichtigend erscheint die Verbindung Lilith-Waage nicht mehr ganz so widersprüchlich, und wir erkennen sofort die Aufgabe, welche in einer solchen Verbindung ruht. Diese besteht nämlich darin, sich aktiv für die Aufrechterhaltung gerechter Lebensgesetze zu engagieren. Was bedeutet das? In der Waage stellt sich dem ungehemmten Ich-Impuls des Widders ein Widerstand in Form des Du entgegen. Die Waage erkennt, daß nur im Ausgleich von Gegensätzen ein ganzheitliches Leben verwirklicht werden kann, mit anderen Worten, daß Gerechtigkeit in der Freiheit des Anderen liegt. Lilith fordert Sie auf, eine solche Erkenntnis nicht nur intellektuell zu erfassen, sondern tatsächlich im Leben zu verwirklichen. Hierfür gilt es auch Opfer und Risiken einzugehen, was der Waage zunächst nicht so leicht fällt, doch führt dies immer dann zu tatsächlicher Befreiung, wenn das übergeordnete Ziel in der Gerechtigkeit und Freiheit *aller* Menschen liegt. Lilith liefert hierfür den nötigen Mut.

Lilith im Skorpion

Mit Skorpion und Lilith treffen zwei „Outlaws" aufeinander, denn beide Energieformen sind in unserer Gesellschaft an den Rand gedrängt und dämonisiert worden. Man kann bei dieser Stellung geradezu eine Solidarisierung der Kräfte entdecken, was nicht selten die schiere Freude am Verletzen gesellschaftlicher Tabus und am Überschreiten von Grenzen mit sich bringt, die der Suche nach innerer Wahrheit im Wege stehen. Die Transformation der Kräfte, ein Schlüsselbegriff jener Konstellation, ist indes oft mit viel Schmerz, Verletzung, mit Abhängigkeiten und Verlust verbunden, was die Belange des entsprechenden Hauses möglicherweise seit den Tagen der Kindheit begleitete. Die Aufgabe besteht darin, jenen Schmerz als notwendige Heilungskrise zu betrachten und anzunehmen. Machen Sie sich unumwunden klar, wo Sie versteckten Verhaltensmustern folgen, wo Sie von Schattenanteilen Ihrer Persönlichkeit dominiert werden, wo Sie Angst davor haben, von anderen entdeckt und in die Abhängigkeit geschleudert zu werden. Auch hier ist die Bewußtmachung jener Mechanismen der Schlüssel zu ihrer Erlösung. Machen Sie sich klar, daß Sie gewaltige Transformationskräfte besitzen, die nicht nur andere, sondern auch Sie selber zerstören können, wenn Sie fehlgeleitet werden. Wie kaum ein anderer Mensch bringen Sie den Mut auf, sich mit Bereichen auseinanderzusetzen, die von den meisten gemieden werden. Gefährlich wird dies erst dann, wenn Sie es nicht ernstnehmen! Haben Sie also keine Angst vor Tabuverletzung, sondern vertrauen Sie auf Ihre innere Kraft, die Ihnen immer sagen wird, wohin die Reise geht. Sie haben es sich ausgesucht, Vorreiterin und Vorreiter zu sein auf der Suche nach Transformation. Hierin ist auch die Verantwortung zu erkennen, die Sie übernehmen. Setzen Sie Ihren Mut dafür ein, überkommene Strukturen zu überwinden. Stellen Sie diesen Mut in den Dienst des Lebens und der Menschen. Je nach Häuserstellung wird ein anderer Bereich als Verwirklichungsfeld auszumachen sein, doch stets dreht sich das Hauptinteresse um die Themen Geschlechterverhältnis, Sexualität, Autonomie und Abhängigkeit.

Lilith im Schützen

Im Schützen fühlt Lilith sich sehr wohl, denn hier kann ihr ganzes religiös-philosophisches Potential zur Entfaltung gelangen. Die Themen des Hauses, durch Schütze ohnehin schon in Richtung Weltanschauung, Philosophie, Horizonterweiterung und Religion geprägt, erhalten durch Lilith eine zusätzliche Brisanz. Die Freiheit des Menschen und die großzügige Verwirklichung individueller Ideale steht hier obenan. Dies kann mitunter dazu führen, daß sich eine Art „Aussteigermentalität" herausbildet, die von der unstillbaren Sehnsucht nach echter Erfahrung und autonomer Entfaltung der eigenen Möglichkeiten gespeist wird. Wenn Sie ein solches Bedürfnis spüren, sollten Sie ihm unbedingt nachgeben. Doch ebenso wichtig ist es, die dahinterliegenden Strukturen zu erkennen, die die eigentliche Thematik der zuweilen diffus erlebten Sehnsucht kennzeichnen. Es geht nämlich nicht um die Überwindung engstirniger Grenzen im allgemeinen, sondern konkret um die Verwirklichung einer ganzheitlichen, „matriarchalen" oder doch post-patriarchalen Philosophie, in der jeder Mensch die ihm entsprechende Funktion im Spiel des Lebens einnehmen kann. Ihr Kampf sollte sich gegen patriarchale Machtstrukturen richten, die den Herausforderungen der Zukunft in keiner Weise mehr gerecht werden können. Dies ist die Richtschnur, die Ihnen Lilith im Schützen anbietet. Und es ist der Anker, mit dem Sie Ihr Weltbild für sich selber festmachen können. Gleichzeitig weist Lilith Sie darauf hin, daß Ihr missionarischer Eifer nicht den Interessen Ihres kleinen Egos dienen, sondern sein Feuer aus der Liebe zur Menschheit und der Achtung vor dem Leben speisen sollte.

Lilith im Steinbock

Steinbock steht für eine konzentrierte Erdenergie. Wenn Lilith sich mit ihm verbindet, erhält das angesprochene Haus eine Struktur, die zwischen ernsthafter Suche und Disziplin auf der einen und verbohrter Rechthaberei oder Oberlehrerhaltung auf der anderen Seite angesiedelt ist. Welche Verwirklichungsform hier gesucht wird, hängt in erster Linie von dem Stadium der Erlösungsarbeit ab, mit der wir uns der Lilith widmen. Um nicht in die Engstirnigkeit gesellschaftlicher Spielregeln und das Aufpolieren des eigenen Image zurückzufallen, gilt es, das Potential Liliths in Liebe zu entfalten. Was können wir uns darunter vorstellen? Zunächst sollten Sie akzeptieren, daß für Sie nur das Gültigkeit bekommen kann, was Sie selber in Ihrem Leben bereits erfahren haben. Erkenntnisse anderer Menschen haben für Sie keinen Wert. Sie müssen alles selber ausprobieren. Auch wenn es mit Schmerzen verbunden sein sollte oder mit dem Verlust gesellschaftlichen Ansehens, es bleibt Ihnen nichts anderes übrig, als die Suche nach der inneren Wahrheit allein durchzustehen. Doch schwingen Sie sich nicht zur Richterin oder zum Richter über die Menschen auf! Respektieren Sie die Wahrheiten anderer, sonst wird Lilith Ihnen weitere Erlebnisse von Einsamkeit oder „Mißerfolg" zukommen lassen. Sie haben die seltene Fähigkeit, der Kraft der Göttin eine bleibende und aus Erfahrung gewachsene *Form* zu geben. Sie können jene Fähigkeit allerdings erst dann verwirklichen, wenn Sie den richtenden Standpunkt gegenüber anderen Menschen verlassen, der nicht selten die Aufgabe hatte, Sie selber unverletzlich zu machen. Lernen Sie, mit Ihren Schwächen zu leben, dann werden Sie feststellen, daß Ihr Rat von anderen Menschen gerade deswegen gesucht wird, weil er auf gründlicher Lebenserfahrung und solidem Wissen beruht.

Lilith im Wassermann

Wassermann verkörpert – ebenso wie das Zeichen Zwillinge – einen starken Drang nach Kommunikation und Austausch. Doch im Gegensatz zum Zwilling, dem es um das Sammeln von Informationen und die lebendige Kommunikation darüber geht, drängt es die Wassermannenergie dazu, in einen anregenden geistigen Prozeß mit anderen Menschen zu treten. In diesem Prozeß ist die Verwirklichung der eigenen, ganz individuellen Ideen von herausragender Bedeutung. Die sprühende Intelligenz und die Entfaltung des „genialen" Gedankenblitzes muß hier direkt und ohne Einschränkungen von außen in die Tat umgesetzt werden. Hierin erkennen wir den Grund dafür, daß *Freiheit* eines der Schlüsselworte für Wassermann ist.

Es läßt sich denken, daß eine Wassermann-Lilith das Freiheitsstreben in besonderer Weise verstärkt. In dem Haus, welches davon berührt ist, sind Sie nicht bereit, sich auf Kompromisse einzulassen, die der freien Entfaltung Ihrer Phantasie Grenzen setzen würden. Tun Sie dies doch einmal, so werden Sie die Erfahrung machen, daß Ihnen plötzlich alles genommen wird und Sie tatsächlich „keine Verpflichtungen" mehr haben. Allerdings dürften Sie sich diesen Zustand anders vorgestellt haben. Die Erlösungsarbeit besteht also darin, offen nach einem Verwirklichungsfeld für Ihren Freiheitsdrang zu suchen, was auch mit Verzicht und Opfer verbunden sein kann. Lilith fordert Sie auf, sich keine Beschränkungen auferlegen zu lassen, sondern selbstbewußt das intellektuelle und kreative Schaffen, das von dem großen Reichtum Ihrer Phantasie erfüllt ist, zu verwirklichen.

Lilith in den Fischen

Was wir in bezug auf das Zwölfte Haus sagten, gilt in ähnlicher Weise auch für das Zeichen Fische. Die Färbung, welche die Fische-Lilith in das jeweilige Haus des Horoskops bringt, ist demnach ausgesprochen wasserbetont. Dies kann dazu führen, daß die Belange des entsprechenden Hauses im Unbewußten bleiben und sich nur selten tatsächlich manifestieren. Es herrscht möglicherweise eine Angst, sich auf bestimmte Meinungen oder Entscheidungen festzulegen, und stets

wird ein Hintertürchen offengehalten, um bei aufkommenden Eng-
pässen das Weite zu suchen. Konfliktunfähigkeit kann die Folge sein,
oder – da Lilith diesen Zustand nicht lange aushält – die Wendung des
Konfliktpotentials nach innen: Auflösung des Egos also in Form von
schmerzhaftem Sichverlieren in den Gefühlen der Wertlosigkeit. Ob
es tatsächlich so weit kommen muß, hängt im wesentlichen von der
Häuserstellung Liliths ab sowie vom Umgang mit den eigenen Gefühlen, wie er sich aus dem gesamten Horoskop darstellt. Wenn Sie nämlich Ihrer Intuition trauen, sind Sie bereits einen großen Schritt in
Richtung Lilitherlösung voran gekommen. Suchen Sie den Kontakt zu
transzendenten Kräften, die Ihnen die wahre Bedeutung der Ego-
Überwindung deutlich machen. Dann haben Sie es nicht mehr nötig,
immer nur Opfer der Machtinteressen anderer Menschen zu sein, sondern Sie werden durch Ihre Intuition zum Kanal mystischer Dimensionen.

Lilith im Kontakt mit den Radixplaneten

Auf unserem Weg zur Deutung der Lilith im Horoskop haben wir nun
schon ein gutes Stück zurückgelegt. Wir haben die Häuserstellung als
wichtigstes Kennzeichen an den Anfang gestellt, um dann die Zeichenstellung hinzuzunehmen. Wenn wir uns nun den Aspekten der
Lilith im Geburtshoroskop zuwenden, so sollten diese stets *in die Häu-
ser- und Zeichenstellung hinein* gedeutet werden. Es kann allerdings sein,
daß die Aspektfiguren, in welche Lilith eingebunden ist, so übermäch-
tig sind, daß die Häuserstellung beinah in den Hintergrund rückt. Der
Intuition und Erfahrung der Astrologin und des Astrologen ist es – wie
in so vielen anderen Fällen auch – überlassen, hier zu einer Feinab-
stimmung der unterschiedlichen Deutungsfaktoren zu gelangen.

Trotz dieser Einschränkung müssen wir festhalten: Erst die Aspektfiguren der Lilith führen uns zu einem individuellen und der tatsächlichen Manifestation der Göttinenergie angemessenen Verständnis.
Lassen wir sie in unserer Deutung außer acht, so gehen wir am eigentlichen Thema eines Horoskops vorbei. Aus diesem Grund ist es überaus wichtig, die Kontakte zwischen Lilith und den anderen Planeten
(einschließlich der sensitiven Punkte) zu beachten. Das gilt im übrigen

auch für die *Transite* des Schwarzen Mondes über die Radixpunkte. Erfahrungsgemäß wirken die Konjunktionen hier in der stärksten Form, doch auch Opposition und Quadrat sind deutlich zu spüren, sobald eine gewisse Sensibilisierung für die zu erwartenden Kräfte stattgefunden hat. Wenn sich Lilith beispielsweise ihrer eigenen Geburtsstellung nähert, werden wir in direkter Weise mit den erforderlichen Bewußtmachungen konfrontiert, die wir entweder annehmen oder ignorieren können. Im letzteren Fall kann der Transit durchaus schmerzhafte Züge tragen, und die unerlösten Anteile der letzten neun Jahre drängen urplötzlich in unser Leben. Wir können uns jedoch auch den Prozessen öffnen, und dann werden wir zu dieser Zeit mit unserer inneren Kraft viel mehr im Einklang sein als je zuvor. Wir haben das Gefühl, nichts könne uns aufhalten. – Sie sehen, daß die Qualität der Energie auch hier noch nichts darüber aussagt, in welcher Weise sie sich in unserem Leben manifestieren wird. Die Energie will und muß gelebt werden, um ihr Potential zu entfalten. In unbewußter Form wird sie entweder gar nicht gespürt, oder sie schlägt mit der ganzen Härte des Lebens zu.

Es ist deshalb sinnvoll, bei der folgenden Beschreibung der Aspekte die unterschiedlichen Manifestationsweisen klar auseinander zu halten (auch wenn es natürlich immer Überschneidungen gibt). Eine erlöste Lilith-Saturn-Konjunktion ist etwas völlig anderes als eine im Unbewußten wirkende. Die weithin üblichen Unterteilungen in „weiche" und „harte" Aspekte habe ich dagegen nicht in die Beschreibungen übernommen, und zwar aus folgendem Grund: Sie sind das Erbe einer dualistischen Sichtweise, die nicht umhin kommt, das „Gute" vom „Schlechten" wie schwarz von weiß zu trennen. Dies wird der Vielfalt des Lebens nicht gerecht, und glücklicherweise setzt sich eine differenziertere Betrachtungsweise auch unter Astrologinnen und Astrologen immer mehr durch. Das soll allerdings nicht heißen, daß es keine Unterschiede zwischen einzelnen Aspekten gibt. So sind es vor allem die Aspekte der 45°-Reihe, die unserem Leben immer den notwendigen Antrieb geben, unter ihnen besonders Quadrate und Oppositionen. Hierin ist aber keine „Härte" zu erkennen, sondern eine große Herausforderung, der wir nur in den seltensten Fällen ausweichen können. Bei diesen Aspekten – auch die Konjunktion können wir dazu zählen – fallen wir am häufigsten in unerlöste Formen der Manifestation zurück, während wir zugleich durch immerwährende Herausforderung und Bewußtseinsarbeit von jenen Aspekten am meisten für unser Leben lernen. Wir sollten unseren „schwierigen" Aspekten also dankbar dafür sein, daß sie uns immer wieder an die Aufgaben erinnern, denen wir uns in diesem Leben zu stellen ausgesucht haben! Trigone und Sextile dagegen – die „leichten" Aspekte der klassischen Astrologie – stellen an uns nicht eine so große Anforderung, sondern wir können mehr oder weniger selbstverständlich über das vorhandene Potential verfügen. In vielen Fällen ist hier die Erlösungsarbeit schon weit fortgeschritten, vor allem in früheren Inkarnationen. Dies kann im jetzigen Leben eine gewisse Trägheit hervorrufen, die das Potential des Lilithkontaktes wieder zum Erliegen bringt. Um dieser Bequemlichkeit zu entgehen, sollte auch der „weiche" Aspekt bewußt gemacht und in die Praxis umgesetzt werden, stellt er doch eines der stärksten Mittel dar, das innere Wesen voll zur Geltung zu bringen.

Vor diesem Hintergrund ist das eigentlich Ausschlaggebende bei der konkreten Deutung, ob der Kontakt zwischen Lilith und den anderen Planeten in *erlöster* oder in *unerlöster* Form gelebt wird. Dies festzustellen ist weitaus wichtiger, als sich auf einem vermeintlich „leichten" Aspekt auszuruhen oder am vermeintlich „schwierigen" Aspekt zu verzweifeln.

Lilith–Sonne

Der Lilith-Sonne-Aspekt – und hierbei vor allem die Konjunktion – gehört zu den stärksten Kontakten, die der Schwarzmond im Horoskop bilden kann. Die Kraft der weiblichen Erinnerungen berührt hier gewissermaßen das Zentrum unserer Persönlichkeit, und wir können der besonderen Herausforderung einer solchen Stellung nicht ausweichen. Einzig Trigone und Sextile neigen dazu, ihre Wirkung im Hintergrund zu entfalten, sie werden im Laufe des Lebens dadurch spürbar, daß sie die Betreffenden mit einem kaum zu erschütternden Vertrauen in die eigene weibliche Stärke ausstatten.

Die Sonne stellt im Horoskop das eigentliche Selbst dar, das nach Verwirklichung, Entfaltung und Individuation strebt. Durch den Kontakt mit Lilith findet eine Radikalisierung dieses Anspruchs in der

Hinsicht statt, daß es nunmehr unmöglich erscheint, die Suche nach der Verwirklichung unserer inneren Freiheit durch Kompromisse beeinträchtigen zu lassen. Die Reaktion auf die angezeigte Unbedingtheit dieser Stellung ist – je nach den individuellen Lebensumständen – unterschiedlich gelagert. Menschen mit Lilith-Sonne-Kontakten haben meist im Laufe ihres Lebens, vor allem während der Kindheit, erfahren müssen, daß der Umwelt ihr frei geäußerter Wille nicht angenehm war. In der Darstellung der Eltern sind es oft „Trotzkinder", denen durch drastische und nicht selten verletzende Erziehungsmaßnahmen der Wille gebrochen werden sollte. Dies kann mit einem Gefühl der Wertlosigkeit der Eigenperson einhergehen, was sich im späteren Leben verselbständigen kann. Nun rechnen die Betreffenden von vornherein kaum noch damit, ihre wahre Persönlichkeit zeigen zu dürfen, sie fühlen sich wertlos und ungebraucht. In einem solchen Fall gilt es zu erkennen, daß es die Umgebung war, die mit der unbedingten Stärke Ihrer Persönlichkeit nicht fertig geworden ist. Geben Sie die selbstquälerischen Gedanken auf und entwickeln Sie das Vertrauen in Ihre innere Kraft, das Lilith Ihnen schenkt. Besonders wenn Ihr Schwarzmond in Konjunktion, Opposition oder im Quadrat zur Sonne steht, haben Sie sich eine Inkarnation gewählt, in deren Gefolge Sie die gesellschaftlichen Mauern deutlich zu spüren bekommen. Sie haben es sich zur Aufgabe gemacht, gegen diese Beschränkungen Ihrer Freiheit anzugehen und ihnen die volle Autonomie Ihrer Persönlichkeit entgegenzusetzen. Das ist oft ein schwieriger Weg, doch Sie müssen ihn gehen. Die Gefühle des Strauchelns, die sich womöglich immer wieder einstellen, gehören zum Erlösungsprozeß Ihrer Lilith, sie erinnern Sie daran, daß Sie im Drängen nach Verwirklichung des eigenen Selbstes nicht nachlassen dürfen. Verfallen Sie nicht in den Fehler, sich die Meinung gewisser Personen in Ihrem Umkreis zu eigen zu machen und sich einzureden, Sie seien überzogen, exzentrisch, radikal oder unfähig! Machen Sie sich klar, daß Sie solche Menschen in Ihr Leben hineinziehen, um immer wieder auf die Notwendigkeit gestoßen zu werden, das in Ihnen schlummernde Potential selbstbewußt zum Ausdruck zu bringen. Wenn Sie dies ignorieren, werden Sie wenig Spaß an Lilith haben. Statt dessen werden Sie sich in Selbstmitleid üben und der Welt die Schuld an Ihrer Misere geben. Hier gilt es aufzuwachen und zur eigenen Kraft zurückzufinden. Sie haben ein

Recht darauf, Ihre eigenen Vorstellung vom Leben zu verwirklichen. Menschen mit Lilith-Sonne-Aspekt verfügen häufig über eine geradezu magische Ausstrahlung. Dies zu erkennen und das darin zum Ausdruck kommende Potential in Liebe zum Leben zu verwirklichen, ist die eigentliche Botschaft dieser Stellung. Mit diesem Aspekt in erlöster Form sind Sie in der Lage, Ihr innerstes Wesen in Verbindung mit transzendenten Energiequellen zu bringen, und das macht Sie für andere Menschen häufig zu einem undurchschaubaren, ja gefährlichen, oder auch zu einem besonders faszinierenden Gegenüber. Im Laufe des Erlösungsprozesses Ihrer Lilith kann es nötig sein, schwere Opfer zu bringen, bildlich gesprochen: Ihre Persönlichkeit rituell zu töten, um sich dadurch zu läutern.

Eine solche Aufgabe ist übrigens auch angezeigt, wenn es sich um den *Transit* des Schwarzen Mondes über die Sonne handelt. Es geht immer um die Reinigung des Selbstes, um sich für die (weibliche) Energie zu öffnen, die sich in uns verwirklichen möchte. Auch hier kann es natürlich vorkommen, daß wir zu einer so grundsätzlichen Infragestellung unserer Persönlichkeit nicht bereit sind. Dann werden wir damit rechnen müssen, immer wieder von außen auf die Notwendigkeit dieses Prozesses hingewiesen zu werden, das Ritual des Opfers solange zu wiederholen, bis wir zur Kenntnis nehmen, daß es um die Neugeburt eines Menschen geht, der mit seinen archaischen weiblichen Anteilen im Einklang lebt und seine Energie aus diesen bezieht.

In manchen astrologischen Lehrbüchern wird behauptet, ein Mann mit Lilith-Sonne-Kontakten leide darunter, daß er „nicht richtig männlich" sei. Vielleicht stimmt dies sogar, wenn wir das patriarchale Muster von Männlichkeit zugrundelegen. Doch die von Lilith angezeigte Aufgabe geht ja in eine ganz andere Richtung. Es gilt nämlich zu erkennen, daß ein solcher Mann auf der Suche nach der Verwirklichung der weiblichen Energie ist, die er in sich selber spürt, die aber in unserer Gesellschaft mit dem Verlust von Männlichkeit gleichgesetzt wird. Lassen Sie sich also nicht unwidersprochen ein verkorkstes Mutter- oder Frauenbild attestieren, sondern bekennen Sie sich zu der großen Kraftquelle, die Ihnen zur Verfügung steht.

Ähnlich verhält es sich mit dieser Konstellation im weiblichen Horoskop. Immer wieder liest man, daß solche Frauen große Schwierigkeiten mit dem männlichen Geschlecht haben, also abgelehnt werden oder selber die Männer ablehnen. Lassen Sie sich dies nicht einreden. Nehmen Sie statt dessen zur Kenntnis, daß es für Sie möglicherweise schwieriger ist als für andere, Ihren Platz in der Gesellschaft oder der Partnerschaft zu finden, denn Sie sind in gewisser Weise „Ihrer Zeit voraus". Sie haben sich den weiblichen Weg als den Ihren ausgesucht, gehen Sie ihn erhobenen Hauptes. Vielleicht waren die Opfer, welche Sie seit Ihrer Kindheit erbringen mußten, ein Teil dieses Weges, vielleicht mußten Sie Ihren Vater früh verlieren, um auf das Thema der weiblichen Stärke vorbereitet zu werden. Vielleicht wurden Ihnen andere Steine in den Weg gelegt. Auf jeden Fall fordert Lilith von Ihnen den Einsatz Ihrer ganzen Persönlichkeit.

Lilith–Mond

Der Mond verkörpert im Horoskop den Ort unserer intensivsten Gefühle. An dieser Stelle ist „unsere Haut am dünnsten", wir sind verletzlich und sensibel. So wie der Mond in seinen unterschiedlichen Phasen das Licht der Sonne in passiver Weise aufnimmt beziehungsweise reflektiert, beschreibt der Mond im Radix unseren Umgang mit Umwelteinflüssen, auf die wir gefühlsmäßig reagieren. Wenn wir uns fragen, wann wir die uns eigene Art des Kontaktes mit Gefühlen erlernten, so werden wir auf die Eindrücke der frühen Kindheit zurückverwiesen. Als Kind waren wir von den Eltern, älteren Geschwistern oder allgemein von der Umwelt abhängig, wir fühlten uns schutzlos und suchten nach Geborgenheit. Je nachdem, ob wir in einem vertrauensvollen Klima, einem angstfreien Raum unsere Gefühlswelt erkunden durften oder ob wir uns infolge einer angsterregenden Behandlung durch die Familie abkapselten und den Kontakt zu unserer eigenen Gefühlswelt verloren – unser späterer Umgang mit Emotionen wird wesentlich davon geprägt sein.

An dieser Stelle erscheint der Hinweis angebracht, daß die Zuordnung der Mutter zum Mond, wie sie in der klassischen Astrologie in der Regel vorgenommen wurde und auch heute noch in einigen Lehrwerken zu finden ist, der modernen Situation in keiner Weise mehr angemessen ist. In früherer Zeit mag (!) dies anders gewesen sein, denn die Mutter hatte in vielen Familien einen direkteren Einfluß auf die seelische und emotionale Entwicklung des Kindes als der Vater. Davon kann heute keine Rede mehr sein, und wir müssen den Mond als das begreifen, was er eigentlich ist: das *Gefühls-Ich*. Daß der Mond mit dem Kind und nicht mit den Eltern zusammenhängt, ist besonders in der Huber-Schule deutlich herausgearbeitet worden.

Wenn wir den Mond in seinem Aspekt zu Lilith betrachten, müssen wir uns deshalb von vornherein eines Bezugs auf die Mutter enthalten. Dieser ist natürlich nicht ausgeschlossen, doch die grundlegende Wirkung entfaltet sich im Hinblick auf die Gefühlswelt der oder des Betreffenden. Besonders bei Konjunktion, Opposition und Quadrat können sich ernsthafte Herausforderungen emotionaler Art ergeben. Es besteht ein unerhörter Anspruch an die Authentizität der eigenen Gefühle; die Intuition wird immer wieder mit erschütternden Erfahrungen aus dem Bereich der Lilith konfrontiert, die das Ziel einer Läuterung und Klärung der Gefühle verfolgen.

Nicht selten führten die familiären Bedingungen dazu, daß das Kind kein Vertrauen in die eigene Gefühlswelt, die „innere Stimme" oder Intuition entwickeln durfte. In unerlöster Form kann das so erlernte Verhalten dazu führen, daß auch der Erwachsene von seinen Gefühlen abgeschnitten ist und möglicherweise in der ständigen Furcht lebt, von ihnen überrollt zu werden. Das emotionale Potential – und das spüren Sie deutlich – ist nämlich gewaltig! Die Erlösungsarbeit fängt in dem Moment an, wo Sie sich darüber Rechenschaft abgeben, daß Sie tatsächlich derart großer Gefühle fähig sind. Versuchen Sie zu ergründen, welchen Sinn es gehabt haben könnte, daß Sie auf diese Art und Weise mit der Radikalität Ihrer Gefühlswelt konfrontiert wurden. Vielleicht stellen Sie fest, daß Ihre Umwelt nur nicht mit Ihrer emotionalen Intensität fertig geworden ist. Vielleicht verfügen Sie über Kräfte, die anderen Menschen angst machen. Diese Kräfte können Sie entwickeln und läutern, wenn Sie den Kontakt zur inneren Weisheit Ihrer weiblichen Seite suchen. Dann lernen Sie, daß Ihre Gefühle keine Schwäche sind, sondern Ihnen Selbstvertrauen und Gewißheit verleihen. Sie können anderen Ihre Liebe schenken, ohne mißbraucht zu werden, denn Lilith achtet darauf, daß niemand Ihnen Schaden zufügt. Voraussetzung dafür ist allerdings, daß Sie sich auch abgrenzen können. Liebe und Selbstaufgabe sind nicht zwei Seiten einer Medaille, und Sie haben die Begabung, das eine zu verwirklichen, ohne in das andere zurückzufallen. Schließen Sie Frieden mit den mitunter schmerzhaften Erfahrungen Ihres Lebens und erkennen Sie die läuternde Absicht, die sich in ihnen verbirgt.

Lilith–Merkur

Die Stellung des Merkur im Horoskop zeigt uns, in welche Richtung sich unser Interesse an Information, geistiger Arbeit und Kommunikation entfalten wird. Die Aspektfiguren des Merkur wiederum geben Auskunft darüber, wie stark jenes Interesse ausgeprägt ist, und ob es uns leicht fällt, mit anderen Kontakt aufzunehmen, oder nicht. Wenn Merkur von Lilith aspektiert wird, ergibt sich ein hoher Anspruch an Ehrlichkeit und Tiefgang im Hinblick auf unsere Kommunikationsweisen. Der schnelle und mitunter schnellebige Informationsaustausch des Merkur trifft hier nämlich auf die individualistische Kraft der Lilith, die sich gesellschaftlichen Spielregeln ebenso verschließt wie einer Kommunikation, die der freien Entfaltung der eigenen Persönlichkeit im Wege stehen könnte.

Besonders wenn es sich um Konjunktion, Quadrat oder Opposition handelt, kann diese unterschiedliche Tendenz der Kräfte zu einigen Konflikten führen. Wir haben dann einen Menschen vor uns, der an den „merkurischen Dingen" des Lebens ungern teilnimmt, sich von Kommunikation abschneidet oder durch die Umwelt isoliert wird. Auch die Fähigkeit, Dinge gründlich zu analysieren, kann hierbei zu kurz kommen, denn in der Regel handeln solche Menschen aus dem Bauch heraus. Im Falle des Trigons oder Sextils ist dieser Konflikt beträchtlich geringer, und es liegt das bereits als gegeben vor, was im anderen Falle erst mühsam errungen werden muß: die fruchtbare Verbindung zwischen dem intuitiv erkannten Wissen der Lilith und der praktischen Verwertung dieses Wissens im Alltag. Hierzu gehört auch, daß ein Gleichgewicht zwischen der Öffnung für die Kommunikation mit anderen und der notwendigen Rückbindung an die im Alleinsein erlebte innere Kraft geschaffen werden muß. Die Probleme wie auch die Entfaltungsmöglichkeiten einer solchen Stellung ähneln in starkem Maße dem, was wir im Zusammenhang mit Lilith im Dritten Haus erarbeitet haben.

183

Der Kontakt zwischen Lilith und Venus konfrontiert uns wie kein anderer mit dem Thema der Weiblichkeit. Venus ist ja traditionellerweise der Planet der erotischen Liebe, der Geselligkeit und der Harmonie. Sie steht damit für ein Bild von Weiblichkeit, das sich im Laufe der patriarchalen Geschichte immer stärker verfestigte, nämlich das Bild der gefühlvollen, harmoniebedürftigen und zugleich der erotisch attraktiven Frau. Eine solche Haltung – das haben wir immer wieder festgestellt – wird von Lilith herausgefordert und ergänzt. Auch hier entscheidet die Qualität des Aspektes, noch mehr aber das Erlösungsstadium der Lilith darüber, ob der Lilith-Venus-Kontakt in Form von erbitterten Auseinandersetzungen oder einer harmonischen Integration gelebt wird. So ist es denkbar, daß bei einem Quadrat oder einer Opposition das Ausleben der venusischen Bedürfnisse (bei Frauen *und* Männern!) erschwert ist, weil sich die Lilith in keiner Weise unterzuordnen bereit ist. Immer wieder gibt es schmerzhafte Konflikte, die im Spannungsbereich zwischen Selbstdurchsetzung und Anpassung, besonders in partnerschaftlichen Fragen, angesiedelt sind. Wird die Lilith gelebt, so sehnen sich die Betreffenden nach venusischer Harmonie, leben sie dagegen die Venus, fühlt sich Lilith eingesperrt und droht mit einem Befreiungsschlag.

Die Herausforderung besteht in einem solchen Fall darin, den Ausgleich der Kräfte zu bewerkstelligen, d. h. zu erkennen, daß „Weiblichkeit" sich weder auf das venusische Moment der Konfliktvermeidung noch auf die Selbstdefinition durch Abgrenzung und Kampf beschränken läßt. Handelt es sich um Trigon oder Sextil, besonders aber um eine Konjunktion, so ist die Synthese der Energien von vornherein leichter zu bewerkstelligen. Auf jeden Fall haben wir es bei Lilith-Venus mit dem vielleicht ausgeprägtesten Interesse an weiblicher Spiritualität zu tun, das nicht nur den Bereich der religiös-kultischen Belange betrifft, sondern auch den der Sexualität. Im Sinne der antiken Anschauung wird hier die Sexualität als ein sakraler Akt verstanden, um mit den tiefen Schichten unserer weiblichen Kraft in Kontakt zu kommen. Diesbezügliche Auseinandersetzungen und Schmerzen weisen Sie darauf hin, daß das in Ihnen verborgene Potential darauf drängt, ernstgenommen und verwirklicht zu werden.

Wenn Lilith sich mit Mars verbündet, können erstaunliche Kräfte freigesetzt werden. Der Freiheitsanspruch und das Verwirklichungsstreben Liliths erhält durch Mars eine vorwärtsschreitende und aktive Note, die in manchen Fällen bis zum erbitterten Kampf führen kann. Die Aggressivität, die eine solche Verbindung besonders in Konjunktion, Opposition und Quadrat anzuzeigen pflegt, kann sich entweder in der Auseinandersetzung mit äußeren Widerständen entladen, welche mit aller Gewalt aus der Welt geräumt werden oder sich gegen die eigene Person richten. Die letztere Möglichkeit ist vor allem dann gegeben, wenn die Durchsetzung der eigenen Ansprüche im Laufe der Kindheit und des späteren Lebens von der Umwelt behindert worden ist. Die Eigenperson wird dann als wertlos und kraftlos empfunden, wodurch das offene Zeigen der Gefühle verhindert wird. In diesem Falle sollten Sie sich klar machen, daß Sie diese ungeheure Energie bereits leben, allerdings in selbstquälerischer Art und Weise.

In erlöstem Zustand bedeutet die Lilith-Mars-Aspektierung, daß Sie die Fähigkeit haben, in der Verwirklichung Ihrer weiblichen Kraft, im Ringen um die freie Entfaltung Ihres Potentials die *Initiative* zu übernehmen. Dabei sind Sie in der Lage, widrige Umstände in Kauf zu nehmen oder zu überwinden. Stehen Sie zu Ihrer Aggression und erkennen Sie, daß dies nichts mit moralischen Begriffen zu tun hat, sondern mit der notwendigen Initiativkraft, die Veränderungen überhaupt erst möglich macht.

Lilith–Jupiter

Der Kontakt zwischen Lilith und Jupiter läßt sich auf zweierlei Ebenen begreifen. Einerseits sind alle Fragen des *Wachstums* angesprochen, andererseits jene des *religiös-philosophischen Bereichs*.

Betrachten wir zunächst die erste Ebene, so erkennen wir in Jupiter unseren Wunsch nach Horizonterweiterung, nach Verankerung unseres praktisch gesammelten Wissens in einem größeren Zusammenhang. Wo Jupiter steht, sind wir von dem Bedürfnis geprägt, unsere Seele reifen und wachsen zu lassen. In Verbindung mit Lilith können wir davon ausgehen, daß jene Wachstumsprozesse eng mit weiblicher Spiritualität zusammenhängen, d.h. wir wachsen, indem wir uns unserer inneren Kraft mehr und mehr bewußt werden. Dies ist zumindest die erlöste Variante einer solchen Stellung. In unerlöstem Zustand kann der Lilith-Jupiter-Kontakt auf erhebliche Schwierigkeiten hindeuten, die Spiritualität im Sinne eines Wachstumsprozesses sinnvoll einzusetzen. So ist es möglich, daß negative Lebenserfahrungen, z.B. die Zurückweisung der eigenen Entfaltungsmöglichkeiten durch die Eltern oder die Umwelt, zu einer Beschneidung des Selbstvertrauens führten. In einem solchen Fall besteht nicht selten ein Konflikt zwischen Selbstbegrenzung, denn die Urteile der Umwelt werden häufig als die eigenen empfunden, und dem regelmäßigen Ausbruch aus auferlegten Grenzen durch Lilith. Der Wachstumsprozeß erfolgt in diesem Fall durch schmerzhafte und plötzliche Veränderungen. Doch das Ziel ist dasselbe: die Erkenntnis des inneren spirituellen Potentials, das es gegen die Begrenzungen der Umwelt wie der Eigenperson in seelisches Wachstum einzubringen gilt.

Die Integration der praktischen Lebenserfahrung in einen größeren Zusammenhang weist bereits auf die zweite Ebene des Lilith-Jupiter-Kontaktes hin, denn nun geht es um die Einbindung der irdischen Existenz in kosmisch-religiöse Dimensionen. Der *Sinn* unseres Daseins wird immer wieder im Mittelpunkt des Interesses stehen, wobei die darauf gerichtete Suche von religiösen Fragen bestimmt wird. Mit Jupiter und Lilith begegnen sich ja der männliche höchste Gott und die Große Göttin, so daß es nicht verwundert, wenn wir hier von einer hohepriesterlichen Stellung sprechen. Je nach Aspektierung und Erlösungsstadium kann ein Konflikt zwischen als dominant erlebten männlichen Ansprüchen und dem zu entwickelnden weiblichen Selbstvertrauen angezeigt sein. Das Ziel einer derartigen Auseinandersetzung besteht aber darin, zu einer Art mystischer Hochzeit zu gelangen, in der die Göttin gleichsam als Initiatorin für Jupiter agiert. Machtfragen müssen auch hier als Reste patriarchal-dualistischer Denkweise überwunden werden.

Saturn ist der äußerste der persönlichen Planeten. In ihm laufen die Erfahrungen zusammen, er bündelt sie und verleiht ihnen eine bleibende Form. Neben dem strukturgebenden Moment zeichnet die Saturnenergie auch die Grenzsetzung aus, denn Saturn wacht darüber, daß wir keine Aufgabe (die wir uns durch unsere Inkarnation selber gesetzt haben) auslassen, um zu einer ganzen Persönlichkeit zu werden. Zu Recht wird Saturn deshalb der „Hüter der Schwelle" genannt. Wenn wir die transpersonalen Dimensionen von Uranus, Neptun und Pluto entdecken wollen, müssen wir die mitunter harte Schule des Saturn durchlaufen, der uns immer wieder auffordert, strukturiert, diszipliniert und mit Durchhaltevermögen an uns selber zu arbeiten.

Wenn sich diese Energie mit Lilith verbindet, sind Konflikte zu erwarten, denn in Lilith drückt sich ja der unbedingte Freiheits- und Selbstbehauptungsdrang aus, der über moralische Disziplinierungen lächelnd hinweggeht. Viele Menschen mit Lilith-Saturn-Kontakten machen die Erfahrung, daß sie sich gewissermaßen „an den Mauern der Gesellschaft die Stirn wundreiben". Schon früh müssen sie lernen, daß ihrem Entfaltungsdrang enge Grenzen gesetzt sind, was bis zur gewalttätigen Verletzung der Persönlichkeit in der Kindheit reichen kann. Der Erlösungsprozeß ist in einem solchen Fall nicht leicht, da Saturn immer auch das Vertrauen in den Wert der Eigenperson tangiert. Vielleicht rebellieren Sie gegen die Disziplinierung Ihrer Lilith durch die Umwelt oder das Elternhaus, doch bevor diese Rebellion von Erfolg gekrönt sein kann, müssen Sie lernen, sich selber so zu lieben, wie Sie sind. Das mag banal klingen, ist aber gar nicht so einfach, wenn uns immer wieder eingehämmert worden ist: „Du bist etwas wert, *weil* du das und das geleistet hast"; „Als Frau muß du doppelt so gut sein wie die Männer, damit du akzeptiert wirst"; „Als Mann mußt du lernen, dich durchzusetzen, sonst bist du ein Versager" usw. – Wenn Sie sich mit solchen typischen Saturn-Botschaften auseinandersetzen, dann sind Sie auf dem besten Wege, Ihre Lilith aus der Umklammerung durch Saturn zu befreien und die Verbindung der beiden in eine ungemein kreative Phase zu bringen.

Damit sind wir bei der erlösten Variante der Lilith-Saturn-Begegnung. Diese besteht nämlich darin, daß der ungezügelten und archaischen Kraft der Göttin eine Struktur gegeben wird, die sie nicht gängelt, wohl aber in überschaubare Dimensionen einbettet. Dem Lilith-Impuls „alles auf einmal" wird der Saturnanspruch „eines nach dem anderen" zur Seite gestellt, womit die Energie der Göttin noch zielgerichteter und effektiver gelebt werden kann. Im Zuge dieser Bündelung der Kräfte entfaltet sich auch das mystische Potential Saturns, denn er schenkt uns das Wissen, daß wir nur durch kontinuierliche Arbeit an der eigenen Persönlichkeit die spirituellen Dimensionen erreichen können, die von Lilith angezeigt sind. So verstanden wird die Lilith-Saturn-Begegnung zu einer initiatischen Reise in die Tiefen unserer Seele. Dies können wir uns noch mit einem weiteren Bild vergegenwärtigen. Um sich in Trance zu versetzen, um also das Tagesbewußtsein zu transzendieren, verwendet die Schamanin oder der Schamane den Rhythmus einer Trommel. Sie oder er „reitet" die Trommel in die höheren Regionen unserer Wirklichkeit. Der gleichmäßige Rhythmus ist aber nicht nur für den Antritt der Reise wichtig, sondern ebenso – wenn nicht noch mehr – für die Rückkehr ins Tagesbewußtsein. Die Trommel ist gleichsam der Wegweiser, welcher der Seele die Richtung offenbart. Dieser Vergleich paßt sehr genau auf die erlöste Variante des Lilith-Saturn-Kontaktes, denn die strukturierende Energie der Trommel (Saturn) ermöglicht der ekstatischen Energie Liliths eine Reise in spirituelle Bereiche, die ohne seine Hilfe nicht durchzuführen wären.

Lilith–Uranus

Im Kontakt zu Uranus schwingt sich der Freiheitsdrang Liliths zu neuen Höhen hinauf. Gesellschaftliche Barrieren oder die Grenzen unseres Verstandes werden hier mit aller Gewalt eingerissen, damit wir zu wahrer Freiheit gelangen. Moralische Hemmungen stehen dabei eindeutig im Hintergrund. Es geht in erster Linie um die Verwirklichung des spirituellen weiblichen Wissens, das mit immer neuen Ideen und Konzepten überrascht.

Probleme entstehen dann, wenn der Phantasie von außen (oder auch von innen) her Grenzen gesetzt werden. Dies kann dazu führen, daß der Entfaltungswunsch im Laufe der Zeit im Unbewußten verloren geht. Er wird dann nach außen projiziert, und wir machen die Erfahrung, daß wir durch scheinbare Zufälle immer wieder daran gehindert werden, über längere Zeit einer Tätigkeit nachzugehen, die uns patriarchalen Machtstrukturen oder anderen gesellschaftlichen Zwängen ausliefert. Die Trennungen von solchen Strukturen – sowohl in der Arbeit als auch im Freundeskreis – können durchaus eruptiv und schmerzhaft vollzogen werden, besonders wenn wir die notwendigen Veränderungen allzu lange aufgeschoben haben.

Besser ist es – und damit sind wir bei der erlösten Ebene des Lilith-Uranus-Kontaktes –, den ungeheuren Drang nach Individualität und Freiheit in bewußter Art und Weise zum Ausdruck zu bringen. Stehen Sie dazu, daß Sie in entnervenden patriarchalen Strukturen nicht zuhause sind, daß Sie mehr vom Leben erwarten, als Ihnen eine durchschnittliche Karriere bieten kann. Die Regeln für Ihr Leben werden von Ihnen selbst bestimmt, und das ist gut so. Wenn Sie dies erkennen und selbstbewußt in Ihr Leben integrieren, haben Sie kleinkarierte Kämpfe oder Machtspiele mit anderen Menschen nicht mehr nötig, sondern können aus einem Zustand der Autonomie heraus anderen Menschen mit Liebe begegnen. In der höchsten Erlösungsstufe ist Lilith-Uranus eine Potenz, die nicht nur Sie selbst durch Liebe verwandelt, sondern Sie darüber hinaus befähigt, anderen ein Vorbild zu sein. Sie haben die Verantwortung übernommen, maßgeblich an der Umgestaltung unserer Gesellschaft hin zu einem gerechten Miteinander beteiligt zu sein.

Lilith–Neptun

Wenn Lilith von Neptun aspektiert wird, erhält die spirituelle Ausrichtung der Göttinenergie eine weitere Vertiefung. Neptun verkörpert nämlich die Überwindung der engen Grenzen unseres Egos und die Verschmelzung mit transpersonalen Dimensionen. In Verbindung mit Lilith können wir somit davon ausgehen, daß hier das Potential zu einer ganz besonderen mystischen Schau besteht, die uns in Kontakt mit lange verschüttetem Wissen zu bringen vermag. In der höchsten Form deutet Lilith-Neptun auf eine allumfassende Menschenliebe hin, die sich aus dem bedingungslosen Vertrauen in die Liebe der

Göttin speist. Nicht Selbstdurchsetzung, sondern der Dienst am Leben, an der Menschheit und unseren Mitgeschöpfen, den Tieren und Pflanzen, kennzeichnet diese Energie.

Auf dem Weg dorthin sind allerdings einige Widrigkeiten zu meistern. Neptun ist nämlich nicht nur der Überwinder des Egos, sondern – und darin erkennen wir dieselbe Energie auf einer anderen Erlösungsstufe – auch der große Vernebler. Es kann sein, daß wir über unsere wahren Absichten keine Klarheit erlangen und das Gefühl haben, immer zum Opfer unserer Umwelt zu werden. Dies kann tatsächlich geschehen, denn Neptun-Lilith-Kontakte bergen einigen Zündstoff. Wenn Sie die Erfahrung machen, von anderen mißbraucht zu werden, ohne sich dagegen wehren zu können, wenn Ihre Gutmütigkeit ausgenutzt wird oder Ihre Abwehr meistens ins Leere zu gehen scheint, sollten Sie sich fragen, welche Einsichten Sie daraus gewinnen können. Ein solches Verhalten liegt nicht an einer vermeintlichen Schwäche Ihrerseits, sondern an einer fehlenden Bereitschaft zur Abgrenzung. Wie andere Neptun-Kontakte kann auch seine Verbindung mit Lilith eine Co-Abhängigkeit andeuten, die es zu konfrontieren gilt. Sie müssen zuallererst lernen, sich gegen den Energieverlust durch andere Menschen zu schützen. Die Göttin ist nicht nur Beschützerin und Mutter, sondern auch Energiespenderin und spirituelle Kriegerin. Je mehr es Ihnen gelingt, offen Ihre Grenzen zu ziehen, desto sicherer werden Sie Ihr Potential zum Ausdruck bringen können. Das Schlüsselwort für Lilith-Neptun lautet deshalb: *Indem ich mich selbst liebe, diene ich der Göttin und dem Leben.* Um das Ego überwinden zu können, müssen wir es erst einmal finden.

Lilith–Pluto

Die Verbindung zwischen Lilith und Pluto ist eine äußerst mächtige Konstellation. In besonderem Maße gilt dies für die Konjunktion, aber auch Quadrat und Opposition bergen ein ungeheures Potential. Plutos Energie ist der von Lilith durchaus ähnlich, denn auch ihm geht es um die Überwindung verkrusteter und tabuisierter Bereiche unserer Gesellschaft. Auch Pluto rückt die Sexualität immer wieder ins Zentrum des Interesses und scheut sich nicht, in extreme Bereiche vorzustoßen, die uns gewöhnlich angst machen. Schattenthemen und Transformationen, die durch Mark und Bein gehen, sind die besonderen Vorlieben Plutos.

Es liegt also auf der Hand, daß Lilith in Pluto einen Partner findet, der ihren Anspruch auf radikale Transformation gesellschaftlicher und patriarchaler Grenzen gerne zu unterstützen bereit ist. An der Zerstörung überkommener Muster und der Etablierung neuer Paradigmen findet Pluto Gefallen, und er versorgt uns mit dem nötigen Mut, solche Veränderungen durchzustehen.

Aber bis wir so weit sind, muß unter Umständen einiges an Erlösungsarbeit geleistet werden. So ist es in der Regel notwendig, sich von unbewußten Machtstrukturen zu befreien. Was ist darunter zu verstehen? Pluto neigt dazu, sich in Begriffen von Macht und Ohnmacht zu manifestieren, denen wir mehr oder weniger unbewußt folgen. Verbunden mit Lilith führt dies zu dem Gefühl, die familiäre, partnerschaftliche oder auch jede andere Situation unbedingt kontrollieren zu müssen, um sich selbst gegen erwartete Angriffe der Außenwelt zu schützen. Diese Kontrolle wird im Hintergrund ausgeübt, so daß die anderen oft nicht die Chance haben, sich offen dagegen zur Wehr zu setzen. „Macht" ist das Zauberwort, das dem erbittert geführten Kampf um die eigene Position – sei es nun der Kampf gegen die verhaßten Männer oder die übermächtigen Frauen – immer wieder neue Nahrung zuführt.

Wenn Sie die Lilith in einer für Sie und für andere gesunden Weise leben wollen, so bleibt Ihnen nichts anderes übrig, als sich von jeglichen Machtfragen zu lösen. Damit geben Sie nicht Ihre Deckung auf, sondern ermöglichen es Ihrer ungeheuren inneren Stärke, sich voll zu entfalten. Sie müssen einen tiefgreifenden Transformationsprozeß durchmachen, in dessen Verlauf Sie Ihre mental-magischen oder auch intuitiven Fähigkeiten erst entdecken. Stellen Sie diese Fähigkeiten unter Ihren Willen, anstatt sich in Machtspielchen zu verschleißen, die Sie überhaupt nicht nötig haben. Sie werden feststellen, daß Ihnen fast nichts unmöglich ist. Und die Anbindung an die spirituellen Ebenen der weiblichen Kraft befähigt Sie dazu, anderen Menschen in Transformationsprozessen helfend zur Seite zu stehen. Ihr Rat und Ihre Hilfe werden gesucht, da andere Ihre Willensstärke erkennen, ohne sich vor ihr zu fürchten.

Mit Chiron wird erst seit einigen Jahren gearbeitet. Von den meisten Astrologinnen und Astrologen wird er vernachlässigt, da die vorhandenen Forschungsergebnisse nur vorläufige Aussagen zulassen beziehungsweise fast zwangsläufig auf karmische Fragen verweisen, was manchen psychologisch orientierten Schulen nicht so behagt. Ich verwende Chiron für meine Horoskopbesprechungen seit mehreren Jahren, und trotz aller Vorbehalte sind die Ergebnisse dieser Deutungen so klar, daß es angebracht erscheint, auch die Kontakte zwischen Lilith und Chiron in diese Übersicht mit aufzunehmen. Ich habe das eine oder andere Horoskop gesehen, welches erst durch Chiron seine besonderen Qualitäten erhält.

Chiron wird gemeinhin mit einer „unheilbaren Wunde" in Verbindung gebracht, und in der Tat bemerken wir an der Stelle, an der Chiron unser Horoskop beeinflußt, einen diffusen Schmerz, der etwas Unausweichliches in sich birgt. Immer wenn wir durch Transite oder andere Ereignisse in unserem Leben an dieser Stelle berührt werden, fühlen wir die Verletzung erneut in uns aufsteigen. Lilith ihrerseits deutet darauf hin, daß die Wunde tief in unserer Seele mit Fragen der Weiblichkeit, der Selbstbehauptung und der Autonomie zu tun hat. Vielleicht sind wir gewaltsam daran gehindert worden, unsere Selbstbestimmtheit zu entwickeln, vielleicht wurden wir erniedrigt und in unserem weiblichen Anteil verletzt. Eine solche Disposition ist besonders dann angedeutet, wenn Lilith in Konjunktion, Quadrat oder Opposition zu Chiron steht, während ein Trigon oder Sextil darauf hinweist, daß der alte Schmerz bereits zu einem guten Teil in Heilungsenergie verwandelt worden ist, sei es in früheren Inkarnationen oder im jetzigen Leben. Es ist also nicht so, daß wir die Suche nach der Ursache unseres Schmerzes auf die jetzige Inkarnation beschränken dürfen, im Gegenteil: Die Tiefe unserer Wunde ist ein klares Indiz dafür, daß wir sie in einschneidenden früheren Erfahrungen erworben haben. Sollten wir in diesem Leben mit ähnlichen Erlebnissen konfrontiert werden, so handelt es sich in vielen Fällen um Wiederholungen eines uralten Skriptes, das auf Bewußtwerdung drängt.

Damit ist bereits die Erlösung einer solchen Stellung angeschnitten. Es wird uns in der Regel nicht gelingen, die Wunde ganz zu heilen. Immer wieder werden wir in ihr berührt, und sie bricht erneut auf. Da unser höheres Selbst, das Schicksal oder die Götter aber keineswegs die Absicht haben, uns zu quälen oder zu strafen, müssen wir die eigentliche Aufgabe der Chiron-Stellung erkennen. Diese besteht darin, *mit* dem Schmerz zu leben, ihn als ein unverwechselbares Kennzeichen unserer Persönlichkeit zu integrieren und mit ihm Frieden zu schließen. Haben wir dies geschafft, wird Chiron zum Heiler. Denn wirkliche Heilung kann nur der Mensch anderen zuteil werden lassen, der selber weiß, was Schmerzen bedeuten.

Machen Sie sich also die Verletzungen bewußt, welche Sie mit sich herumtragen. Die Horoskopmeditation, wie sie im letzten Kapitel beschrieben wird, kann hierbei ein wertvolle Hilfe sein. Das heilerische Potential, das in Ihnen steckt und darauf wartet, erlöst zu werden, ergibt sich wie von selbst aus den schmerzhaften Erfahrungen, die Sie sammeln mußten. Sie können anderen helfen, ähnliche Situationen durchzustehen oder zu bewältigen.

Lilith–Mondknoten

Die Mondknotenachse ist der Schnittpunkt zwischen Vergangenheit und Gegenwart. Wie kein anderer Punkt im Horoskop gibt uns die Stellung des Mondknotens Aufschluß über karmische Hintergründe unserer Existenz. Der absteigende Mondknoten stellt dabei – kurz gesagt – das dar, was wir in unsere jetzige Inkarnation mitbringen, während der aufsteigende das Potential andeutet, das es zu verwirklichen gilt.

Wenn Lilith auf die Mondknotenachse zu stehen kommt – alle anderen Aspekte wirken etwas schwächer –, so können wir dies als Hinweis darauf werten, daß die Thematik der Entfaltung weiblicher Spiritualität für uns bereits früher von erheblicher Bedeutung war. Je nach Häuser- und Zeichenstellung beziehungsweise der weiteren Aspektierung können damit ganz unterschiedliche Erfahrungen gemeint sein. Sie reichen von einer priesterlichen Vergangenheit über ein Leben als weise Frau oder Hexe (die auch männlich sein kann) bis hin zu traumatischen karmischen Erinnerungen. Über die konkrete Manifestation kann die Astrologie keine Aussage machen –

man neigt gewöhnlich eher dazu, sich mit der Opferrolle zu identifizieren, während schon einiger Mut dazu gehört, eine Vergangenheit als Gewalttäter zu akzeptieren. Für die Klärung solcher Fragen müssen geeignete Verfahren der Rückführung oder Bewußtmachung zur Anwendung kommen. Bedenken Sie hierbei aber stets, daß Ihr Höheres Selbst gute Gründe dafür hat, Ihnen bestimmte Erinnerungen karmischer Art vorzuenthalten. Rückführungen nach dem „Hau-Ruck-Verfahren" fügen meistens mehr Schaden zu, als daß sie tatsächlich weiterhelfen.

Trotz dieser Einschränkung können wir astrologisch in jedem Fall die Tatsache festhalten, daß wir mit Lilith am Mondknoten (insbesondere am absteigenden) bestimmte Dinge voraussetzen, die in unserer jetzigen Verkörperung nicht bestätigt werden können. Dies gilt sowohl im positiven als auch im negativen Zusammenhang. Wenn wir beispielsweise eine priesterliche Vergangenheit mitbringen, die uns ganz selbstverständlich im Einklang mit der weiblichen Stärke leben ließ, müssen wir nun die Erfahrung machen, daß unsere Umwelt diese Sicherheit nicht zu teilen bereit ist. Wir müssen uns neu auf unsere Intuition einlassen und das unerschöpfliche Wissen unserer Seele zum Ausdruck bringen. Im negativen Sinne könnte es sein, daß wir durch ein karmisches Ereignis traumatisiert sind (als Opfer oder als Täter) und daß dieses Trauma immer wieder dazu führt, daß wir bestimmte Verhaltensweisen zwanghaft ausführen, Situationen ausweichen, die uns an jene Ereignisse erinnern könnten, oder in anderer Weise unfrei reagieren. Die Lilithstellung deutet in einem solchen Fall nicht nur an, in welchem Zusammenhang das Trauma zu suchen ist, sondern auch, wie Sie zur Erlösung der karmischen Erinnerung beitragen können. Der aufsteigende Mondknoten wiederum zeigt die Art und Weise an, in der Sie aufgefordert sind, die Erfahrungen der Vergangenheit zu bewältigen und in eine autonome Persönlichkeit zu integrieren.

Anmerkungen

1 Lianella Livaldi-Laun: *Lilith – Die Begegnung mit dem Schmerz. Die Astrologie des Schwarzen Mondes*, Mössingen 1994.

2 Alle in diesem Buch ausgeführten Horoskope richten sich nach den Angaben bei Michael Roscher: *Das Buch der Horoskope. 240 Horoskope berühmter Persönlichkeiten*, München 1990.

3 Alle Bücher von Satprem sind lesenswert. Einen guten Einstieg in sein faszinierendes Denken gibt *Das Mental der Zellen*, Einsiedeln 1992.

4 Satprem: *Der Aufstand der Erde*, Einsiedeln 1993, S. 13 f. und 15.

5 Joëlle de Gravelaine behauptet in ihrem Buch *Lilith – Der schwarze Mond. Die Grosse Göttin im Horoskop* (Wettswil 1990, S. 80), die Ursachen für derartige Unglücke seien „fast immer im psychosomatischen Bereich oder in Selbstopferung zu suchen [...] Wieviele Frauen mit dieser Schwarzer Mond-Stellung [...] scheuen keine sexuelle Verstümmelung wie etwa die Hysterektomie oder die Ablation eines Eierstocks oder einer Brust beziehungsweise die Entfernung von Zysten usw!" Lianella Livaldi-Laun (s. o. Anm. 1, S. 45) kommt aus ihrer persönlichen Erfahrung zu ähnlichen Ergebnissen und schreibt, daß vor allem Frauen unter diesem Einfluß „auf jede Belastung, auf Probleme in der Arbeit oder auf Frustrationen des Hausfrauendaseins mit psychosomatischen Erkrankungen reagieren. Mein Körper antwortet auf jedes noch so geringe Ärgernis mit Krankheitssymptomen." Zu solchen Beschreibungen kann man nur gelangen, wenn man das Kraftpotential der Lilith vollkommen ignoriert.

6 „Vergebt mir, wenn ich eure Sitten verwirrend finde / Ich komme von einem Planeten, auf dem es keinen Sport gibt. / Entschuldigt meinen Mangel an Enthusiasmus / Wenn ich einen Bissen von eurem Hot Dog verweigere / O Gott, ich hab's mal wieder versaut / Ich scheine diese Männer- [oder: Menschen-]spiele nicht spielen zu können." J. Neo in seinem Lied *Best Sellers*, aufgenommen mit der Gruppe X-Tal (*May Day*, Rough Trade 1994).

Wege zu Lilith oder
Die Erweckung der Kraft

In unserer bisherigen Beschäftigung mit dem Thema Lilith haben wir uns auf einer sehr intellektuellen, geistigen Ebene bewegt. Dies ist auch notwendig, denn schließlich gilt es mit vielen Denkmustern zu brechen, die uns nur einen sehr verzerrten Blick auf die Göttin erlauben. Im eigentlichen Sinne gibt es natürlich keinen objektiven Blick, und dieses Buch kann beinahe als Plädoyer angesehen werden, unserem subjektiven Eindruck mehr Vertrauen zu schenken. Im Zuge unserer intellektuellen Auseinandersetzung mit Lilith haben wir mehr als einmal feststellen können, daß die Göttin in engen Begrifflichkeiten nicht abzubilden ist, sondern daß sie uns auffordert, im direkten Erleben, in der spirituellen Verschmelzung mit ihrer Energie den schlummernden Potentialen in uns näher zu kommen. Das ist keine Büchse der Pandora, wie uns die Tiefenpsychologie der letzten fast einhundert Jahre weismachen möchte, sondern ein Erlebnis archaischer Kraft, welche uns verwandelt und zur Ganzheit unseres Daseins führt.

Diesem Prozeß ist das abschließende Kapitel gewidmet. Es möchte der Einsicht Rechnung tragen, daß wir Lilith nur nahe kommen, wenn wir ihrer Energie auf verschiedenen Ebenen – geistigen, intellektuellen, meditativen, ekstatischen, körperlichen, spirituellen usw. – nachspüren. Wie das aussehen *kann*, wollen wir uns im folgenden vergegenwärtigen. Da es Lilith um Autonomie und Unabhängigkeit geht, sollten Sie die Ausführungen hierzu als *Vorschläge* auffassen, die Sie probieren können, wenn Sie wollen. Finden Sie Ihren eigenen Weg zur Göttin in sich, denn das wird Ihnen am meisten Freude bereiten. Haben Sie keine Hemmungen, die Meditationen oder einzelnen Zuschreibungen nach Ihren Vorstellungen abzuwandeln, Sie können nichts falsch machen, wenn Sie mit ganzem Herzen bei der Sache sind. Fragen Sie Ihr Höheres Selbst, ob es Ihnen weitere Rituale, Tänze oder Meditationen zeigen kann, experimentieren Sie. Vergessen Sie bei alldem das Wichtigste nicht: Spaß!

Die Beschäftigung mit Lilith läßt sich als eine *Entdeckungsreise in die spirituelle Weiblichkeit* umschreiben. Menschen mit einer herausgehobenen Schwarzmondstellung im Horoskop werden ohnehin auf diese Reise gehen, auch wenn sie zuweilen das Gefühl haben, eigentlich nicht selbst am Steuer zu sitzen. In diesem Fall geht es um die Bewußtmachung der ablaufenden Vorgänge und die liebevolle Hinwendung zur inneren Kraft. Doch die Herausforderung Liliths betrifft nicht nur jene, deren Horoskop eine starke Sehnsucht nach der Göttin zu erkennen gibt, denn abgesehen davon, daß unsere gesamte Kultur dabei ist, der Rückkehr der Göttin – durch ökologische, patriarchale und religiöse Existenzkrisen – den Weg zu bereiten, erlebt auch jede und jeder einzelne durch die *Transite* des Schwarzen Mondes in regelmäßigen Intervallen die spirituellen Tiefen (manche würden freilich von „Abgründen" sprechen) ihrer weiblichen Urkraft. Wir tun gut daran, die momentane Stellung des Schwarzen Mondes im Zusammenhang mit unserem Horoskop zu untersuchen, denn hier finden wir wichtige Hinweise auf die hintergründige Bedeutung vieler Ereignisse, die wir in unser Leben ziehen.

Um die Kraft der Lilith zu erwecken, dürfen wir uns nicht mit oberflächlicher Beschäftigung zufrieden geben. Wir müssen sie mit allen Sinnen suchen, ihr einen Platz in unserem Herzen und unserem Körper anbieten. Die Göttin liebt das Extreme, und mitunter kann es vorkommen, daß wir uns vor unserem alltäglichen Verstand lächerlich machen, wenn wir ihren Bedürfnissen nachkommen. Doch das ist gut so, denn es ist ein Hinweis darauf, daß wir auf dem Wege der Ganzwerdung schon ein gutes Stück voran gekommen sind.

Zu Beginn möchte ich eine Meditation vorstellen, die in besonderer Weise geeignet ist, einen Zugang zu den verschiedenen Kräften unseres Horoskops zu gewinnen. Natürlich läßt sich eine solche Meditation für alle Planeten durchführen, wie es auch in verschiedenen astrologischen Schulen gelehrt wird.[1] Da Lilith aber für viele Menschen eine dunkle, tabuisierte und ausgeblendete Energie darstellt, sollte besonders für sie eine Reinigung durchgeführt werden. Sie werden feststellen, daß der Lilithpunkt in Ihrem Horoskop sich immer mehr mit Licht füllen wird.

Horoskopmeditation

Wir nehmen eine bequeme Haltung ein, die es uns erlaubt, den Atem frei fließen zu lassen. Wir entspannen uns, lassen die Muskeln nach und nach los und spüren dem Atem nach, wie er in uns hineinfließt und wie er wieder hinausgeht. Unsere Gedanken kommen zur Ruhe, bis wir ganz im Atmen aufgehen.

Nun fühlen wir, wie eng wir mit der Erde unter uns verbunden sind. Es ist, als schlügen wir Wurzeln, und nichts kann uns aus dem Gleichgewicht bringen. Aufrecht sitzend suchen wir nun einen Punkt weit über uns, an dem wir uns auf der kosmischen Achse verankern. Wir haben den Eindruck, als sei unsere Wirbelsäule irgendwo im All festgemacht, sie wird leicht und schwerelos. Wir werden selber zur kosmischen Achse, fest in der Erde verwurzelt und zugleich verbunden mit dem grenzenlosen Raum.

Wir sind jetzt bereit, das reinigende Licht in uns aufzunehmen. Von oben strömt das weiße, kristallene Licht der Göttin auf uns herab, durch unser Scheitel-Chakra nehmen wir es in uns auf. Es durchströmt unseren ganzen Körper, wir fühlen es wärmend und reinigend in uns. Nachdem es uns ganz ausgefüllt hat, ziehen wir es in unserem Herzen zusammen. Wir baden noch ein wenig im Licht und genießen die Liebe, die uns durchströmt.

Das gleißende Licht in unserem Herzen ist der Mittelpunkt unseres Wesens. Hier sind wir mit uns selbst im Einklang, ohne Angst und ganz im Gleichgewicht. Zugleich ist dies der Standpunkt in der Mitte unseres Horoskops, jenseits von Raum und Zeit, in der Schwerelosigkeit unserer ewigen Existenz. Von dort aus visualisieren wir unser Horoskop. Zuerst sehen wir links den Aszendenten, rechts den Deszendenten, unten die Himmelstiefe, über uns das MC. Dann erkennen wir nach und nach die einzelnen Planeten, wie sie ihren Platz im Horoskop finden: Sonne, Mond und alle anderen. Auch Lilith nehmen wir wahr, und wir achten auf die Gefühle, die sich einstellen, wenn ihr Bild erscheint. Wir spüren der Resonanz nach, die Lilith in uns auslöst.

Auch die Aspekte erstehen vor unserem geistigen Auge. Wir sehen die Konjunktionen, die würdevoll und majestätisch in orangenes Licht getaucht sind; die Quadrate, rot glühend, voll Kraft und Vitalität. Wir sehen die Oppositionen, die langen feurigen Balken gleichen, in denen die Energie hin und her pulsiert. Dann erkennen wir auch die Trigone, Strahlen blauen Lichtes, das ruhig und belebend die Planeten verbindet. All dies ist ein wunderbares Schauspiel, und wir stehen im Zentrum und bewundern die Kraftströme, die unsere Persönlichkeit ausmachen.

Wir wenden uns nun der Lilith zu. Deutlich erkennen wir die Aspekte, die sie mit anderen Planeten verbindet. Wir holen Lilith ins Zentrum des Horoskops, wir visualisieren sie inmitten des Lichtes, das uns in der Ruhe unseres Selbstes umfließt. Wir schenken ihr all die Liebe, die wir erfahren durften und die wir zu geben haben. Nach kurzer Zeit bringen wir sie langsam wieder an ihren Platz im Horoskop zurück. Wir fühlen, daß sie viel heller leuchtet als zuvor, und genießen die Kraftströme, die von ihr ausgehen.

Wir lassen jetzt das weiße kristallene Licht aus unserem Herzen in das ganze Aspektbild einfließen. Trotz aller Bewegung um uns herum fühlen wir uns in uns selbst geborgen und aufgehoben. Wir sind die geheimnisvolle Quelle dieser Bewegung, selbst ewig und frei.

Langsam kehren wir aus der Meditation ins normale Bewußtsein zurück. Wir fühlen uns dankbar und entspannt. Das kristallene Licht lassen wir nach und nach in die Erde hinunterfließen, begleitet von unserer Liebe für die Schöpfung und den Planeten.

Diese Meditation können und sollten Sie nach Ihren eigenen Vorstellungen variieren. Beispielsweise kann das (dann rote) Licht auch aus der Erde hinaufströmen, den Körper von unten nach oben, entlang den Chakren, energetisieren und reinigen. Ihrer Phantasie sind keine Grenzen gesetzt, und die Göttin wird sich freuen, Ihnen zur Seite zu stehen. Vielleicht empfiehlt es sich zu Beginn, nicht alle Visualisierungen des Horoskops zu versuchen, da dies eine lange Zeit der Konzentration erfordert. Beschränken Sie sich dann zunächst auf Sonne, Mond und Saturn, um sie in ihrem Verhältnis zu Lilith zu ergründen. Oder Sie nehmen sich immer einen einzelnen Planeten vor, der Sie im Moment besonders interessiert. Wenn Sie regelmäßig üben – und das ist das wichtigste bei jeder Art von Meditation –, werden Sie schon bald viel Freude und Klarheit gewinnen. Und Sie werden feststellen, daß es vor allem die ungeliebten Aspekte und Bereiche Ihres Horoskops sind, die sich plötzlich in strahlendes Licht verwandeln. Sie sind dabei, mit sich selber Frieden zu schließen.

Der Neunfache Stern

Wir haben wiederholt festgestellt, daß das dualistische Vokabular dem patriarchalen Denken zugeordnet werden kann und deshalb auf Lilith von vornherein nicht anzuwenden ist. Auf unserer Suche nach einem Zugang zu den verschütteten weiblichen Quellen der Kraft müssen wir deshalb eine Sprache finden, die eine dualistische Vorstellung zu transzendieren vermag. Um dies zu verdeutlichen, möchte ich Sie noch einmal in den Alten Orient entführen.

Es gibt im dritten vorchristlichen Jahrtausend, also während der altsumerischen Zeit, Nachrichten über eine Gruppe von Männern (mitunter sind auch Frauen darunter), die *gala* genannt werden. Diese waren am Tempel angestellt und hatten die Aufgabe, kultische Dienste, insbesondere Tanz, Gesang und Gebet zu verrichten. Der Kult bezog sich ausschließlich auf weibliche Gottheiten, und der uns inzwischen wohlbekannten Inanna kam hierbei eine besondere Bedeutung zu. Die *gala* begleiteten ihre Hymnen auf Harfen und Trommeln (die Trommel ist in jener Zeit ein ausschließlich weibliches Instrument, so daß wir eine „Vermischung" der Geschlechtergrenzen unterstellen dürfen). Es zeigt sich also zweierlei: Die Verehrung der Göttin war nicht auf die weibliche Hälfte der babylonischen Bevölkerung beschränkt. Und Musik und Tanz kam eine besondere Bedeutung zu, wollte man sich der Göttin nähern. Es gibt jedoch noch einen weiteren Punkt, der die *gala* für uns so interessant macht. Es wird nämlich berichtet, daß die Lobgesänge in einem sumerischen Dialekt vorgetragen wurden, genannt *eme-sal*, der einzig und allein bei der Anrufung weiblicher Gottheiten im Tempel Verwendung fand. Man hatte also eine eigene Sprache für die Göttin entwickelt! Vor einer ähnlichen Aufgabe stehen wir auch heute, wollen wir die verschiedenen Aspekte der Göttin in ihrer *Einheit* erkennen.

Um uns der Sprache der Göttin anzunähern, brauchen wir mithin ein Bild, welches den dualistischen Ansatz überwindet. Wir finden ein solches in der heiligen Zahl der Göttin, der Neun, sowie in der Verbindung der drei Triaden der göttlichen Kraft zum neunfachen Stern. Was haben wir uns darunter vorzustellen? Die Neun ist eine heilige Zahl der Göttin, und zwar aus verschiedenen Gründen. Zum einen ist sie die Potenz der Drei, also des einfachen Schemas der weiblichen

Gottheit (Jungfrau, Mutter, Alte Weise beziehungsweise Kindheit, Fruchtbarkeit, Wandlung). Darüber hinaus ist die Quersumme aller Vielfachen von neun wiederum durch neun teilbar; beispielsweise $9 \times 9 = 81$ $(8 + 1 = 9)$, $9 \times 15 = 135$ $(1 + 3 + 5 = 9)$ usw. Schon früh sah man deshalb in dieser Zahl die kosmische Einheit alles Seienden vollendet ausgedrückt. In der unendlichen Vielfalt des Lebens zeigt sich immer wieder die göttliche Ursubstanz, die selber unhintergehbar ist. Die Neun wiederum läßt sich auf drei Triaden zurückführen, welche die schon genannten Aspekte der dreifaltigen Göttin beinhalten.

In Ihrem Buch *Die Göttin*[2] entfaltet Caitlín Matthews in wunderbarer Weise die ganze Vielfalt der Göttinenergie anhand des Neunfachen Sternes. Die folgenden Ausführungen verdanken diesem Werk wichtige Anregungen, denn hier bekommen wir konkrete Möglichkeiten an die Hand, die Kraft der Göttin durch Visualisierung und Meditation in uns selbst zu entdecken und wachsen zu lassen. Die Verbindung der einzelnen Manifestationen der Großen Göttin mit den Planeten der Astrologie führt zu ungeahnten Deutungs- und Arbeitsvariationen, die der Phantasie keine Grenzen setzen und zugleich das dualisierende Aufspalten der Energiefelder von vornherein vermeiden helfen. Der Ausgangspunkt ist in jedem Falle die *Allgestalterin*, die wir nach den Ausführungen im ersten Teil dieses Buches selbstverständlich mit der Großen Göttin gleichsetzen dürfen. Sie ist eigentlich die zehnte Manifestation, das Zentrum in der Mitte des Sterns, das „Licht jenseits des Lichtes", wie Matthews schreibt. Sie versinnbildlicht die Einheit der weiblichen kosmischen Kraft, die sich der direkten Beschreibung entzieht. Unser Zugang zu ihr verläuft über die neunfache Entfaltung ihrer Energie, über eben jene kriegerischen, mütterlichen, herausfordernden oder schöpferischen Kräfte, die wir bei unserem Gang durch die Religionsgeschichte kennengelernt haben. Dies wollen wir uns in einer Graphik (S. 202) vergegenwärtigen.

Wie man der Darstellung unschwer entnehmen kann, besteht der Stern aus drei Dreiecken, die jeweils drei miteinander verbundene Aspekte der Göttin ausmachen. Zunächst haben wir die *dynamische Triade*, gebildet aus der Energiespenderin, der Initiatorin und der Weberin. Diese drei Aspekte öffnen uns wie keine anderen die Wege zum verborgenen weiblichen Wissen, sie spenden uns Kraft und Einsicht. Weiter haben wir die *entfaltende Triade*, die aus der Bemesserin, der

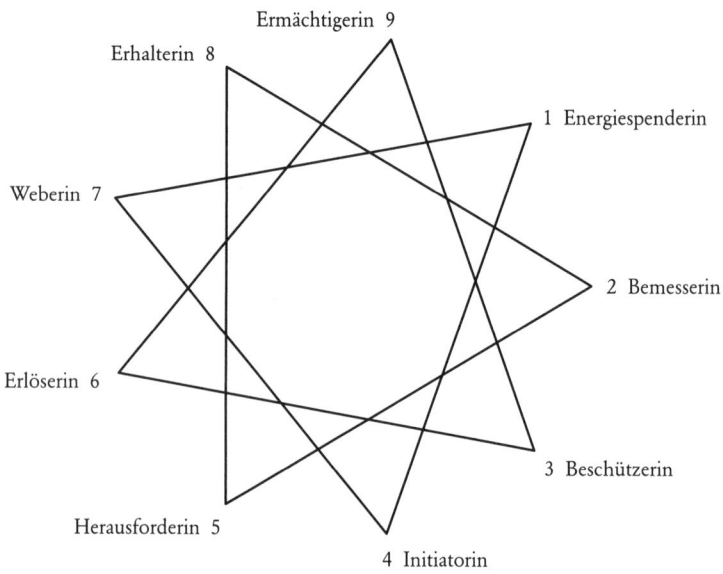

Ermächtigerin 9
Erhalterin 8
1 Energiespenderin
Weberin 7
2 Bemesserin
Erlöserin 6
3 Beschützerin
Herausforderin 5
4 Initiatorin

Der Neunfache Stern mit der dynamischen,
der entfaltenden und der transformierenden Triade

Herausforderin und der Erhalterin besteht. Hier finden wir alle ord-
nenden, korrigierenden und erhaltenden Qualitäten der Göttin. Nur
im richtigen Maß und nach wiederholten Prüfungen finden wir den
Weg zur weiblichen Kraft. Die entfaltende Triade ist dem Gleichgewicht alles Lebendigen zugetan. Schließlich gibt es die *transformierende*
Triade, versinnbildlicht durch die Beschützerin, die Erlöserin und die
Ermächtigerin. Diese Aspekte sind es, welche die großen Verände-
rungsprozesse in unserem Leben bewirken und begleiten. Auf mitunter drastische Weise lehren sie uns, daß wir auf unserem spirituellen
Weg Mut und Stärke benötigen. Indem sie uns hierbei unterstützen,
öffnen sie die Tür zu überpersönlichen Welten.

Wir wollen nun versuchen, die Deutungsfaktoren des Horoskops
mit diesem Bild in Verbindung zu bringen. Dabei ist zu beachten, daß
Zuordnungen nicht eindeutig sein können, denn wir haben es mit
einer vernetzten und gegenseitig sich beeinflussenden Manifestation
zu tun, immer offen für Überschneidung und Grenzüberschreitung.

Aus diesem Grund möchte ich Sie noch einmal ermuntern, in meinen Überlegungen nicht mehr als Vorschläge zu sehen, die einen ersten Anhaltspunkt für die spannende Entdeckungsreise in die eigene weibliche Spiritualität darstellen. Sie sollen eine Art Krücke sein, mit deren Hilfe man erste Schritte unternimmt, die man jedoch getrost wegwerfen sollte, wenn sich neue Sichtweisen ergeben haben.

Die Energiespenderin

Die Energiespenderin ist die erste Manifestation der Allgestalterin, welche das Leben in sich trägt und alles aus sich heraus zu erschaffen vermag. Die Energiespenderin sorgt dafür, daß sich das transzendente Wirken manifestiert. Sie setzt alles in Bewegung, indem sie es energetisiert. Grenzen und Einschränkungen gibt es für sie nicht, sie ist ekstatisch, wild, radikal und ungehemmt. Was ihr in die Quere kommt, wird aus lauter Lebenslust beiseite geräumt. Hierin erkennen wir den Grund, warum die Energiespenderin sich häufig in schrecklicher Form offenbart. Besonders wenn unsere Lebenskonzepte, unsere eingeschliffenen Verhaltens- und Denkweisen einer lebendigen Entwicklung nicht mehr gerecht werden, lernen wir die Energiespenderin von ihrer furchterregenden Seite kennen. Sie schafft uns den Raum zur Selbstentfaltung und Selbstbesinnung, den wir uns selber zu nehmen nicht getrauen, und das kann mitunter ein schmerzhafter Vorgang sein. Weil sie keine Grenze kennt, kann der Kontakt mit der Energiespenderin ekstatisch und extrem sein, doch am Ende werden wir beschenkt dastehen, denn sie öffnet uns den Weg zur wahren Freiheit. Wir lernen, uns das zu nehmen, was wir uns vom Leben wünschen, sei dies nun im sexuellen, gesellschaftlichen, beruflichen oder privaten Bereich. Und wir genießen es, denn selten fühlten wir uns so lebendig!

Astrologisch betrachtet finden wir hier den Kontakt Liliths mit *Uranus* wieder.

Die Bemesserin

Das transzendente Leben, welches die Allgestalterin geschaffen hat, wurde durch die Energiespenderin mit unendlicher Kraft in Bewegung gesetzt. In der Bemesserin erfährt jene Energie nun eine Strukturierung und Grenzsetzung. Wir dürfen hierin natürlich keine Einschränkung im eigentlichen Sinne verstehen, denn die Zugehörigkeit der Bemesserin zur entfaltenden Triade zeigt ja bereits, daß es bei ihrer Energie um die zielgerichtete Kanalisierung der unbegrenzten Kraft der Göttin geht. Um sich zu verwirklichen, braucht alles Seiende eine feste Form. Eben diese schafft die Bemesserin, sie sorgt dafür, daß wir uns nicht im Unendlichen verlieren, sondern immer wieder den Weg zurück auf die Erde finden. Ging es der Energiespenderin um die pure Lebenslust, so sorgt die Bemesserin dafür, daß wir durch unsere Selbstentfaltung dem Gesetz des Lebens, welches auch die Rechte anderer Lebewesen mit einschließt, nicht schaden. Moralisch ausgedrückt: Die Energiespenderin sagt: „Tu was du willst, das ist das ganze Gesetz", und die Bemesserin antwortet: „Nur wenn du anderen nicht schadest, tu was du willst." Auf diese Weise wacht sie über die Grenzen unseres Verhaltens und macht uns mitunter drastisch darauf aufmerksam, wenn wir unsere Grenzen überschritten haben. Sie ist zudem die Herrscherin über die Zeit und das Schicksal, sie bewacht unsere Erinnerungen und karmischen Erfahrungen. Sie läßt genau so viel in unser Bewußtsein hinein, wie wir verkraften können. Auch darin zeigt sich ihre Zugehörigkeit zur entfaltenden Triade.

Es liegt auf der Hand, daß Lilith im Kontakt zu *Saturn* die Bemesserin in ihrer reinsten Qualität verkörpert. Wenn wir über diesen Aspekt der Göttin nachdenken, finden wir den Zugang zur eigentlichen spirituellen Herausforderung eines solchen Kontaktes. Nicht „Einschränkung" ist der Schlüsselbegriff, sondern „Entfaltung".

Die Beschützerin

Die Energiespenderin schenkt allem Leben grenzenlose Kraft, die Bemesserin setzt dieser Kraft eine Grenze, und die Beschützerin sorgt dafür, daß das Geschaffene erhalten bleibt. Ihre Energie wirkt in mehrfacher Hinsicht, denn nicht nur die liebende Zuwendung zur Schöpfung ist ihr Attribut, also ein Aspekt der Muttergöttin, sondern zugleich auch der Schutz des Lebens, der sie nicht selten zur kriegerischen Göttin werden läßt. Wir haben schon des öfteren feststellen können, daß diese beiden Wirkungsweisen nicht voneinander getrennt sind, daß vielmehr das zornige Gesicht der Göttin ihre Energie aus der überfließenden Liebe für die Schöpfung gewinnt. In den vielen Zeugnissen der unterschiedlichsten Religionen begegnet die Beschützerin sehr häufig in ihrer kriegerischen Gestalt, und wir sehen immer wieder, daß auch andere Aspekte der Göttin unverzüglich zur Beschützerin werden, wenn das in Gefahr gerät, was sie lieben. Dann entbrennt der „heilige Zorn" der mütterlichen Liebe.

Die beiden Seiten der mitfühlenden Liebe sind eine gute Beschreibung des Kontaktes zwischen Lilith und *Mond*, denn dem passiven Prinzip des Mondes steht hier das Moment der zornigen Göttin gegenüber, die aktiv für den Schutz des ihr von der Bemesserin Anvertrauten eintreten kann.

Die Initiatorin

Wie die Energiespenderin, so gehört auch die Initiatorin zur dynamischen Triade. Während es aber der ersten Manifestation um die unbegrenzte Gabe des Lebens ging, möchte die Initiatorin uns auf eine andere Bewußtseinsstufe heben. Nun geht es um die verborgenen Mysterien des Lebens, die es kennenzulernen gilt. Indem sie uns den Schlüssel für die tiefen Schichten unserer Persönlichkeit an die Hand gibt, leitet die Initiatorin einen unumkehrbaren Transformationsprozeß ein. Verwandlung ist das Thema dieser Manifestation, die mit immer neuen Prüfungen und Überraschungen aufwarten kann. Die Initiatorin kann uns in furchterregendem Gewand begegnen, sie verlangt volle Konzentration und unseren ganzen Willen zur Transformation. Wenn wir diesen Prozeß annehmen, schenkt sie uns aus ihrem Kessel reichlich lebenspendende Kost. Es ist sogar möglich, daß wir selbst in ihrem Kessel gekocht werden. Durch diese drastische Lektion sollen wir lernen, daß ein solcher ritueller Tod – gleich dem Zerstückeltwerden im schamanistischen Einweihungsvorgang – die Voraussetzung schafft, um einer Neugeburt unserer spirituellen Persönlichkeit entgegenzusehen. Indem wir uns von der Initiatorin einweihen lassen, trinken wir nicht nur aus ihrem Kessel, sondern werden eins mit ihr. Wir werden selber zur Initiatorin und nehmen am Mysterium des Todes und der Wiedergeburt teil.

Der Kontakt Liliths mit *Pluto*, bzw. Lilith im Skorpion, ist ein deutlicher Hinweis darauf, daß die oder der Betreffende in diesem Leben der Initiatorin zu begegnen wünscht. Ritueller Tod als Läuterungsprozeß kann hier als zentrales Thema zur Entfaltung kommen.

Die Herausforderin

Die Herausforderin überprüft die gemachten Entwicklungsschritte. Mit aller Härte stellt sie uns auf die Probe und fordert Rechenschaft über unser Leben. Was lebendig und echt ist, das bleibt erhalten, doch alles Überlebte und auf schlechtem Boden Gewachsene wird von ihr zerstört. Hierin zeigt sich die Verwandtschaft mit der Bemesserin, denn war es jene, die die Zeit begrenzt und damit erst möglich macht, so nimmt nun die Herausforderin die Zeit in sich zurück. In einem zyklischen Prozeß sorgt sie für eine gründliche Erneuerung alles Seienden, eine radikale Überprüfung unserer Verhaltens- und Denkmuster. In der entfaltenden Triade können wir sie deshalb als höhere Oktave der Bemesserin betrachten, was freilich keine wertende Bezeichnung sein kann, da wir es hier mit einem unendlichen Kreislauf der Kräfte zu tun haben. Schließlich ist es ja auch so, daß die Bemesserin mit ihren quantifizierenden Eigenschaften die notwendige Voraussetzung für die Entfaltung des Lebens darstellt, somit auch für die Herausforderin selber. Die Lektion der Herausforderin besteht darin, unser Leben in einem fort zu verändern und mit unseren spirituellen Dimensionen in Einklang zu bringen. Wird dieser Prozeß angenommen, so entfaltet sich die ganze Weisheit der Herausforderin für uns. Weichen wir ihr aber aus, so wird sie uns mit der ganzen Entschlossenheit ihrer Energie konfrontieren. Nur, was echt ist und sich aus einer großen Liebe speist, wird von ihr verschont.

Lilith im Kontakt mit *Mars*, beziehungsweise Lilith im Widder, ist eine mögliche Manifestation der Herausforderin. Einem solchen

Aspekt kann niemand ausweichen, er fordert eine entschiedene und ehrliche Haltung heraus.

Die Erlöserin

Die Initiatorin hat eine neue Phase unserer Bewußtseinsentwicklung eingeleitet, die Herausforderin wiederum wachte darüber, daß wir nicht vom Weg unserer spirituellen Persönlichkeit abweichen. Nun schenkt uns die Erlöserin die Freiheit, nach der wir uns so sehr sehnen. Durch ihr grenzenloses Mitgefühl ist sie bereit, sich für das Leben selber zu opfern, und alles Negative, Enttäuschende, jeder Betrug und Verlust in unserem Leben wird von ihr in allumfassende Liebe verwandelt. Wenn uns die Erlöserin berührt, verwandelt sich Leid in Dankbarkeit. Dies hat nichts Masochistisches an sich. Vielmehr steht die Erkenntnis dahinter, daß wir für unser Leben selbst verantwortlich sind, daß es deshalb nichts nützt, die Schuld für unser Unglück bei anderen zu suchen. Die Erlöserin schenkt uns ein starkes Mitgefühl für die ganze Schöpfung, indem sie sich selbst für uns zu opfern bereit ist. Wir selber werden zur Erlöserin, wenn wir unser Ego überwinden und uns in den Dienst des Lebens stellen.

Der Kontakt Liliths zu *Neptun*, aber auch eine Lilith in den Fischen ist ein klarer Hinweis darauf, daß wir uns mit den verschiedenen Dimensionen der Erlöserin beschäftigen sollen.

Die Weberin

Die Weberin schenkt die Verbindung zum geheimen Wissen des Schicksals. Als dritter Aspekt der dynamischen Triade erschließt sie sich uns, wenn wir durch die Lektionen der Energiespenderin und der Initiatorin hindurchgegangen sind. Nun werden wir auf transzendente Dimensionen der Wirklichkeit hingewiesen, die Welt der Erscheinungen wird hinterfragt und als relativ erkannt. Deshalb begegnet uns die Weberin häufig mit wechselnden Masken. Sie spielt mit Visionen und Möglichkeiten, indem sie die ungezähmte Kraft der Energiespenderin sowie die mystischen Einblicke der Initiatorin verwendet. Sie entwirft ein Bild, um es gleich darauf wieder wegzuwischen, was in vielen Kulturen der Grund dafür ist, sie als etwas Unberechenbares und mit dem Tod Verbundenes zu fürchten. Die Weberin ist aber nicht am Tod interessiert, sondern an der Erkenntnis der unendlichen Möglichkeiten unseres Schicksals. Sie verbindet uns deshalb mit überpersönlichen Dimensionen des Lebens, sie schlägt eine Brücke zwischen Diesseits und Jenseits und schenkt uns wertvolle Einblicke in die verborgenen Bereiche der Wirklichkeit. Alle, die ehrlich auf der Suche sind und die Prüfungen der vorherigen Manifestationen überstanden haben, werden tiefe Weisheit erlangen. Doch die Unentschlossenen und auf einen schnellen Erfolg Bedachten müssen damit rechnen, der Weberin in immer neuer Verkleidung zu begegnen, und der Schleier der Göttin wird sich auf diese Weise kaum lüften. Sind unsere Bemühungen aber von Liebe und Ehrlichkeit geprägt, werden wir durch die Vermittlung der Weberin der innersten Mysterien teilhaftig. Wir erlangen eine magische Kompetenz, die uns im Einklang mit unserem Lebensentwurf Erfüllung schenken kann.

Der Kontakt Liliths mit *Merkur* stellt eine Entsprechung der Weberin dar. Das mag zunächst überraschen, wird Merkur doch gemeinhin als praktisch und rational orientierte Energie angesehen. In Verbindung mit Lilith entfaltet sich indes das spirituelle Potential Merkurs, denn hier wird er zum echten Vermittler zwischen der diesseitigen und der jenseitigen Welt. Im ursprünglichen Sinne seiner religiösen Rolle wird er zum Boten der Göttinnen und Götter. Eine ähnliche Wertschätzung genießt dieser oftmals verkannte Planet auch in den Spekulationen der Alchemie.

Die Erhalterin

In der Erhalterin finden wir all die Attribute wieder, die wir mit der erdverbundenen, sorgenden und liebevoll hegenden Göttin assoziieren. Sie faßt das Strukturgebende der Bemesserin und das Überprüfende der Herausforderin zusammen, indem sie die Schöpfung durch ihre Liebe am Leben erhält. Auch mit der Weberin ist sie verbunden, denn die immer neuen Perspektiven, welche durch die Weberin ins Leben treten, werden von der Erhalterin genährt und gepflegt. Sie verleiht unseren Entwürfen Bestand und Festigkeit. Darüber hinaus begegnet uns diese Manifestation der Göttin immer dann, wenn es um die ganz reale Erfüllung unserer körperlichen Bedürfnisse geht – beim Essen, Trinken, Tanzen, überhaupt im Kontakt mit anderen Menschen, die unsere Wirklichkeit teilen. Die einfachsten Tätigkeiten, welche wir häufig ohne die notwendige Bewußtheit ausführen, werden von der Erhalterin geheiligt. Sie schenkt uns die Erkenntnis, daß wir in all unseren Handlungen, seien sie noch so unbedeutend, am unbegrenzten Leben Anteil nehmen. Im Zusammensein mit anderen Menschen wiederum spüren wir das Mysterium des Tanzes und der Künste, ebenfalls Attribute der Erhalterin. Die Musik und die Dichtkunst entpuppen sich dadurch als Entsprechungen sakraler Dimensionen, mit denen uns die Erhalterin auf diese Weise verbindet.

Wir finden die Manifestation der Erhalterin am ausgeprägtesten im Kontakt Liliths mit *Venus* wieder, aber auch Lilith im Stier wird in vielen Fällen eine solche Verbindung andeuten.

Die Ermächtigerin

Die Potenz der Ermächtigerin schließt die Beschützerin und die Erlöserin in sich ein, denn ging es der Beschützerin zunächst darum, das von der Bemesserin zugewiesene Leben in einem sicheren Raum wachsen zu lassen, um später durch die Erlöserin befreit und auf eine höhere Stufe initiiert zu werden, so bindet die Ermächtigerin nun das erworbene Wissen zurück ins Leben. Sie schenkt somit wahre Weisheit, die sich nicht im Abstrakten verliert, sondern uns befähigt, im Alltag und in jeder Phase unseres Lebens mit den großen Mysterien im Einklang zu leben. Wenn wir alle unsere Erfahrungen in einem großen Bild zusammenfügen, erhalten wir die Kraft, unser Leben aktiv zu gestalten und den Plan unserer Inkarnation zu verwirklichen. Und wenn wir diese Fähigkeit erlangt haben, werden wir zugleich in die Lage versetzt, andere Menschen zu ermächtigen. Hierfür ist es notwendig, daß wir uns unseres inneren Potentials vollständig bewußt werden, Dinge annehmen und wertschätzen, die wir bislang vielleicht als unwichtig übersehen haben. Der Kontakt mit der Ermächtigerin befähigt uns, die spirituellen Dimensionen unseres Lebens im Alltag zu verwirklichen. Auf diese Weise wird das kristalle Licht der Göttin durch uns in die Welt strahlen.

Die Ermächtigerin findet ihren Ausdruck im Kontakt zwischen Lilith und *Jupiter* – auch eine Lilith im Schützen kann so gedeutet werden –, denn hier wird uns tiefe Weisheit geschenkt, die sich mit den spirituellen Ebenen der Schöpfung verbindet und dennoch in den Alltag zurückgebracht werden muß.

Wir spinnen das Netz der Göttin

Mit dem Neunfachen Stern haben wir ein Bild kennengelernt, das wie kein anderes dazu geeignet ist, die Energie der Göttin in all ihren Erscheinungsweisen darzustellen. Die Verbindung mit den Planetenkräften potenziert die individuellen Möglichkeiten, mit dem Stern zu arbeiten und so einen Zugang zur Lilith im eigenen Horoskop zu gewinnen. Im folgenden sollen einige Anregungen gegeben werden, wie dieser Zugang konkret gesucht werden kann. Es liegt auf der Hand, daß dies nur ein kleiner Hinweis auf die vielfältigen Möglichkeiten sein kann, die sich der oder dem Suchenden bieten. Letzten Endes liegt es an Ihnen, ob Sie Spaß am Experimentieren mit den Symbolen haben, beziehungsweise wie weit Sie in das Reich Ihrer spirituellen Potentiale eindringen möchten.

Wenn wir uns der Kraft der Göttin in Form von Meditation, mentaler oder ritueller Arbeit zu nähern versuchen, berühren wir einen Bereich, der für manche Menschen mit Angst verbunden ist: den Bereich der *Magie.* Aus diesem Grunde ist es sinnvoll, sich von vornherein über einige Sachverhalte Klarheit zu verschaffen. Wir alle üben jeden Tag in der einen oder anderen Weise Magie aus. Dies mag zunächst überraschen, leuchtet aber ohne weiteres ein, wenn wir uns vergegenwärtigen, was unter Magie zu verstehen ist. Eine magische Handlung kann als etwas aufgefaßt werden, das *mit Hilfe unseres Willens Veränderungen im Bewußtsein hervorruft.* Die dahinter stehende Idee faßt das Leben als ein Netz aus unterschiedlichsten Energieströmen auf, die alle in der einen oder anderen Form miteinander verbunden sind. Wenn wir beispielsweise intensiv einen Wunsch hegen, investieren wir außerordentlich viel Gedankenkraft in diese Absicht. Wir *visualisieren* die Erfüllung unserer Wünsche und greifen auf diese Weise auf einer feinstofflichen Ebene in das Energienetz des Lebens ein. Veränderungen in unserem Bewußtsein werden somit auch auf die direkte Wirklichkeit um uns herum Auswirkungen haben; wir beginnen plötzlich, Dinge in unser Leben zu ziehen, die mit unserer mentalen Energie zusammenhängen. Das bedeutet umgekehrt: *Magie hat nichts mit Automatismus zu tun.* Es genügt nicht, ein Ritual in der „richtigen" Weise auszuführen, und das Ergebnis wird schon eintreffen. Voraussetzung ist vielmehr, daß eine mentale Energie vorhanden ist, die mit unserem Willen in vollkommener Harmonie steht. Die vielen Techniken der rituellen Magie sind hierbei eher Staffage, die eine Magierin oder ein Magier zelebriert, um sich selbst mächtig zu fühlen, andere zu beeindrucken oder vielleicht auch um die eigene Konzentrationsfähigkeit zu erhöhen. Auf jeden Fall ist eine solche Strenge und Feierlichkeit für das Gelingen und die Freude der magischen Praxis alles andere als notwendig. In der neueren Literatur, die sich dem Thema Magie widmet, findet man denn auch eine deutliche Abkehr von ritualistischen Zwängen oder dogmatischen Lehren. Die Freiheit und die Individualität der Praktizierenden steht im Mittelpunkt des Geschehens. Jan Fries hat in seinem Buch *Visuelle Magie. Ein Handbuch des Freistilschamanismus*[3] hervorragende moderne Formen der magischen Arbeit vorgestellt, die das kreative Potential in uns stärken und ohne formale Regeln auskommen. Der Lilith in Ihnen wird eine solche Herangehensweise sehr gut gefallen!

Fragen wir uns also jetzt, wie wir das theoretische Wissen um den Neunfachen Stern in praktischer Hinsicht vertiefen können, so bietet sich in erster Linie die Meditation und das Visualisieren an, das ja nur eine Spielart meditativer Praxis ist. Der erste Schritt kann so aussehen, daß Sie den Aspekt des Sternes mit erhöhter Aufmerksamkeit kennenlernen, der in Ihrem Horoskop von Lilith aspektiert wird. Die *Abbildung* Seite 214 gibt noch einmal einen Überblick über die Zuordnungen. Gehört er zur dynamischen, zur entfaltenden oder zur transformierenden Triade? Welche Beziehungen bestehen zu den anderen Repräsentantinnen der Triade? Sind diese in Ihrem Horoskop ebenfalls betont, oder fehlen Sie womöglich ganz? Wenn Sie einen intuitiven Zugang zu diesen Fragen bekommen möchten, können Sie die folgende Meditation anwenden.

Wir erden und zentrieren uns wie in der ersten Meditation. Wir visualisieren erneut unser Horoskop mit dem Aszendenten links von uns, dem Deszendenten rechts, der Himmelsmitte über uns und der Himmelstiefe unter uns. Im strahlenden Licht unseres Selbstes fühlen wir uns geborgen und sicher. Wir befinden uns im Zentrum unserer Persönlichkeit, in der Mitte unseres Horoskops, umfangen von der Stille der Ewigkeit. Nun erkennen wir Lilith in ihrem Zeichen und Haus. Wir nehmen das Bild in uns auf und lassen es eine Weile auf uns wirken. Jetzt visualisieren wir den Planeten, mit dem Lilith im Aspekt verbunden ist, und erkennen in dieser Verbindung eine der neunfachen Manifestationen der Göttin. In Gedanken sagen wir: „Willkommen, [Energiespenderin, Bemesserin usw.], ich danke dir für die Kraft, die du mir schenkst. Ich danke dir für die Aufgaben, die ich mit deiner Hilfe bewältigen kann, für die Weisheit und das Wissen, das du mir vermittelst." Wir spüren die Farbe des Aspektes in aller Deutlichkeit, fühlen, wie die Energie zwischen Lilith und dem anderen Planeten pulsiert. Wenn wir Fragen an die Göttin haben, stellen wir sie und spüren den Resonanzen nach, die sich in unserem Körper und unserem Geist einstellen. Wir können noch tiefer in das Bild hineingehen und werden plötzlich selbst zu diesem pulsierenden Licht. Wir werden eins mit der Göttin. Wir sagen: „Ich bin die [Energiespenderin, Bemesserin usw.], meine Kraft und meine Liebe kennen keine Grenzen." [Wir können noch weitere Beschreibungen des jeweiligen Göttinaspektes hinzufügen.] Wir sind umgeben vom Licht unserer innersten Weisheit und baden in der Quelle unserer weiblichen Kraft. Schließlich distanzieren wir das Bild wieder, lösen uns aus der mystischen Einheit, danken der Göttin für die erfahrene Nähe und kehren langsam ins Wachbewußtsein zurück. Die Lichtenergie in uns geben wir der Erde zurück, zusammen mit unserer Liebe für die Schöpfung.

Das Enneagramm der Lilith

Die Einteilung der neun Göttinnenaspekte in die dynamische, die entfaltende und die transformierende Triade ist ein wesentlicher, bei weitem aber nicht der einzige Weg, um die Energie der Lilith in verstehbare und erlebbare Bahnen zu leiten. Da alle Aspekte Manifestationen des transzendenten göttlichen Lichtes sind, besteht auch eine mystische Einheit zwischen ihnen, die uns nur im jeweiligen Charakter begegnet. Aus diesem Grunde enthüllt jede mögliche Zusammenstellung der Aspekte stets ein spirituelles Geheimnis, und es ist eine ausgesprochen anregende Übung, sich mit den unterschiedlichen Verbindungen zu beschäftigen.

In der esoterischen Tradition gibt es allerdings eine Form des Neunfachen Sternes, die neben der dreifachen Dreiheit einen besonderen Platz einnimmt. Sie wird in der Regel als der *Stern des Mondes* bezeichnet, da dieses Enneagramm mit den Mondkräften in besonderem Einklang steht.[4] In den okkulten Lehren vertritt es den Mond gegenüber den Kräften der Erde. Weil Lilith nach dem Verhältnis zwischen Mondbahn und Erdstellung berechnet wird, liegt es auf der Hand, daß diese Form des Sternes für uns von besonderer Bedeutung ist.

Wir können das Enneagramm zeichnen, ohne den Stift abzusetzen, wie auf der folgenden *Abbildung* (S. 214) zu erkennen ist. Dort sind auch die Planeten aufgeführt, die die entsprechende Manifestation verkörpern, wenn sie im Horoskop mit Lilith im Kontakt stehen. Sie können in Gedanken den Stern nachzeichnen, indem Sie mit der Neun beginnen und zur Vier weitergehen. Natürlich steht es Ihnen frei, an jedem beliebigen Punkt anzufangen, denn es handelt sich ja hier um ein Netzwerk der Kräfte, die auf geheimnisvolle Weise alle miteinander verbunden sind. Auch die Zuordnung der Planeten ist alles andere als verbindlich. Experimentieren Sie mit abweichenden Zusammenstellungen, wenn Sie das Gefühl haben, meine Vorschläge paßten nicht so richtig auf Ihre Erfahrung. Wenn Sie so etwas empfinden, dann sind Sie bereits dabei, der Lilith in Ihnen einen neuen Freiraum zu schaffen, den sie vielleicht vorher nicht hatte. Sie beschäftigen sich mit ihrer Manifestation, und das ist das entscheidende Kriterium, nicht die „gültige" Zuordnung der Planetenkontakte.

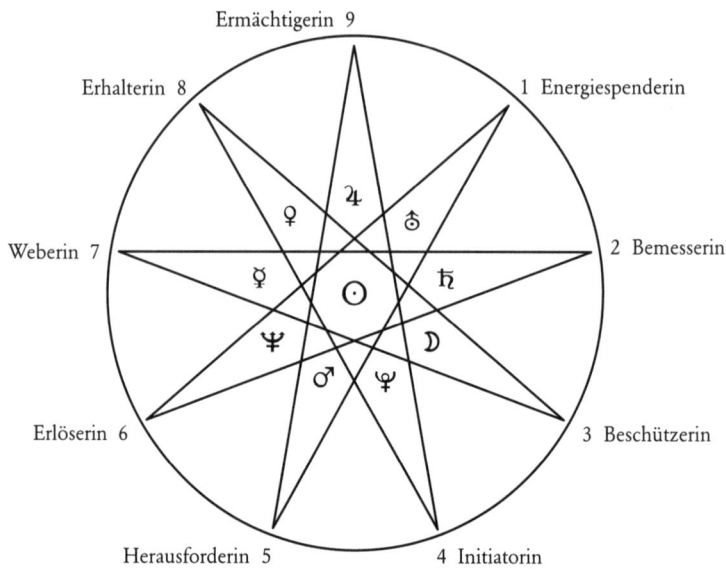

Der „Stern des Mondes" oder
das Enneagramm der Lilith

Auch wenn Ihre Lilith nicht mit dem einen oder anderen Planeten in Verbindung steht, können Sie durch eine Meditation über die neun Manifestationen sehr viel über sich erfahren. Ich möchte dies an einem Beispiel erläutern: Angenommen, Lilith wird im Horoskop von der Venus aspektiert. Dann verläuft der erste Zugang zur spirituellen Dimension der inneren Weiblichkeit über die Erhalterin. Themen der Erdverbundenheit, der Liebe für die Schöpfung, die Sorge um das Gedeihen anderer und den Erhalt der Natur steht hier im Mittelpunkt, und zwar je nach Art der Aspektierung entweder in einer kritischen Herausforderung oder aber in einer fließenden, harmonischen Bewegung. Im Enneagramm der Lilith erkennen Sie, daß die Erhalterin in ein Netz eingebunden ist, das sich in Ihrem Leben ebenfalls verwirklichen möchte. Zunächst haben wir dort die enge Beziehung zur Beschützerin. Das kann bedeuten, daß Sie lernen müssen, sich aktiv und kämpferisch für das einzusetzen, was Ihnen am Herzen liegt. Sie sind nicht nur die immer gütige sorgende Nahrungsquelle für andere, sondern auch die furchterregende Beschützerin, die sich im entsprechenden Moment mit aller Macht zur Wehr setzt. Der Kontakt zur Initiatorin wiederum deutet darauf hin, daß Sie sich über den Weg der Erhalterin, also der liebevollen Zuwendung zu den Entfaltungen des Lebens, selbst in eine andere spirituelle Dimension initiieren können. Sie haben durch die erhaltenden Eigenschaften Ihrer Lilith-Venus-Beziehung die Richtung vorgezeichnet, auf der Sie die wichtigen transformatorischen Prozesse für sich und andere in Angriff nehmen. Von der Beschützerin und der Initiatorin geht der Weg weiter zur Weberin und zur Ermächtigerin, die ebenfalls ihren Anteil an der vollen Entfaltung der Lilithkräfte haben wollen. Doch ich überlasse es Ihnen, den geheimnisvollen Verbindungen ausführlich nachzuforschen, denn konkrete Beschreibungen grenzen hier die Phantasie und Kreativität nur ein.

Auf jeden Fall ist deutlich geworden, wie sich eine Reise durch das Enneagramm der Lilith gestalten kann. Es hat sich bewährt, nicht zu viele Aspekte auf einmal mit einzubeziehen, sondern sich genügend Zeit mit der langsamen Entfaltung des ganzen Sternes zu lassen. So könnten Sie beispielsweise einige Tage jeweils ungefähr zwanzig Minuten lang über den Aspekt meditieren, der in Ihrem Horoskop besonders hervorsticht. Anschließend nehmen Sie sich eine Manifestation vor, die hiermit in Verbindung steht, sowohl im Stern der Triaden als auch im Stern des Mondes. Die sich ergebenden Variationen geben genug Anregungen für eine vertiefte Selbsterkenntnis.

Die initiatische Reise durch einen Lilith-Zyklus

Hier soll eine weitere Möglichkeit beschrieben werden, wie die Energie der Lilith ihren Weg in unser Leben finden kann. Wie bei allen anderen Planeten können wir auch für Lilith einen Zyklus zugrundelegen, in dessen Verlauf sie den Tierkreis einmal ganz durchläuft. Wir sahen bereits, daß Lilith für einen solchen Zyklus ungefähr neun Jahre braucht, worin sich bereits die heilige Zahl der Göttin ausdrückt. Was liegt also näher, als den neunjährigen Zyklus auf die einzelnen Aspekte des Neunfachen Sternes zu übertragen? Wir gewinnen so eine Abfolge von Manifestationen, die uns nach und nach mit dem ganzen

Stern der Lilith vertraut machen. Mehr noch: Wenn wir einen solchen Zyklus mit Bewußtheit erleben, dient er uns als Initiation in die Mysterien unserer Weiblichkeit. Dies ist nicht nur für diejenigen interessant, in deren Horoskop Lilith unaspektiert ist (in einem solchen Fall kann sich die Kraft der Göttin nicht direkt entfalten, sondern muß den Weg über eine Verinnerlichung oder eine Projektion nach außen gehen), sondern für alle, denn in der höchsten Erlösungsstufe sollten wir fähig sein, *jeden* Aspekt des Neunfachen Sterns in uns zu erleben und zu verwirklichen. Der Zyklus der Lilith ist ein wertvolles Meßinstrument, um unseren Standpunkt auf der initiatischen Reise genau zu bestimmen.

Um die Aspekte der laufenden Lilith auf neun Jahre zu verteilen, bieten sich zwei Möglichkeiten an. Zunächst können wir den Zyklus in neun gleich große Abschnitte unterteilen, die den Manifestationen der Göttin entsprechen und jeweils ungefähr ein Jahr andauern. Zweitens – und das ist die individuellere Variante – läßt sich ein persönlicher Initiationsweg darstellen, der anhand der Lilithtransite über die einzelnen Planeten markiert werden kann. Beide Herangehensweisen haben ihre Vorzüge, wie wir im folgenden sehen werden.

Neun Jahre der Initiation

Betrachten wir zuerst die Möglichkeit, einen Zyklus gleichmäßig auf die neun Manifestationen der Göttin zu verteilen. Wir beginnen unsere Reise zum Zeitpunkt der Konjunktion Liliths mit ihrer Geburtsstellung. Dies ist in jedem Fall ein ungeheuer wichtiger Einschnitt, und es empfiehlt sich, vergangene Lilith-Zyklen daraufhin zu untersuchen, wie wir in der jeweiligen Lebenssituation auf die uns begegnenden Herausforderungen reagiert haben. Läßt sich eine Entwicklung erkennen, oder lief unser Verhalten in immer gleichen Strukturen ab? Sind wir mit diesen Strukturen zufrieden, oder wollen wir sie in Zukunft ändern? Worin könnte eine Veränderung bestehen? Fragen wie diese führen direkt in die Energie Liliths, die uns verwandeln und mit ihrem Reichtum beschenken möchte.

Die Aspekte des Neunfachen Sternes liegen im Tierkreis 40° auseinander. Da die Bewegung des Schwarzen Mondes mehr oder weniger konstant verläuft, dauert ein Abschnitt des neunjährigen Lilith-Zyklus ungefähr 51 Wochen, also knapp ein Jahr. Das erste Jahr entspricht nach dieser Rechnung der Phase der Energiespenderin, die das überquellende Leben der Allgestalterin in verschwenderischer Weise zur Geltung bringt. Im zweiten Jahr (das in Wirklichkeit auch kein ganzes Jahr ist) folgt die Phase der Bemesserin, in der die überschäumenden Aktivitäten in feste Strukturen und Grenzen eingebunden werden müssen. Nach und nach entfaltet sich auf diese Weise der vollständige Stern der Lilith. Mit der Ermächtigerin kommt die Entwicklung nach acht Jahren zu einem vorläufigen Abschluß, und wir haben uns in dieser Zeit zu fragen, ob wir die zentralen Themen unserer Lilith-Stellung in den letzten Jahren angemessen zur Kenntnis genommen haben und ob es uns gelungen ist, vor der erneuten Konjunktion Liliths mit ihrer Radixstellung – also nach ungefähr acht Jahren und zehn Monaten – die gemachten Erfahrungen in unserem Alltag zu verwirklichen. Andernfalls wird die Entfaltung der weiblichen Kraft erst im nächsten Lilith-Zyklus vollzogen werden können.

Die neun Phasen der Lilith-Entfaltung gliedern sich also in Aspekte der 40°-Reihe. Dies hat zur Konsequenz, daß es im Neunfachen Stern niemals zu einem Quadrat oder einer Opposition kommen kann. Esoterisch betrachtet ist ein solcher *analytischer Aspekt*, wie ihn Thomas Ring, der Altvater der psychologischen Astrologie, genannt hat, im Zusammenhang mit der Göttinenergie auch schwer vorstellbar. Alles hängt auf harmonische und sich ergänzende Art und Weise zusammen, nichts ist isoliert oder auf sich allein gestellt. Dualität – wie sie in der Opposition in besonderer Weise zum Ausdruck kommt – gibt es im Neunfachen Stern nicht. Wir können daran erkennen, daß die Konzeption dieses Sternes tatsächlich eine hervorragende Entsprechung der Qualität Liliths in astrologischen Begriffen ist.

Die persönliche Einweihung

Wir kommen nunmehr zur zweiten Möglichkeit, die Entfaltung der Lilith in ihren neun Manifestationen während eines Zyklus zu erleben und zu gestalten. Da wir in diesem Fall die individuellen Radixstellungen zugrundelegen, sprechen wir von einer persönlichen Initiation, die für jeden Menschen in unterschiedlicher Weise vollzogen werden kann. Auch hier dauert der Zyklus beinahe neun Jahre, aber wir können ihn prinzipiell an jedem beliebigen Punkt beginnen lassen. Die Entfaltung des Lilithsterns wird nun nämlich einzig von der Reihenfolge bestimmt, in welcher Lilith die Radixplaneten transitiert. So ist es beispielsweise denkbar, daß Lilith zu einem bestimmten Zeitpunkt den Radixmond berührt, um im weiteren Verlauf den Geburtsmars zu transitieren. Für die oder den Betreffenden bedeutet dies, sich zunächst mit dem Aspekt der Beschützerin zu befassen, bevor anschließend die Herausforderin das Feld betritt. Im Laufe von neun Jahren löst der Schwarzmond auf diese Weise alle Aspekte des Sterns aus, allerdings in einer Reihenfolge, die nur für diesen Menschen Gültigkeit besitzt. Es handelt sich also um eine individuelle Entfaltung der Göttinenergie. Betrachten Sie vor diesem Hintergrund einmal Ihr Horoskop und vergleichen Sie es mit der aktuellen Lilithposition. Sie werden leicht feststellen können, welche Manifestation des Neunfachen Sternes Sie in nächster Zeit zu gewärtigen haben. Auf diesen Übergang der Lilith bereiten Sie sich nun durch eine verstärkte Bewußtwerdung der ablaufenden Prozesse vor und können so erleben, wie der Transit Liliths über den entsprechenden Planeten für Sie zu einer Zeit der Ernte wird. Sie werden nicht mehr von der Energie Liliths überrascht, wie es vielleicht früher der Fall gewesen ist, sondern gestalten den Transit des Schwarzen Mondes aktiv und im vollen Bewußtsein Ihres weiblichen Potentials.

Wir können sogar noch weitergehen und den individuellen Entfaltungsweg Liliths auch graphisch darstellen. Verbinden Sie einfach die Aspekte des Neunfachen Sternes in der Reihenfolge miteinander, wie sie im Laufe eines Lilith-Zyklus aktiviert werden. Sie erhalten auf diese Weise ein Muster, das Sie als Ihre ganz private *Lilith-Signatur* auffassen können. Vielleicht sieht dieses Muster so aus, wie in der *Abbildung* (S. 219) dargestellt.

Die Lilith-Signatur ist das ganz persönliche Entfaltungsmuster Ihrer weiblichen Spiritualität. Vielleicht kommen Sie dem Potential Liliths am besten auf die Spur, wenn Sie die Aspekte des Neunfachen Sterns in der Reihenfolge kennenlernen, in der Lilith sie in Ihrem Horoskop auslöst. Das damit verbundene Muster ist auch deshalb von Bedeutung, weil Sie die einzelnen Stadien in vielen Entwicklungs-

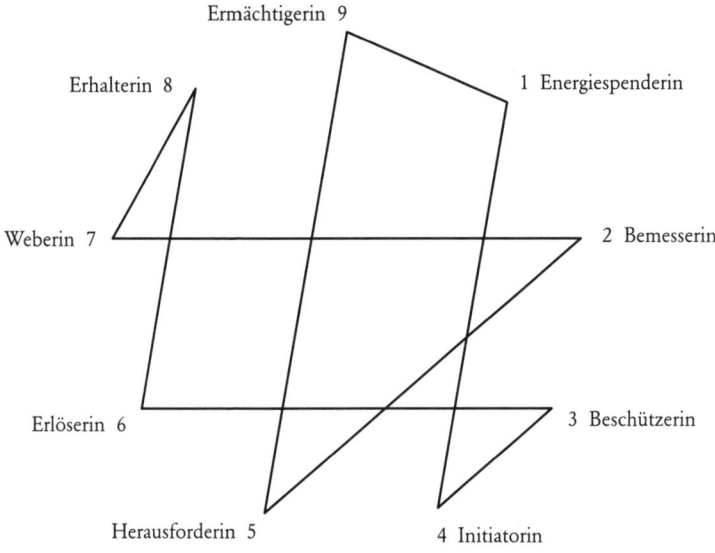

Ermächtigerin 9

Erhalterin 8   1 Energiespenderin

Weberin 7   2 Bemesserin

Erlöserin 6   3 Beschützerin

Herausforderin 5   4 Initiatorin

Beispiel einer individuellen Lilith-Signatur

schritten in genau dieser Reihenfolge zu durchleben pflegen. Dies gilt nicht nur für die Transite der Lilith, sondern natürlich für alle anderen Planeten auch, so daß eine Bewußtmachung der ablaufenden Vorgänge Ihnen in jedem Falle weiterhilft.

Wenn wir von „Signatur" sprechen, so schließt dies eine weitere Anwendungsmöglichkeit ein. Wir können dieses Muster oder Symbol – gleich einem *Siegel* – im Rahmen einer magischen Arbeit verwenden, damit es seinen Weg in verborgene Wirklichkeitsbereiche nehmen kann. Wir laden das Muster mit unserer Willensenergie auf und überlassen es den transzendenten Kräften, unsere Bitte in der einen oder anderen Weise zu erfüllen.[5] Im Hinblick auf Ihre persönliche Lilith-Signatur ist es zum Beispiel möglich, ein Amulett anzufertigen, auf das Sie das entsprechende Muster prägen. Dies kann Ihnen als Schutz dienen, als Stärkung oder einfach als Schmuckstück, welches die Beschäftigung mit Ihrer Lilith immer wieder ins Bewußtsein bringt. Wie Sie einen solchen Talisman auch verwenden, immer trägt er zur Entfaltung Ihrer spirituellen Kräfte bei.

Meditation: Das Licht empfangen

Wenn Sie mit den vorangegangenen Meditationen und Übungen Erfahrungen gesammelt haben, ist Ihnen die spezifische Qualität der Lilith in Ihrem Horoskop deutlich geworden. Sie haben sich mit Ihrem ganz eigenen Weg zur Entfaltung der weiblichen Kraft vertraut gemacht, Zutrauen zu sich gefaßt und den Segen gespürt, welcher sich aus dieser Beschäftigung über Ihr Leben ergießt. Vielleicht sind Sie auch den furchterregenden Manifestationen Ihrer Lilith begegnet, haben die Herausforderin oder die Initiatorin in ihrer zornigen Gestalt erlebt. Fassen Sie die daraus resultierende Unsicherheit als Heilungskrise auf, als notwendiges Stadium einer Entwicklung, die Sie zu innerer und äußerer Autonomie führen wird.

Zum Abschluß dieses praktischen Teils lernen Sie noch eine weitere Meditation kennen, die Sie immer dann anwenden können, wenn Sie sich der Nähe und der Liebe der Göttin versichern möchten. Als regelmäßig durchgeführte Übung – vielleicht mit einigen Abwandlungen – kann diese Meditation Sie mit dem Licht der Lilith verbinden, welches in Wirklichkeit Ihr eigenes inneres Licht ist, das Sie mit dem Höheren Selbst und der Liebe des ganzen Kosmos teilen.

Darüber hinaus dient diese Visualisierung dazu, den persönlichen Wahrnehmungsbereich zu erweitern und uns mit anderen Menschen zusammenzuführen. Es ist schön zu erkennen, daß andere auf demselben Weg sind wie wir – selbst wenn diese Erkenntnis zunächst „nur" in unserer Vorstellung existiert. Sehr bald werden Sie feststellen, daß die Menschen in Ihrer Meditation gar nicht so unwirklich sind, sondern Ihnen vielleicht in einer nicht allzu fernen Zukunft über den Weg laufen. Wenn Sie mit anderen zusammen üben, können Sie die Meditation als äußerst wirksames Ritual gemeinsam durchführen. Dies steigert die Empfindungen und vereint die Kräfte aller Teilnehmerinnen und Teilnehmer.

Auch wenn die Trennung der Geschlechter keine notwendige Voraussetzung für solche Visualisierungen sind, würde ich Ihnen empfehlen, zunächst mit einer Gruppe des eigenen Geschlechts zu arbeiten. Wenn Sie später das Gefühl haben, dies sei nicht angemessen, ändern Sie die Meditation einfach ab.

220

Wir erden und zentrieren uns. Unser Atem geht gleichmäßig und ruhig. Wenn wir einen Zustand der Entspannung erreicht haben, verlassen wir unser Tagbewußtsein, indem wir z. B. sagen: „Ich betrete das Reich der Göttin. Von meiner Zeit in ihre Zeit, von meinem Raum in ihren Raum. Möge mein Herz rein sein und mein Geist klar. Möge mein Höheres Selbst mir den Weg in die zweite Wirklichkeit weisen." Wir befinden uns nun in einer ursprünglichen Landschaft. Wir sehen uns um und nehmen die Eindrücke, Gerüche, den Wind, die Geräusche und alles uns Umgebende auf. Wir genießen die Stille dieses Ortes. Vor uns sehen wir einen breiten Bach, der kristallklares Wasser führt und leise plätschernd seinen Weg durch die Landschaft nimmt. Wir legen unsere Kleider ab und steigen in das Wasser. Wunderbare Kühle umgibt uns. Wir schöpfen das kristallklare Wasser mit den Händen und gießen es über unseren Körper. Wir spüren Erfrischung und Heilung. Anschließend nehmen wir einen kräftigen Schluck davon. Es ist das Wasser der Göttin, lichtgetränkt und voll Kraft. Wir spüren die heilende und reinigende Energie des Wassers durch unseren Körper fließen. Belebt und frisch steigen wir aus dem Bach.

Vor uns sehen wir den Eingang zu einer Höhle, von Fackeln erleuchtet. Sobald wir die Höhle betreten, fühlen wir uns schwerelos. Unser leiblicher Körper ist verschwunden, und wir bestehen nur noch aus dem Licht, das wir im Wasser in uns aufgenommen haben. Wir finden uns in einem großen Raum wieder mit einer Anzahl anderer Menschen, die ebenfalls nackt und in ihrer Nacktheit in strahlendes Licht getaucht sind. Wir bilden alle zusammen einen Kreis, und plötzlich sind wir *ein* einziger Lichtkörper. Alle beginnen, einen Ton zu singen, so daß ein gleichmäßig anschwellender Klangteppich entsteht. Zugleich heben wir beide Arme. Durch die Harmonie des Klanges öffnet sich unser gemeinsamer Lichtkörper nach oben, und in den Trichter strömt die Liebe und die Kraft der Göttin. Die Lebenskraft stärkt unsere Aura und erfüllt uns mit Freude und Erregung. Wir sind der Göttin ganz nah und fühlen ihre Liebe und ihre Leidenschaft in uns fließen. Wenn sich die Erscheinung ihrem Ende nähert, senken wir unsere Arme langsam und beschirmen die Lichtkuppel, damit nichts von der Kraft verloren geht.

In völliger Harmonie verlassen wir die Höhle, werden uns des eigenen Körpers bewußt und baden noch einmal im lebensspendenden

Wasser der Göttin. Wir kleiden uns wieder an und machen uns auf die Rückreise in das Tagbewußtsein. Jetzt können wir zum Beispiel sagen: „Ich verlasse das Reich der Göttin. Von ihrer Zeit in meine Zeit, von ihrem Raum in meinen Raum. In Dankbarkeit will ich ihr Licht in die Welt mitnehmen." Zum Abschluß der Meditation lassen wir das empfangene Licht aus uns herauslaufen und schenken es der Erde. Wenn wir die Hände dabei auf den Boden legen, gelingt uns die Erdung noch besser.

Der weitere Weg

Die Annäherung an die spirituellen Dimensionen unserer Weiblichkeit ist ein unglaublich kreativer Prozeß. Wenn Sie einige der in diesem Kapitel vorgestellten Übungen ausprobiert haben, werden Sie das sicherlich bestätigen. Vermutlich kamen Ihnen während der Arbeit zusätzliche Ideen und Impulse, in welcher Richtung Sie der Spur Ihrer Lilith weiter folgen sollten. Geben Sie diesen Impulsen nach, denn Sie stehen am Anfang eines Weges, von dem niemand (außer vielleicht Ihrem Höheren Selbst) weiß, was er Ihnen in der Zukunft noch bringen wird. Falls Sie nach der Lektüre dieses Buches weiterführende Literatur suchen, so erhalten Sie erste Anregungen aus der Bücherliste ab Seite 226. Scheuen Sie sich nicht, Universitätsbibliotheken aufzusuchen, wenn einzelne aufgeführte Bücher nicht im Handel erhältlich sein sollten. In der Regel dürfen Sie auch als „Laie" am nationalen und internationalen Leihverkehr teilnehmen. Leider sind die besten Bücher nämlich nicht immer die am besten verkauften, und es gehört eine gewisse Beharrlichkeit dazu, ihrer habhaft zu werden.

Unsere Reise durch die Religionsgeschichte sowie durch die Gefilde unserer inneren Wahrnehmung neigt sich dem Ende entgegen. Wenn Sie (ob Frau oder Mann) Ihrer eigenen Weiblichkeit jetzt mehr Vertrauen schenken, hat sich die Reise bereits gelohnt. Vergessen Sie nicht, daß die Überwindung patriarchal-dualistischer Denkweisen, wie Lilith sie einfordert, ein Ideal ist, das es erst noch zu erringen gilt. In diesem Sinne ist Lilith eine Botschafterin zukünftiger Gesellschaftsverhältnisse, in der Machtfragen gegenüber der gegenseitigen Achtung der Geschlechter zurücktreten werden. Nicht Geschlechterkampf ist das Thema der Lilith, wie so oft behauptet wird, sondern das genaue Gegenteil: die Schaffung einer toleranten und gleichberechtigten Beziehung zwischen Mann und Frau. Der Kampf, den Lilith ficht, richtet sich deshalb nicht gegen die Vertreter eines Geschlechtes, sondern gegen *soziale Bedingungen*, die es der weiblichen Hälfte der Menschheit unmöglich machen, sich autonom zu verwirklichen, und die zugleich die männliche Hälfte vom Zugang zu ihrer weiblichen Kraft abschneiden. Dieser Kampf sollte deshalb von Frauen und Männern gleichermaßen unterstützt und als der ihre erkannt werden, denn die Überwindung der herrschenden Machtparadigmata stellt für *jeden* Menschen eine Befreiung dar.

Wenn wir von sozialen Bedingungen als Ursache für die unterschiedlichen Entfaltungsmöglichkeiten von Mann und Frau sprechen, so bedeutet dies zugleich eine deutliche Abkehr von psychologischen Schablonen, die eine fundamentale Differenz zwischen dem Männlichen und dem Weiblichen vorauszusetzen pflegen. Am Beispiel von Anima und Animus, Eros und Logos, ist dies im ersten Teil dargestellt worden. Wir müssen uns von der Vorstellung verabschieden, es gebe eine solche Differenz *a priori* zwischen den Geschlechtern. Wenn wir die Ursache in den sozialen Bedingungen erkennen, brauchen wir die Unterschiede zwischen dem Männlichen und dem Weiblichen nicht mehr als gott-, schicksals- oder genetisch gegeben aufzufassen, sondern stellen plötzlich fest, daß soziale Bedingungen etwas sehr Sensibles und Wandelbares darstellen. Sobald die kritische Masse unzufriedener Menschen erreicht ist, kann ein unumkehrbarer Prozeß in Gang kommen (vielleicht ist er schon im Gang), der die Rede von der Differenz der Geschlechter als einen üblen Scherz des neunzehnten und zwanzigsten Jahrhunderts entlarven wird. Vielleicht wird die Utopie einer matriarchalen Gesellschaft, wie Lilith sie im Auge hat, auf diese Weise eher Wirklichkeit, als wir es uns heute vorstellen können. Tragen wir alle unseren Teil dazu bei!

Anmerkungen

1 Christlich-theosophische Meditationen sind in der Huber-Schule erarbeitet worden. Vgl. hierzu: Louise Huber: *Die Tierkreiszeichen. Reflexionen – Meditationen*, Adliswil ³1989; außerdem von Bruno und Louise Huber: *Transformationen. Astrologie als geistiger Weg*, Adliswil 1996.

2 Edition Roter Löwe im Aurum Verlag, Braunschweig 1992. Wer sich intensiver mit den hier vorgestellten Gedanken beschäftigen möchte, sei auf dieses lesenswerte Buch verwiesen.

3 Jan Fries: *Visuelle Magie. Ein Handbuch des Freistilschamanismus*, Bad Ischl 1995.

4 Caitlín Matthews (s. Anm. 2, S. 161) bezeichnet ihn auch als den *Stern der Musen*.

5 Weitere Anregungen hierzu finden Sie im genannten Buch von Jan Fries (s. Anm. 3).

Schlußbemerkung

Ich habe mit diesem Buch versucht, einige Bastionen unseres Denkens einzurennen, die einem friedlichen Zusammenleben der Geschlechter so oft im Wege stehen. Zudem war es mir ein besonderes Anliegen, der spirituellen und auch religiösen Dimension der Astrologie durch den Verzicht auf gängige Diskursstrategien neue Wege zu ebnen. Gerade diese Ausrichtung wird uns von Lilith ans Herz gelegt, wie ich hoffentlich zeigen konnte.

Es würde mich außerordentlich freuen, wenn meine Auseinandersetzung mit dem Thema die Diskussionen über Lilith zu bereichern vermöchten. Denn nur durch einen tiefgreifenden Paradigmenwechsel können wir mit den Herausforderungen der Zukunft zurechtkommen.

Wie nicht anders zu erwarten war, kann auch dieses Buch keine letztgültigen Antworten auf die drängenden Fragen bieten, die Lilith aufwirft. Jede und jeder ist gefordert, individuelle Wege zur Kraft der Göttin zu finden, sich auf eine ganz eigene Entdeckungsreise zu machen und so an einer Welt mitzuwirken, die den Idealen der Lilith gerecht wird. Wenn Sie mit den Ausführungen dieses Buches nicht einverstanden sind oder wenn Sie mir Ihre eigenen Erfahrungen mit Lilith mitteilen möchten, so schreiben Sie mir. Dieses Buch soll eine Diskussion anstiften, nicht aber beenden!

Kontaktmöglichkeit:

Lewanah – Zentrum für Religionswissenschaft und spirituelles Wachstum
Homepage: http://members.aol.com/stuckrad
eMail: stuckrad@aol.com

Hier erhalten Sie auch Informationen über Seminare zu Lilith und anderen Themen.

Ausgewählte Literatur

Um das Literaturverzeichnis übersichtlich zu halten, habe ich mich an den Kapiteln des Buches orientiert. Außerdem sind nur solche Titel aufgenommen worden, die Wesentliches zu unserem Thema beizusteuern haben. In vielen Fällen geben die kurzen Kommentare einen Hinweis darauf, was Sie von dem entsprechenden Werk erwarten dürfen. Da ein Teil der wichtigen Literatur bislang nur auf englisch vorliegt, konnte auf ihre Aufnahme nicht verzichtet werden. Sofern es deutsche Übersetzungen gibt, sind diese aufgeführt.

C. G. Jung, die Frauen und die Astrologie

Baumgardt, Ursula: *König Drosselbart und die widerspenstige Königstochter. C. G. Jungs Frauenbild – eine Kritik*, München 1993 (kurze und prägnante Zusammenfassung durch eine Jungsche Psychologin)

Brockmann, Doris: *Ganze Menschen, ganze Götter. Kritik der Jung-Rezeption im Kontext feministisch-theologischer Theoriebildung*, Paderborn 1991 (äußerst fundiert und anspruchsvoll)

Eichenbaum, Luise und Orbach, Susi: *Feministische Psychotherapie. Auf der Suche nach einem neuen Selbstverständnis der Frau*, München 1984

Erhart, Walter und Herrmann, Britta (Hrsg.): *Wann ist der Mann ein Mann? Zur Geschichte der Männlichkeit*, Stuttgart 1997 (hervorragende Beiträge zu einem bisher stark vernachlässigten Thema)

Franz, Marie-Louise von: *Das Weibliche im Märchen*, Stuttgart 1977 (streng nach der Theorie Jungs)

Greve, Werner und Roos, Jeanette: *Der Untergang des Ödipuskomplexes. Argumente gegen einen Mythos*, Bern/Göttingen 1996 (der Schwerpunkt des Buches liegt auf der Sexualpsychologie Freuds, die durch neue Untersuchungen systematisch demontiert wird)

Jung, Carl Gustav: *Gesammelte Werke*, Olten/Freiburg 1971

Jung, Emma: *Animus und Anima*, Zürich 1967

Kast, Verena: *Mann und Frau im Märchen. Eine psychologische Deutung (Beiträge zur Jungschen Psychologie)*, Düsseldorf [8]1992

Lauter, Estella und Schreier-Rupprecht, Carola: *Archetypal Theory. Interdisciplinary Re-Visions of Jungian Thought*, Knoxville/Tennessee 1985
Noll, Richard: *The Jung Cult. Origins of a Charismatic Movement*, New York 1997, 2. Auflage (eine längst überfällige kritische Einordnung)
Röbling, Irmgard (Hrsg.): *Lulu, Lilith, Mona Lisa...: Frauenbilder der Jahrhundertwende (Frauen in Geschichte und Gesellschaft Bd. 14)*, Pfaffenweiler 1989 (hier erfährt man eine ganze Menge über jene Zeit, in der die analytische Psychologie begründet wurde. Für ein Verständnis C. G. Jungs, aber auch für die Kritik seines Ansatzes ein wertvolles Buch)
Weiler, Gerda: *Der enteignete Mythos. Eine feministische Revision der Archetypenlehre C. G. Jungs und Erich Neumanns*, Frankfurt a. M. 1991; Neuauflage Königstein/Taunus 1996 (gute Analyse aus feministisch-theologischer Sicht)

Das Matriarchat – Mythos und Wirklichkeit

Göttner-Abendroth, Heide: *Die Göttin und ihr Heros*, München 1980 (Grundlagenwerk der feministischen Literatur, nicht unumstritten)
Röder, Brigitte; Hummel, Juliane; Kunz, Brigitte: *Göttinnendämmerung. Das Matriarchat aus archäologischer Sicht*, München 1996 (fundierte Sichtung der tatsächlichen Belege)
Lerner, Gerda: *Frauen und Geschichte. Band I: Die Entstehung des Patriarchats; Band II: Die Entstehung des feministischen Bewußtseins. Vom Mittelalter bis zur Ersten Frauenbewegung*, Frankfurt a. M. / New York 1995 (hervorragende Analyse aus soziologischem Blickwinkel)
Weiler, Gerda: *Ich brauche die Göttin. Zur Kulturgeschichte eines Symbols*, Basel 1990 (viele Parallelen zum Lilith-Thema)
Weiler, Gerda: *Das Matriarchat im Alten Israel*, Stuttgart 1994 (guter Überblick)

Die Göttin im religiösen Kontext des Alten Orients

Beyerlin, Walter (Hrsg.): *Religionsgeschichtliches Textbuch zum Alten Testament (ATD Erg. 1)*, Göttingen 1975 (sehr gute und übersichtliche Sammlung der wichtigsten Texte)

Falkenstein, A. und von Soden, W.: *Sumerische und Akkadische Hymnen und Gebete*, Zürich/Stuttgart 1953

Johnson, Buffie: *Die Große Mutter in ihren Tieren. Göttinnen alter Kulturen*, Olten/Freiburg 1990 (C. G. Jung verpflichtet, doch tatsächlich ihn immer wieder in Frage stellend; religionsgeschichtlich stark angreifbar; mit vielen schönen Abbildungen)

Keel, Othmar und Uehlinger, Christoph: *Göttinnen, Götter und Gottessymbole. Neue Erkenntnisse zur Religionsgeschichte Kanaans und Israels aufgrund bislang unerschlossener ikonographischer Quellen*, Freiburg 1992 (wertvolle Sammlung und Analyse der bildlichen Quellen, die vor zu schnellen Verallgemeinerungen warnt)

Pritchard, J. B.: *Ancient Near Eastern Texts Relating to the Old Testament (ANET)*, Princeton 1950 (gehört zu den wichtigsten Nachschlagewerken für die Vergleichstexte aus Ägypten, Babylonien und Kanaan)

von Ranke-Graves, Robert: *Die Weisse Göttin. Sprache des Mythos*, Reinbek 1995 (1. Auflage 1948) (anspruchsvoll, eigenwillig und weiterführend; Grundlagenwerk über die Göttin der Antike im Zusammenhang mit der keltischen Tradition)

Schroer, Silvia: *In Israel gab es Bilder. Nachrichten von darstellender Kunst im Alten Testament*, Freiburg/Göttingen 1987 (wertvolle Untersuchungen, unter anderem zur Himmelskönigin und anderen Aspekten der Göttin)

Winter, Urs: *Frau und Göttin. Exegetische und ikonographische Studien zum weiblichen Gottesbild im Alten Israel und in dessen Umwelt (Orbis Biblicus et Orientalis 53)*, Freiburg/Göttingen 1983 (Grundlagenwerk)

Die Mythen um Lilith

Dan, Joseph: „Samael, Lilith, and the Concept of Evil in Early Kabbalah". In: *Association of Jewish Studies Review* 5 (1980), S. 17–40 (J. Dan ist weltweit einer der besten Kabbalah-Experten)

Fauth, Wolfgang: „Liliths und Astarten in aramäischen, mandäischen und syrischen Zaubertexten." In: *Welt des Orients* 17 (1986), S. 66–94

Ginzberg, Louis: *Legends of the Jews*. 7 Bände, Philadelphia 1909–1946 (eine Fundgrube für alle Fragen hinsichtlich der jüdischen Mythologie, in Einzelfällen nicht immer zuverlässig)

Hoffield, Jeffrey M.: „Adam's Two Wives." In: *Metropolitan Museum of Art Bulletin* Nr. 26 (1968), 430–440

Hurvitz, Sigmund: *Lilith – Die erste Eva. Eine Studie über dunkle Aspekte des Weiblichen*, Zürich ³1993 (tiefenpsychologische, einseitig patriarchale Deutung, doch gut recherchiertes Quellenmaterial)

Maier, Johann: *Die Kabbalah: Einführung – Klassische Texte – Erläuterungen*, München 1995 (die derzeit sicherlich beste allgemeinverständliche Einführung in dieses Kapitel jüdischer Mystik)

Myhrmann, D. W.: „Die Labartu -Texte. Babylonische Beschwörungsformeln nebst Zauberverfahren gegen die Dämonin Labartu." In: *Zeitschrift für Assyriologie und verwandte Gebiete* Vol. XVI (1902), S. 148–200

Pagels, Elaine: *Adam, Eva und die Schlange. Die Theologie der Sünde*, Reinbek 1991 (Pagels führt unser heutiges Sexualverständnis schlüssig auf die Diskussion zwischen frühem Christentum und Gnosis zurück)

Patai, Raphael: *The Hebrew Goddess*, New York 1978 (Erstausgabe 1967) (eines der besten Bücher zum Thema)

Phillips, John A.: *Eva – Von der Göttin zur Dämonin*, Stuttgart 1987 (gute Darstellung, die in ihrem Verlauf viele Parallelen zur Lilith-Mythologie aufweist)

von Ranke-Graves, Robert und Patai, Raphael: *Hebräische Mythologie. Über die Schöpfungsgeschichte und andere Mythen aus dem Alten Testament*, Reinbek 1986 (fundiert, übersichtlich und gut verständlich)

Scholem, Gerschom: *Zur Kabbala und ihrer Symbolik*, Frankfurt/M.⁶ 1989 (Grundlagenwerk)

Schwartz, Howard: *Lilith's Cave: Jewish Tales of the Supernatural*, San Francisco 1988 (Sammlung volkstümlicher Überlieferungen)

Stemberger, Günther: *Einleitung in Talmud und Midrasch*, München⁸ 1992 (Standardwerk des Wiener Judaisten, immer auf dem neuesten Stand der Forschung)

Die astrologische Deutung Liliths

Goldstein-Jacobsen, Ivy M.: *The Dark Moon Lilith in Astrology*, Alhambra/California 1961 (eines der ersten Bücher zum Thema)

de Gravelaine, Joelle: *Lilith – Der schwarze Mond. Die Grosse Göttin im Horoskop*, Wettswil 1990 (hat Lilith im deutschsprachigen Raum bekannt gemacht; die Deutung muß jedoch als patriarchalisch bezeichnet werden)

Livaldi-Laun, Lianella: *Lilith, die Begegnung mit dem Schmerz. Die Astrologie des Schwarzen Mondes*, Mössingen 1994 (sehr einseitige Deutung)

Traugott, Hannelore: *Lilith, Eros des Schwarzen Mondes*, Wettswil 1995 (in diesem Buch deutet sich eine mögliche positive Herausforderung durch Lilith bereits an; beschrieben wird indes ausschließlich die Schattenseite)

Wohlfahrt-Zundel, Heidi und Cherubini, Günther: *Lilith. Der geheimnisvolle Planet*, München 1996 (Beispiel für die Irrungen so mancher modernen Astrologinnen und Astrologen: „Lilith ist ein Planet mit einer Umlaufzeit von ca. 2 Jahren…")

Wege zu Lilith oder Die Erweckung der Kraft

Francia, Luisa: Alle Bücher von Luisa Francia sind lesenswert, da sie das revolutionäre, nicht-konformistische Potential Liliths mit all seinen möglichen Konsequenzen zum Ausdruck bringen. Zwar wenden sich diese Bücher an Frauen, aber Männer werden dennoch viel Gewinn aus der Lektüre ziehen können. Einige für unser Thema interessante Titel:

– *Die schmutzige Frau*, München 1992
– *Die dreizehnte Tür*, München ²1992
– *Berühre Wega, kehr' zur Erde zurück. Trancen, Meditationen und Rituale mit Sternen*, München ⁷1994
– *Eine Göttin für jeden Tag*, München 1996

Fries, Jan: *Visuelle Magie. Ein Handbuch des Freistilschamanismus*, Bad Ischl 1995 (neue Ansätze in der Magie, erfrischend modern vorgetragen)

Jones, Prudence und Matthews, Caitlín (Hrsg.): *Voices from the Circle. The Heritage of Western Paganism*, Wellingborough: Aquarian Press 1990 (Beiträge von Insidern über die Wiederentdeckung der Göttin beziehungsweise über neopagane Religionen)

Matthews, Caitlín (Hrsg.): *Voices of the Goddess*, Wellingborough: Aquarian Press 1990 (Sammlung Hexen-orientierter Autorinnen; guter Einblick in die Vielfalt moderner Strömungen)

– *Die Göttin*, Edition Roter Löwe im Aurum Verlag, Braunschweig 1992 (schöne Einführung mit vielen guten Visualisationsübungen usw.)

Crowley, Vivianne: *Wicca. Die Alte Religion im Neuen Zeitalter*, Bad Ischl 1993 (Beschreibung der wichtigsten Tradition der Neuen Hexen durch eine Hohepriesterin des Wicca. Hebt sich von vielen reißerischen Darstellungen der Hexen durch die hohe Kompetenz ab.)

Noble, Vicky: *Shakti. Die heilende Energie der Frau*, Solothurn/Düsseldorf 1994 (ohne Lilith beim Namen zu nennen, wird hier das Kraftpotential der Göttin treffend ausgebreitet. An Männer wendet sich das Buch jedoch nicht; die astrologischen Bemerkungen sind sehr mangelhaft.)

Starhawk: *Der Hexenkult als Ur-Religion der Großen Göttin. Magische Übungen, Rituale und Anrufungen*, Freiburg 1983 (Grundlagenwerk, welches die Szene in den letzten Jahrzehnten nachhaltig prägte. Auch für Männer unbedingt lesenswert, mit vielen guten Übungen)

Abbildungsverzeichnis

232

Lilith-Ephemeride 1920–2020

Es gibt unterschiedliche Methoden, die exakte Position der Lilith zu berechnen. Für dieses Buch wurde die modernste und von den meisten Astrologinnen und Astrologen befürwortete Berechnungsgrundlage verwendet. Die Positionen für den 1. Januar (Tabelle 1) sind genaue Werte, wie sie mit Hilfe des Computerprogramms Galileo ermittelt wurden.

Leider verläuft die Bewegung der Lilith nicht ganz gleichmäßig, so daß es nicht möglich ist, einen zu jeder Zeit passenden mittleren Tagesbogen anzugeben. Es ergeben sich folglich für die Zwischenwerte der einzelnen Jahre (Tabelle 2) gewisse Schwankungen, die freilich so gering sind, daß sie für die Deutung kaum Relevanz besitzen (s. Beispielberechnung unten). Der mittlere Tagesbogen von 00°06′40″ ergibt sich aus einer statistischen Untersuchung der Lilithbewegung dieses Jahrhunderts und führt zu besseren Resultaten als der meistens verwendete Wert von 00°06′30″.

Wie Sie eine bestimmte Lilithposition ermitteln, wird im Anschluß an die Tabellen in einem Beispiel vorgeführt. Wenn Sie es ganz genau wissen wollen, können Sie auch noch die genaue Geburtszeit mit einbeziehen. In den meisten Fällen dürfte dies jedoch unerheblich sein.

Tabelle 1
Positionen der Lilith am 1. Januar 0h 00min in Greenwich (GB)

1920	08° 01′ 26″	Schütze	1928	03° 42′ 49″	Skorpion
1921	18° 48′ 07″	Steinbock	1929	14° 18′ 39″	Schütze
1922	29° 38′ 00″	Wassermann			
1923	10° 07′ 04″	Widder	1930	24° 58′ 55″	Steinbock
1924	20° 47′ 03″	Stier	1931	05° 48′ 55″	Fisch
1925	01° 43′ 39″	Krebs	1932	16° 17′ 08″	Widder
1926	12° 12′ 44″	Löwe	1933	27° 05′ 08″	Stier
1927	22° 52′ 51″	Jungfrau	1934	07° 55′ 06″	Krebs

1935	18° 24' 16"	Löwe	1969	21° 56' 10"	Zwilling
1936	29° 04' 33"	Jungfrau			
1937	10° 01' 08"	Skorpion	1970	02° 45' 53"	Löwe
1938	20° 30' 11"	Schütze	1971	13° 14' 51"	Jungfrau
1939	01° 10' 25"	Wassermann	1972	23° 55' 38"	Waage
			1973	04° 51' 59"	Schütze
1940	12° 00' 13"	Fisch	1974	15° 20' 52"	Steinbock
1941	22° 35' 51"	Widder	1975	26° 01' 37"	Wassermann
1942	03° 16' 06"	Zwilling	1976	06° 51' 10"	Widder
1943	14° 05' 50"	Krebs	1977	17° 26' 36"	Stier
1944	24° 34' 49"	Löwe	1978	28° 07' 20"	Zwilling
1945	05° 21' 50"	Waage	1979	08° 56' 48"	Löwe
1946	16° 11' 37"	Skorpion			
1947	26° 40' 40"	Schütze	1980	19° 25' 32"	Jungfrau
1948	07° 21' 07"	Wassermann	1981	00° 13' 00"	Skorpion
1949	18° 17' 41"	Fisch	1982	11° 02' 29"	Schütze
			1983	21° 31' 16"	Steinbock
1950	28° 46' 45"	Widder	1984	02° 12' 09"	Fisch
1951	09° 27' 18"	Zwilling	1985	13° 08' 24"	Widder
1952	20° 17' 11"	Krebs	1986	23° 37' 16"	Stier
1953	00° 52' 55"	Jungfrau	1987	04° 18' 17"	Krebs
1954	11° 33' 28"	Waage	1988	15° 07' 52"	Löwe
1955	22° 23' 15"	Skorpion	1989	25° 43' 24"	Jungfrau
1956	02° 52' 13"	Steinbock			
1957	13° 39' 24"	Wassermann	1990	06° 24' 28"	Skorpion
1958	24° 29' 03"	Fisch	1991	17° 14' 00"	Schütze
1959	04° 57' 55"	Stier	1992	27° 42' 48"	Steinbock
			1993	08° 30' 30"	Fisch
1960	15° 38' 23"	Zwilling	1994	19° 19' 54"	Widder
1961	26° 34' 41"	Krebs	1995	29° 48' 35"	Stier
1962	07° 03' 31"	Jungfrau	1996	10° 29' 32"	Krebs
1963	17° 44' 04"	Waage	1997	21° 25' 33"	Löwe
1964	28° 33' 44"	Skorpion	1998	01° 54' 11"	Waage
1965	09° 09' 18"	Steinbock	1999	12° 35' 10"	Skorpion
1966	19° 50' 00"	Wassermann			
1967	00° 39' 43"	Widder	2000	23° 24' 31"	Schütze
1968	11° 08' 42"	Stier	2001	03° 59' 51"	Wassermann

234

2002	14° 40' 59"	Fisch		2011	20° 52' 36"	Fisch
2003	25° 30' 23"	Widder		2012	01° 41' 54"	Stier
2004	05° 59' 08"	Zwilling		2013	12° 17' 11"	Zwilling
2005	16° 47' 04"	Krebs		2014	22° 58' 24"	Krebs
2006	27° 36' 29"	Löwe		2015	03° 47' 35"	Jungfrau
2007	08° 05' 16"	Waage		2016	14° 16' 08"	Waage
2008	18° 46' 32"	Skorpion		2017	25° 04' 03"	Skorpion
2009	29° 42' 38"	Schütze		2018	05° 53' 12"	Steinbock
				2019	16° 21' 46"	Wassermann
2010	10° 11' 21"	Wassermann				

Tabelle 2
Bewegung der Lilith im Verlauf eines Jahres

Mittlerer Tagesbogen: 00° 06' 40"

	1.	5.	10.	15.	20.	25.
Januar	00° 00'	00° 33'	01° 07'	01° 40'	02° 13'	02° 46'
Februar	03° 27'	04° 00'	04° 33'	05° 07'	05° 40'	06° 13'
März	06° 33'	07° 07'	07° 40'	08° 13'	08° 46'	09° 20'
April	10° 00'	10° 33'	11° 06'	11° 40'	12° 13'	12° 46'
Mai	13° 20'	13° 53'	14° 27'	15° 00'	15° 33'	16° 07'
Juni	16° 47'	17° 20'	17° 53'	18° 27'	19° 00'	19° 33'
Juli	20° 07'	20° 40'	21° 13'	21° 47'	22° 20'	22° 53'
August	23° 33'	24° 07'	24° 40'	25° 13'	25° 47'	26° 20'
September	27° 00'	27° 33'	28° 07'	28° 40'	29° 13'	29° 46'
Oktober	30° 20'	30° 53'	31° 27'	32° 00'	32° 33'	33° 07'
November	33° 47'	34° 20'	34° 53'	35° 27'	36° 00'	36° 33'
Dezember	37° 07'	37° 40'	38° 13'	38° 47'	39° 20'	39° 53'

Zur Errechnung der genauen Werte eines bestimmten Datums geht man folgenderweise vor: Man addiert zur Position der Lilith am 1. Januar des entsprechenden Jahres (Tabelle 1) den Wert des in Frage kommenden Datums (Tabelle 2) hinzu. Für jeden weiteren Tag addiert man nun einfach noch einen Tagesbogen von jeweils 00° 06' 40".

Beispiel: Berechnung der Lilithposition für den 27. Oktober 1959:

1. Januar 1959 (Tabelle 1):	04° 57' 55" Stier
25. Oktober (Tabelle 2):	+ 33° 07' 00"
2 Tage à 00° 06' 40":	+ 00° 13' 20"
Ergebnis:	38° 18' 15"

Da es die Position 38° 18' 15" Stier nicht gibt (denn jedes Tierkreiszeichen belegt nur 30° innerhalb des Zodiak), müssen wir noch 30° abziehen und erhalten so die Lilithstellung von 08° 18' 15" Zwilling (also des folgenden Tierkreiszeichens).

Die auf diese Weise gewonnenen Werte sind ausreichend exakt, um mit ihnen zu guten Ergebnissen zu kommen. In unserem Beispiel ist die Abweichung vom genauen Wert 00° 03' 08", eine Abweichung, die höchstens bei langsamen Transiten, beim Alterspunkt oder ähnlichem von Interesse ist.

Register

237